本书系国家社会科学基金一般项目"我国社会治理创新扩散实证研究与理论建构"（批准号：14BSH017）最终成果

中国社会治理创新扩散实证研究与理论建构

EMPIRICAL RESEARCH AND THEORETICAL
CONSTRUCTION ON THE DIFFUSION OF
SOCIAL GOVERNANCE INNOVATION IN CHINA

杨代福 等著

中国社会科学出版社

图书在版编目（CIP）数据

中国社会治理创新扩散实证研究与理论建构 / 杨代福等著 . —北京：中国社会科学出版社，2020.11
ISBN 978 - 7 - 5203 - 7085 - 1

Ⅰ.①中⋯　Ⅱ.①杨⋯　Ⅲ.①社会管理—创新管理—研究—中国　Ⅳ.①D63

中国版本图书馆 CIP 数据核字（2020）第 164074 号

出 版 人	赵剑英
责任编辑	范晨星　乔镜蕴
责任校对	王　龙
责任印制	王　超

出　　版	中国社会科学出版社
社　　址	北京鼓楼西大街甲 158 号
邮　　编	100720
网　　址	http://www.csspw.cn
发 行 部	010 - 84083685
门 市 部	010 - 84029450
经　　销	新华书店及其他书店

印　　刷	北京明恒达印务有限公司
装　　订	廊坊市广阳区广增装订厂
版　　次	2020 年 11 月第 1 版
印　　次	2020 年 11 月第 1 次印刷

开　　本	710×1000　1/16
印　　张	18.25
字　　数	290 千字
定　　价	99.00 元

凡购买中国社会科学出版社图书，如有质量问题请与本社营销中心联系调换
电话：010 - 84083683
版权所有　侵权必究

序　言

21世纪初，随着社会环境的急剧变化，传统社会管理模式弊端日益凸显。为了更好地促进公平正义，保障民生改善，促进社会和谐，确保社会秩序，自21世纪以来，我国各级政府开展了多种多样的社会治理创新活动。特别是在"加强和创新社会管理""加强和创新社会治理"的号召下，各级政府的社会治理创新活动日益蓬勃和深入。每年被评选出来的"社会治理创新奖"或"社会治理创新典型案例"以及大量的社会治理创新研究著作都反映了这一现实。

然而，实践者和研究者似乎都忽略了这样一个重要事实，即虽然绝大多数社会治理创新来源于各个地方的不断探索，但制度更替的主要路径则是将来自地方的创新进行渐次推广。可以说，中国社会治理创新的过程不仅是一个各个地方不断发明、创造的过程，也是一个将其中成功的创新不断向更大乃至全国范围内进行推广、普及的过程，也即"创新扩散"过程。因此，研究我国社会治理创新，不能仅仅研究各个地方的创新探索，还应该及时地研究社会治理创新扩散。

本书即针对这一现象，主要运用定量方法，试图探索我国社会治理创新扩散的规律。从研究思路上说，本书严格遵循社会理论建构的逻辑，即以观察为起点，然后通过归纳推理，得出解释这些观察的理论。首先建立社会治理创新扩散的基本分析框架，其次选择合适的社会治理创新扩散案例进行实证研究，再进行比较、概括、提炼，对我国社会治理创新扩散进行理论建构，最后提出促进我国社会治理创新扩散的对策建议。按照这一逻辑，本书的研究分为四部分。第一部分为绪论，主要介绍本研究的研究背景、国内外研究现状、研究意义、研究内容、研究思路和方法以及建构中国社会治理创新扩散的基本分析框架。第二部分为实证研究，选择了中国城市社区网格化管理、居住证制度、智慧城市、政府购买公共服务、社会稳定风险评估机制为案例，从地级市层面，运用事件史方法，对中国社会治理创新扩散进行实证分析。第三部分为比较研究，在运用 Meta 分析方法对中国和美国社会治理创新扩散各自进行归纳分析的基础上，比较了中国和美国社会治理创新扩散的异同。第四部分为理论建构与对策建议。根据中国和美国社会治理创新扩散比较的结果，结合中国社会治理创新扩散的实际，建构了中国社会治理创新扩散的理论模式，并依据前述研究的发现，提出了促进中国社会治理创新的建议。

我们的主要研究发现是：（1）从中国社会治理创新扩散的过程上看，中国社会治理创新扩散基本上都呈 S 型曲线的特征。但是也存在一些差异，有的呈现稍显平缓的扩散曲线，有的呈现非常标准的 S 型，有的呈现比较陡峭的 S 型，表明中国社会治理创新扩散存在渐进的政策扩散和间断—均衡的政策扩散这两种不同的模式。（2）从中国社会治理创新扩散的理论模式上看，中国社会治理创新扩散呈现出一种"上级权变主导的准社会学习模式"。中国社会治理扩散的根本动机是"为和谐而竞争"的新型晋升锦标赛模式，中央政府或上级政府对下级政府进行"权变性"的施压，政策学习方式是以政府内部互动为主。这种模式有着能够内在地降低社会治理创新采纳的风险、较好地保证政策创新扩散的有效性等特点，成功地促进了我国社会治理创新积极稳妥地、有效地扩散，实现了社会治理水平的逐步提高。但由于公众参与不足等原因，该模式也存在"悬浮式采纳"等非理性扩散的问题。（3）在此基础上，我们从广度、速度和效度两方面提出了推进我国社会治理创新扩散的 32 条建议。

尽管本书对中国社会治理创新扩散进行了一些有益的探索，但是无论在实证研究还是理论建构方面都还存在若干不足之处。因此真诚地欢迎各种批评和建议。

杨代福

2019 年 12 月

目 录

第一部分 绪论

第一章 导论 (3)
 一 研究背景 (3)
 二 基本概念界定 (4)
 三 文献综述 (5)
 四 研究意义 (28)
 五 研究内容 (28)
 六 研究思路与研究方法 (29)

第二章 中国社会治理创新扩散的基本分析框架 (32)
 一 中国社会治理创新扩散的影响因素 (33)
 二 中国社会治理创新扩散机制 (42)
 三 中国社会治理创新扩散的源动力 (44)

第二部分 实证研究

第三章 中国城市社区网格化管理扩散的实证研究 (51)
 一 导言 (51)
 二 中国城市社区网格化管理扩散现状分析 (52)
 三 中国城市社区网格化管理创新扩散影响因素的
  事件史分析 (54)
 四 结论与启示 (71)

第四章　中国居住证制度扩散的实证研究 （73）
　　一　导言 （73）
　　二　中国居住证制度扩散的现状 （73）
　　三　中国居住证制度扩散影响因素的事件史分析 （76）
　　四　结论与启示 （88）

第五章　中国智慧城市扩散的实证研究 （91）
　　一　导言 （91）
　　二　中国智慧城市扩散的现状分析 （92）
　　三　中国智慧城市扩散影响因素的事件史分析 （95）
　　四　结论与启示 （108）

第六章　中国社会稳定风险评估机制扩散实证研究 （112）
　　一　导言 （112）
　　二　中国社会稳定风险评估机制扩散的现状 （112）
　　三　中国社会稳定风险评估机制扩散影响因素的事件史分析 （115）
　　四　结论与启示 （132）

第七章　中国政府购买公共服务扩散实证研究 （135）
　　一　导言 （135）
　　二　中国政府购买公共服务扩散的现状 （136）
　　三　中国政府购买公共服务扩散影响因素的事件史分析 （138）
　　四　结论与启示 （151）

第三部分　比较研究

第八章　中国社会治理创新扩散的 Meta 分析 （157）
　　一　中国社会治理创新扩散特征的归纳分析 （158）
　　二　中国社会治理创新扩散影响因素的 Meta 分析 （163）
　　三　结论与局限 （175）

第九章　美国社会治理创新扩散的 Meta 分析 （177）
　　一　美国社会治理创新扩散特征的归纳分析 （177）
　　二　美国社会治理创新扩散影响因素的 Meta 分析 （188）
　　三　结论与研究局限 （204）

第十章　中美社会治理创新扩散比较研究 …………………………（207）
　　一　中美社会治理创新扩散特征比较分析 ………………………（207）
　　二　中美社会治理创新扩散影响因素比较分析 …………………（208）
　　三　中美社会治理创新扩散的异同：一个总结 …………………（216）

第四部分　理论建构与对策建议

第十一章　中国社会治理创新扩散的理论建构 …………………（221）
　　一　中国社会治理创新扩散宏观模式的提出：上级压力主导的
　　　　准社会学习模式 …………………………………………………（222）
　　二　中国社会治理创新扩散的根本动因：从"为增长而竞争"
　　　　转变为"为和谐而竞争" ………………………………………（224）
　　三　中国社会治理创新扩散的外部压力：上级压力权变主导 …（225）
　　四　中国社会治理创新扩散的学习渠道 …………………………（229）
　　五　中国社会治理创新扩散模式的优点与局限 …………………（233）
　　六　小结与讨论 ……………………………………………………（235）
第十二章　促进中国社会治理创新扩散的对策建议 ……………（237）
　　一　促进中国社会治理创新扩散的广度与速度 …………………（237）
　　二　促进中国社会治理创新的有效扩散 …………………………（244）

结论与未来的研究方向 …………………………………………………（249）
参考文献 ……………………………………………………………………（255）
附录　中国各地级市地理接壤情况 ……………………………………（275）
后记 …………………………………………………………………………（285）

第一部分

绪 论

第一章 导论

一 研究背景

近些年来，中国各地掀起了社会治理创新的热潮，学术界也及时跟进，进行了大量的研究。但是，实践者和研究者似乎都忽略了这样一个重要事实，即虽然绝大多数社会治理创新来源于各个地方的不断探索，但制度更替的主要路径是将来自地方的创新进行渐次推广。可以说，中国社会治理创新的过程不仅是一个各个地方不断发明、创造的过程，也是一个将其中成功的创新不断向更大乃至全国范围内进行推广、普及的过程，也即"创新扩散"过程。因此，研究中国社会治理创新，不能仅仅研究各个地方的创新探索，还应该及时地研究社会治理创新扩散。

党的十八届三中全会提出："全面深化改革的总目标是完善和发展中国特色社会主义制度、推进国家治理体系和治理能力现代化"[1]，将推进国家治理体系和治理能力现代化作为全面深化改革的总目标。习近平总书记指出："国家治理体系就是在党领导下管理国家的制度体系，包括经济、政治、文化、社会、生态文明和党的建设等各领域体制机制、法律法规安排，是一整套紧密相连、相互协调的国家制度。"[2] "摆在我们面前的一项重大历史任务就是推动中国特色社会主义制度更加成熟更加定型，为党和国家事业发展、为人民幸福安康、为社会和谐稳定、为国

---

[1] 《中共中央关于全面深化改革若干重大问题的决定》，人民网，2013年11月16日，http://politics.people.com.cn/n/2013/1116/c1001-23560979.html。

[2] 习近平：《切实把思想统一到党的十八届三中全会精神上来》，新华网，2013年12月31日，http://www.xinhuanet.com//politics/2013-12/31/c_118787463_2.htm。

家长治久安提供一整套更完备、更稳定、更管用的制度体系。"[1] 习近平总书记也指出："国家治理能力就是运用国家制度管理社会各方面事务的能力，包括改革发展稳定、内政外交国防、治党治国治军等各个方面。"[2] 国家治理能力是国家治理体系在实践中的绩效彰显，是检验国家治理体系是否科学、合理的重要杠杆。在当前我国推进国家治理体系和治理能力现代化的新的历史时期，如何促进政策创新在不同地区、不同级别政府或不同政府部门之间传播，从而推进从个别地方治理体系、水平、能力的提高到全国整体治理体系、水平、能力的提高的进程将是一个重大而紧迫的现实问题。

二　基本概念界定

（一）社会治理创新

社会治理创新是指在协调社会关系、规范社会行为、解决社会问题、化解社会矛盾、促进社会公正、应对社会风险、维持社会和谐等方面的政策、体制、机制、组织、工具、方法、手段等的创新。从政策领域上讲，包括人口生育、社会保障、公共卫生及医疗服务、住房、教育、就业、社会福利服务、老年人、残疾人社会服务、保护妇女基本权益、未成年人保护和儿童福利、反贫困、环境保护、社区治理等。需要说明的是，自21世纪以来，中国社会治理的基本体制和基本政策已经确立，现实中得到创新和扩散的主要是社会治理机制、工具、方法和手段，因此，本书的主要研究对象是中国社会治理机制、工具、方法和手段的扩散。

（二）政策创新扩散

沃克尔曾对"创新"进行了界定，他认为，"创新"是指无论一个项目或一项政策有多陈旧，或已被多少个州采用，只要对于决定采用它

---

[1] 习近平：《完善和发展中国特色社会主义制度，推进国家治理体系和治理能力现代化》，中国共产党新闻网，2014年2月18日，http://cpc.people.com.cn/n/2014/0218/c64094-24387048.html。

[2] 同上。

的州是全新的，那么就可以定义它为一项创新①。而对于政策创新的扩散，多数学者认为其是指一项政策或项目的创新如何由一个政府传播到另一个政府。从规范的角度，政策创新的扩散（The Diffusion of Policy Innovations）可被理解为政策创新经过一段时间，经由特定的渠道，在政府、组织间传播并被采纳的过程。

三 文献综述

（一）西方国家政策创新扩散研究现状

自美国学者沃克尔（Walker）1969年发表有关这一问题的开创性论文以来，西方国家（美国、瑞士、德国、英国和加拿大等）政策创新扩散研究已经开展了近半个世纪，目前已经积累了大量的研究成果。本书首先对近半个世纪的西方政策创新扩散的研究进行系统和全面地回顾。

1. 西方政策创新扩散研究兴起的背景

（1）政策内容研究遇到阻力。20世纪60年代，美国兴起了政策内容研究，该研究考察经济因素和政治因素对州和地方政府政策产出的影响。大多数研究都运用公共支出来衡量政策产出。② 但是这一研究存在两大缺陷：一是单单凭借支出水平一项不足以衡量政策产出，要衡量制度和政治因素对政策的相对重要性，还有必要清楚地了解在预算制定之外的其他决策；二是在解释州之间的支出差别时，经济因素总是被认为比政治因素更重要。学者感到当预测政策创新时可以不运用经济解释，特别是当许多政策创新并不需要花费太多的时候。这样，政策创新扩散研究就从非货币维度提供了一个矫正政策财政内容研究的有益方法。③

（2）进一步理解政策制定的需要。在对已有政策小修小补的意义

---

① Walker, Jack L., "The Diffusion of Innovations Among the American States", *American Political Science Review*, Vol. 63, No. 3, 1969, p. 881.

② Edward Alan Miller, "Advancing Comparative State Policy Research: Toward Conceptual Integration and Methodological Expansion", *State and Local Government Review*, Vol. 36, No. 1, 2004, p. 36.

③ Gray, Virginia, "Innovation in the States: A Diffusion Study", *American Political Science Review*, Vol. 67, No. 4, 1973, p. 1174.

上，公共政策的制定是渐进的，许多政策制定的研究也试图去解释政策制定倾向于渐进模式的原因。但是，最终每一项政府的政策都可以追溯到某种非渐进的政策创新。因此，只有能够解释政府采纳新政策的过程之后，才能宣称理解了政策制定。① 因此，需要对政策创新扩散这一问题进行探索。

（3）传统政策过程理论的困境。一直以来，对于政策过程进行研究的主流框架是政策过程的"阶段论"。但是，随着人们对现实世界认识的深化，传统的阶段论遭到猛烈的批评。这种线性思考方式并不符合现实世界的自然状态。萨巴蒂尔将这些"致命的抨击"总结为：不是真正意义上的因果关系理论；阶段顺序常常在描述中不准确；关注焦点通常是某项重要政策的通过和实施，而不是既定的政策领域内对众多细小的政策实施和评估之间的相互作用；仅关注某项重大政策的单一的政策循环圈，过于简化了涉及各层级政府众多政策建议和法令条例的多元与互动的循环圈。② 总而言之，公共政策实践的复杂程度，已经超过了阶段论这种简单划分所能描述的范围。由于阶段论难以解释公共政策实践，有些学者认为有必要寻求更好的理论框架取而代之。政策创新扩散基于"政治系统间"的视角，对不同政治系统之间的政策创新扩散过程、影响因素和机制进行描述和解释，试图构建一个更符合现实情况的政策过程理论。

（4）其他学科创新扩散研究的启发。早在 20 世纪初，社会科学家们就已经开始对人类社会当中的"创新扩散"现象进行密切关注，随后对技术创新扩散等的研究在传播学、社会学、经济学等领域内全面展开并取得丰硕的成果。其代表人物罗杰斯的著作《创新的扩散》几乎是创新研究领域的一本圣经。这种在其他学科领域内对创新扩散进行研究的传统为政策创新扩散提供了重要的知识准备、理论参照与启发。

（5）政策创新扩散研究的重大现实意义。随着社会的发展变化，政

---

① ［美］弗朗西丝·斯图克斯·贝瑞、威廉·D. 贝瑞：《政策研究中的创新和传播模型》，载［美］保罗·A. 萨巴蒂尔《政策过程理论》，彭宗超、钟开斌等译，生活·读书·新知三联书店 2004 年版，第 22 页。

② ［美］保罗·A. 萨巴蒂尔：《政策过程理论》，彭宗超、钟开斌等译，生活·读书·新知三联书店 2004 年版，第 9—10 页。

策必须根据这些变化进行创新,因此,政策创新是政府管理的永恒主题。但政策创新活动不是孤立的,而是一个在不同地区、不同层级的政府与不同部门间进行传播、交流与学习的过程。这一过程有利于政策创新不断地发展、完善并在全国(全球)范围内传播。甚至如沃克尔所说,各州之间的模仿和效法在很大程度上决定了社会和政治变迁的步伐和方向。所以,研究政策创新活动由个别到一般、由典型到普遍、由局部到整体的实际扩散过程,可使人们不停留在个别地区、某些层级与一些部门治理水平的提高,而实现促进整体治理水平提高的目的。

正是在上述理论与实践两方面的背景下,西方政策创新扩散研究得以兴起。一般认为,美国学者沃克尔1969年发表《创新在美国各州的扩散》一文是其出现的标志。系统地考察近半个世纪的文献后,笔者认为,从学理上看,迄今为止,西方政策创新扩散研究已经经历了三个阶段,即早期研究阶段(1969—1990年)、范式确立阶段(1990—2000年)和深化拓展阶段(2000年至今)。以下依次述评各个阶段的主要研究成果。

2. 早期研究

这是西方政策创新扩散研究的第一阶段,时间期限为1969年至1990年,这一时期的代表性学者是沃克尔、格雷(Gray, Virginia)。主要的成果有如下几方面。

(1)问题的提出。科学研究是指提出问题,并以系统的方法寻找答案的过程,提出一个问题往往比解决一个问题更重要。沃克尔在其开创性论文中明确提出研究所涵盖的主要问题,即为什么某些州更能顺应变化,从而担任先驱角色?一旦创新计划被这些先行者采用,这些服务和制度的新形式如何在美国各州传播?[1] 因此,西方政策创新扩散研究的核心问题——为什么政策创新在不同政治系统之间传播以及如何传播一开始便得以明确。

(2)概念界定。概念界定有利于划清研究的边界,为研究的展开提供逻辑地图。在其开创性论文中,沃克尔也对"创新"进行了界定,他认为,"创新"是指无论一个项目或一项政策有多陈旧,或者已经被多

---

[1] Walker, Jack L., "The Diffusion of Innovations Among the American States", *American Political Science Review*, Vol. 63, No. 3, 1969, p. 881.

少个州采用，只要对于决定采用它的州是全新的，那么就可以定义它为一项创新。而对于政策创新的扩散，多数学者认为其是指一项政策或项目的创新如何由一个政府传播到另一个政府。由于对政策创新扩散的研究主要是定量研究，因此，还需要对政策创新扩散的因变量进行定义。这一时期，学者们将总体创新性、采纳的早期性或采纳的比例作为因变量。从分析单位看，大部分研究以州为分析单位，也有部分学者研究全球范围内政策创新扩散，将国家作为分析单位。

（3）政策创新扩散的 S 型曲线特征。对政策创新扩散特征的研究有助于从整体上把握一项政策创新的扩散过程。这一时期的部分学者尝试对政府创新扩散的特征进行探索，他们认为政策创新扩散具有 S 型曲线扩散的特点。如布朗（Brown）和柯科斯（Cox）就认为政策创新扩散在时间维度上呈现出 S 型曲线，[①] 格雷也认为在政策创新扩散的初期，政策采纳的发生相对不频繁，然后随着各种因素的影响，采纳的比例会急剧上升。[②]

（4）单一性解释。政策创新为什么会扩散？针对这一核心问题，这一时期的学者们提出了两种相互独立的解释模式，即内部决定模型与传播模型。内部决定模型假定导致政策创新采纳的因素是州的内部的政治、经济或者社会特征。典型的政治变量包括政党控制、政党竞争、利益团体力量、州长的权力、立法专业主义、行政能力以及公众和精英的意见。典型的社会经济变量包括人口的规模和构成、城市化、自然资源、州的个人收入、地区经济实力、州的财政能力以及政治文化。该模型认为，一个州不受其他州的行为的影响。相反，传播模型把一个州采纳的某项政策视为因为学习、竞争或公共压力的原因效法其他州先前所采纳的该项政策。具体而言，该解释模式又包括四个模型：全国互动模型、区域传播模型、领导—跟进模型与垂直影响模型。全国互动模型假设在州的官员之中存在关于公共政策的全国性交流网络（如州政府官员协会、国家州长协会和国家立法机构协会等），通过该网络，官员们可以了解其

---

① Brown, Lawrence A. and Cox Kevin R., "Empirical Regularities in the Diffusion of Innovation", *Annals of the Association of American Geographers*, Vol. 61, No. 3, 1971, pp. 551 – 559.

② Gray, Virginia, "Innovation in the States: A Diffusion Study", *American Political Science Review*, Vol. 67, No. 4, 1973, p. 1176.

他州同行们的政策。区域传播模型假设各州主要受地理上相邻州的影响，其中，邻州模型假定各州主要受那些与其共享边界的州的影响，固定地区模型假设国家分成若干个地区，各州倾向于与同一地区的州开展政策竞争。领导—跟进模型假设某些州在一项政策的采纳方面是先行者，其他州争相效仿这些领导者。垂直影响模型将各州对政策创新的采纳看成是效法全国性政府的政策。[1]

(5) 研究方法初探。在研究方法方面，既有定量研究，也有定性研究，但主要是定量研究。定量研究的方法主要是因子分析法、时间序列回归分析法和截面数据回归分析法。

总的来看，这一时期的研究提出了研究问题、界定了核心概念、探索了政策创新扩散的S型曲线特征，并运用一定的方法对政策创新扩散进行了初步的解释，为西方政策创新扩散研究的提出与创立作出了重大的贡献。但是，早期研究的不足也是明显的：其一，对因变量的定义不合理，无论是总体创新性、采纳的早期性还是采纳的比例都不能完全或有效地解释政府采纳政策的倾向。其二，政策创新扩散是否都呈现S型曲线还有待进一步的研究。其三，单一性解释极不符合现实，因为政策创新采纳几乎很少能单纯地解释为内部决定因素（没有传播的影响）或政策创新传播（没有内部因素的影响）的功能。其四，因子分析法、时间序列回归分析法和截面数据回归分析法这些传统的定量研究方法在分析政策创新扩散方面都存在严重缺陷，如截面数据回归分析法可能用最近采纳的政府许多年以前的特质解释这些政府的采纳行为，时间序列回归分析法不能可靠地发现采纳一项政策是全国互动的结果，因子分析法不能区别邻州的传播模型和固定地区的传播模型等[2]。由于这些缺陷，有的学者宣称"此时的扩散研究还没有整合成一个有特色的学派"。[3]

3. 范式确立

这是西方政策创新扩散研究的第二阶段，时间期限为1990年至

---

[1] [美]弗朗西丝·斯图克斯·贝瑞、威廉·D.贝瑞：《政策研究中的创新和传播模型》，载[美]保罗·A.萨巴蒂尔《政策过程理论》，彭宗超、钟开斌等译，生活·读书·新知三联书店2004年版，第230—240页。

[2] 同上书，第252—254页。

[3] Robert L. Savage, "Diffusion Research Traditions and the Spread of Policy Innovations in a Federal System", *Publius*: *The Journal of Federalism*, Vol. 15, No. 4, 1985, pp. 1-27.

2000年，这一时期的代表人物有贝瑞夫妇（Frances Stokes Berry and William D. Berry）、明斯特罗姆（Mintrom，Michael）等。取得的主要成果有如下几方面。

（1）对因变量的重新定义。在贝瑞夫妇等的研究中，他们将因变量定义为有能力采纳的州在那一年采纳新政策的概率。此时，研究集中在一项单一的政策上，并且因变量是二分变量（采纳或不采纳）。

（2）整合性解释。鉴于早期研究单一性解释的局限，贝瑞夫妇试图发展能够具体说明内部和外部共同影响的更多现实性的模型。他们借助莫尔的组织创新理论，将早期研究的互相独立的两个模式整合进一个统一的解释框架——州政府政策创新采纳的总模型里。该模型的形式如下：采纳可能性$i, t = f$（动机i, t；资源/障碍i, t；其他政策i, t；外部因素i, t）。公式中分析单位是在某一年份中能够采纳一项政策的某个州。因变量（采纳可能性）是i州在年份t中将采纳政策的可能性。外部因素表示在时间t时，对i州发生传播影响的变量，包括全国性交流网络、共享边界的州、同一地区的州、先行州、全国性政府。函数f中的其余术语都是内部决定性因素。其中，动机代表的变量是反映i州的公共官员在时间t时采纳政策的动机，它们包括一州中公共舆论、政党竞争、距离下一次选举时间的长短以及其他特殊的动机因素。资源/障碍指的是创新采纳的障碍和克服障碍的可用资源，包括一个州的经济能力（指标有人均收入、国内生产总值、城市化水平和工业化水平等）、财政资源、组织规模、立法机构的专业化水平、政策主导者的教育水平、冷静和技能和政策企业家、政策网络、支持联盟力量以及政治机会等。其他政策是一组虚假变量，说明先前政策的存在或不存在对一项新政策的采纳概率的影响。[①] 总之，在贝瑞夫妇看来，政策创新采纳的概率是动机因素、资源/障碍因素、其他政策和外部因素综合作用的结果。

（3）研究方法的标准化。由于传统的定量研究方法在分析政策创新扩散方面都存在严重缺陷，贝瑞夫妇提出用事件史方法来研究政策创新扩散。根据Yamaguchi的定义，事件史分析指的是专门研究"事件发生

---

① ［美］弗朗西丝·斯图克斯·贝瑞、威廉·D. 贝瑞：《政策研究中的创新和传播模型》，载［美］保罗·A. 萨巴蒂尔《政策过程理论》，彭宗超、钟开斌等译，生活·读书·新知三联书店2004年版，第256—257页。

的方式及其相关因素"。① 这里的"事件"代表着一种变化或从一种状态到另一种状态的转变，如跨省迁徙、获得晋升等变动。"事件史"即从对研究对象的观测到事件发生或观测期结束的历史或生存（持续）时间。对事件史的理解不仅要考虑是否发生了某种事情，而且要考虑是何时发生这一现象的，不仅关注它们在一个状态持续的时间长短，而且要关注从一个状态到另一个状态发生的概率大小或风险；对持续时间长短和事件的发生受一些因素的影响更是表现出了极大的兴趣。② 贝瑞夫妇认为，可以将一个州的政策采纳视作在一个特定时期可能发生或可能不发生的"事件"，政策创新扩散的基本研究问题是：在特定时期内，是什么因素决定了采纳事件将会发生的概率。③ 运用事件史分析政策创新扩散具有三大优点：其一，在一般情况下，标准回归不能区分未删失和右删失④观测问题，传统 OLS 回归的局限性就在于它不能把尚未采纳政策创新的案例纳入分析的过程中，而事件史分析则利用"删失"解决了这一问题，从而可以最大限度地利用调查所得的信息，避免分析结果出现系统性的偏差。其二，传统 OLS 回归中的解释变量只能是在某一时点测得的横断面中的变量值，而对事件史这样的纵观性数据而言，其中可能包含一些随着时间变化的解释变量，例如 GDP、人均收入等，这时传统的方法就显得无能为力。在事件史建模中，时变协变量可以容易地以各种方式归并于分析中，时变协变量在事件史分析的结果能够给出关于政策采纳发生的风险（或持续期的结束或失效）怎样与时变协变量的变化有关的独特信息。其三，当利用事件史的方法来解释一个很少被政府采纳的政策创新时，其也能产生有意义的结果。

总的来看，这一时期的研究在贝瑞夫妇的引领下，对因变量进行了重新定义，整合内部决定模型和传播模型以及新的研究成果，建立了更符合实际的、统一的模型，确立了西方政策创新扩散的基本解释框架，

---

① 杜本峰：《事件史分析及其应用》，经济科学出版社 2008 年版，第 2 页。
② 同上书，第 1 页。
③ Frances Stokes Berry and William D. Berry, "State Lottery Adoptions as Policy Innovations: An Event History Analysis", *The American Political Science Review*, Vol. 84, No. 2, 1990, pp. 395 - 415.
④ 政策在截止时间之后仍然可以继续，但不继续观测了，称之为右删失。见杜本峰《事件史分析及其应用》，经济科学出版社 2008 年版，第 7 页。

并且寻找到被后来研究者称作的标准研究方法——事件史分析,可以说形成了西方政策创新扩散研究的基本范式。不仅政策创新和扩散模型被萨巴蒂尔挑选为六个当时前景看好的框架之一,而且,贝瑞夫妇也被人视为西方政策创新扩散研究的集大成者。但是,正如贝瑞夫妇自身所清醒认识到的那样,这一基本范式仍然存在一些不足。比如,其一,因变量的定义仍然存在问题,比如政策采纳概率过分简化了现实,以致不能区分象征性采纳和实质性采纳。其二,整合性解释并未穷尽所有必要的影响因素。比如,贝瑞夫妇并没有将下级政府这个因素整合进模型中,另外,也缺乏对政策创新的属性这一因素的探讨。其三,事件史分析的方法尚存缺陷。比如,事件史分析关于随着时间进行的观察独立性的假定与真实的政策过程不符。其四,对政策创新扩散中的一些重大问题缺乏研究,比如,虽然一定程度上厘清了影响因素(原因)和政策采纳(结果),但是对联系因果的中介环节——政策创新扩散的机制研究不够。另外,对不同类型的政策创新的扩散有何异同等问题也缺乏研究。因此,尽管这一时期的研究确立了研究的基本范式,但是它仍没有"开发出政策过程的内在复杂的模型"。①

4. 深化与拓展

这是西方政策创新扩散研究的第三阶段,时间期限为从2000年至今,在这一时期作出了重要贡献的学者有伯姆克(Frederick J. Boehmke)、什潘(Charles R. Shipan)、沃尔登(Craig Volden)、卡奇(Andrew Karch)、吉拉尔迪(Fabrizio Gilardi)、梅塞格尔(Covadonga Meseguer)和布什伊(Graeme Boushey)等。主要的成果有如下几方面。

(1)因变量的再定义。在第二阶段的研究中,学者们将因变量设置为二分变量,并将研究集中在一项单一的政策上。2000年后,一些学者对这两点进行了批判和改进。首先是对以前的研究"强调特定的单个政策要素"的批判和改进。如豪利特(M. Howlett)等认为,这种做法模糊了政策扩散不仅涉及新政策工具和工具刻度,而且也涉及新政策工具的组合和政策风格这一事实,而不同层次的政策扩散可能有非常不同的

---

① Edward Alan Miller, "Advancing Comparative State Policy Research: Toward Conceptual Integration and Methodological Expansion", *State and Local Government Review*, Vol. 36, No. 1, 2004, p. 51.

因果解释。在霍尔（Hall）的基础上，他们将政策分为六种类型或六个层次，分别为：总体政策目标、政策目标、政策标准规范、政策执行的总体方法、政策工具和执行标准规范，并提醒政策扩散研究必须仔细区分这些层次。[1] 而伯姆克指出了另外一种情况，即被扩散的确为一项政策，但是有时这项政策包含了多个构件，因此，在政策创新扩散中，有时会出现采纳者采纳该政策的全部构件、部分构件等多种情形。[2] 因此，不区分这些情形笼统地研究"一项政策"也是不合理的。其次，学者们也对将因变量设置为二分变量这种做法进行了批判和改进。一是如前所述，当研究具有多个构件的政策扩散时，将因变量设置为二分变量（采纳或不采纳）是不适当的，因为因变量的取值不止甚至远不止两个。假定一项政策包括 K 个构件，那么因变量的取值将是采纳这项政策的全部构件、这项政策的构件都不采纳和这项政策的 K 个构件的任意组合的采纳。此时，必须超越以前的做法，对因变量进行适当的设置。另外，斯屈贝尔（Felix Strebel）和威德默（Thomas Widmer）也提出了一个政策采纳的更细致的视角，他们认为，政策采纳会依据可见性和事实性进行变化。可见性是指在立法中采纳能被清晰地识别，事实性是指真实的、能被证明的事实，对于真实性，政策潜在的原理是否被采纳是重要的。基于可见性和事实性，政策转移（采纳）可被划分为四种类型，工具性转移（采纳）——既具有可见性，又具有事实性；观念性转移（采纳）——不具有可见性，但具有事实性；象征性转移（采纳）——具有可见性，但不具有事实性；消极转移（采纳）——既不具有可见性，也不具有事实性。[3] 由此，在完全采纳和不采纳之间，还存在观念性采纳和象征性采纳两种类型，也由此，因变量便有了四个取值。显然，上述的改进不仅使因变量的设置更符合现实，而且，对于政策创新扩散模型也增加了信息。

---

[1] Michael Howlett and Jeremy Rayner, "Third Generation Policy Diffusion Studies and the Analysis of Policy Mixes: Two Steps Forward and One Step Back?", *Journal of Comparative Policy Analysis: Research and Practice*, Vol. 10, No. 4, 2008, pp. 385–402.

[2] Frederick J. Boehmke, "Approaches to Modeling the Adoption and Diffusion of Policies with Multiple Components", *State Politics and Policy Quarterly*, Vol. 9, No. 2, 2009, p. 230.

[3] Felix Strebel, Thomas Widmer, "Visibility and Facticity in Policy Diffusion: Going Beyond the Prevailing Binarity", *Policy Sciences*, Vol. 45, No. 4, 2012, pp. 385–398.

（2）政策创新扩散的权变特征。政策创新扩散符合 S 型曲线，这是长时间以来学者们秉持的观点。但是，在这一时期，学者布什伊提出了新的见解，他认为，在现实中，许多政策创新扩散的实例并不完全符合 S 型曲线。事实上，在不同的情境下，政策创新扩散会体现出不同的特征。在《美国政策扩散的动力》一书中，他指出政策创新扩散还会体现出以下三种特征：比较陡峭的 S 型曲线、R 型曲线和阶梯模式。[①]

（3）新的影响因素的提出。如前所述，贝瑞夫妇认为影响政策创新扩散的因素有四类：动机因素、资源/障碍因素、其他政策和外部因素，但除了这四类因素外，还有无别的因素呢？学者们的回答是肯定的，他们认为以往的研究忽视了政策自身特征这个因素。他们引入政策自身特征因素并进行分析，结果表明，政策属性影响采纳的可能性。马克塞（Makse）和沃尔登采用罗杰斯对创新属性的分类，将政策属性分为相对优势、相容性、复杂性、可观察性和可试用性，通过实证分析发现：政策的相对优势、复杂性和相容性影响政策采纳的可能性，而且，政策属性塑造了空间采纳模式、学习机制与政策扩散相关的程度。[②] 克罗蒂（Sean Nicholson - Crotty）认为政策具有两个属性——政策的凸显性和复杂性，政策的凸显性指的是政策被很多人了解和关注，政策的复杂性是指为了将政策方案和政策问题连接起来，需要大量的专业技术。克罗蒂认为，问题的凸显性和复杂性决定了立法者忽略长期结果而偏好于短期选举收益的意愿，并因此决定了立法者放弃政策学习而偏好快速采纳的意愿，从而增加了政策快速扩散的可能性。[③] 上述对政策属性的研究，使得对政策创新扩散的解释更加全面。

（4）政策创新扩散机制。机制是指如果给定一定的条件，在现实中重复发生的具有因果联系的社会事件的序列，政策创新扩散机制是政策

[①] Boushey, Graeme, *Policy Diffusion Dynamics in America*, Cambridge: Cambridge University Press, 2010, p. 24.

[②] Todd Makse and Craig Volden, "The Role of Policy Attributes in the Diffusion of Innovations", *The Journal of Politics*, Vol. 73, No. 1, 2011, pp. 108 – 124.

[③] Sean Nicholson - Crotty, "The Politics of Diffusion: Public Policy in the American States", *The Journal of Politics*, Vol. 71, No. 1, 2009, pp. 192 – 205.

创新扩散原因与结果之间的中介步骤。① 如前所述，前面两个阶段已经对影响政策采纳（结果）的因素（原因）进行了大量研究，但是对政策创新扩散的机制却探讨不足，这阻碍了对政策创新扩散的更深入理解。其一，学者们提出了多种多样的政策扩散机制。格拉哈姆（Erin R. Graham）、什潘和沃尔登发现已有研究提出了104个关于政策扩散机制的术语。② 依据一定的标准，一些学者也对扩散机制进行了分类，但总的来看，以下五种机制被较多地提及：学习、竞争、强制、模仿和社会化。学习与政府为了解决内部问题而依据其他地方的经验这种情形有关，其行为的理性在于针对给定问题寻求有效的解决办法，观念基础是其他地方的经验为解决自己的问题提供了信息。社会化与由于行动者互动而导致的共享信仰的内在化相关，其建构了适当规则的认知维度。模仿描述了政府行动者符合广泛分布标准的愿望，为了增加政策选择的合法性，行动者仅仅对在其他地方发现的新政策进行复制。强制是一个一些行动者试图将其偏好的政策强加给某个特别的政府的过程。竞争是指由于政府之间的日益增长的政治和经济竞争对行动者施加了自适应压力，由此导致政策的相互调整。其二，政策扩散机制的时间和条件性质。什潘和沃尔登发现这些机制的时间成分，如模仿是一个更短暂的扩散过程。他们也指出，这些机制是有条件的，如大城市能更好地向他处学习，更少担心经济的溢出效应，依靠模仿的可能性更小。③ 其三，不同政策扩散机制的结果。上述五种机制都能导致政策创新的扩散，但是不同的机

---

① 目前对于政策创新扩散机制存在两种理解：一种是广义的理解，认为政策创新扩散机制既包括政策创新扩散的原因与结果（第一层次），也包括政策创新扩散原因与结果之间的中介步骤（第二层次），见 Heinze, Torben, Mechanism - Based Thinking on Policy Diffusion: A Review of Current Approaches in Political Science, KFG Working Paper Series, No. 34, December 2011. http://userpage.fu - berlin.de/kfgeu/kfgwp/wpseries/Working PaperKFG_ 34.pdf；另一种为狭义的理解，其仅指政策创新扩散原因与结果之间的中介步骤（第二层次）。检视文献可以发现，事实上，对于政策创新扩散的原因与结果（第一层次）的研究是第一阶段和第二阶段的研究焦点，而自2000年后，学者们才更多地投入政策创新扩散原因与结果之间的中介步骤（第二层次）的研究。因此，本文对政策创新扩散机制的定义采用狭义。

② Erin R. Graham, Charles R. Shipan and Craig Volden, "The Diffusion of Policy Diffusion Research in Political Science", *British Journal of Political Science*, Vol. 43, No. 3, July 2013, pp. 673 - 701.

③ Charles R. Shipan, Craig Volden, "The Mechanisms of Policy Diffusion", *American Journal of Political Science*, Vol. 52, No. 4, 2008, pp. 840 - 857.

制产生的具体扩散结果可能是不一样的。在对印第安人博彩政策的研究中，伯姆克和威特默（Richard Witmer）发现社会学习扩散影响采纳但不影响扩张；经济竞争应该影响政策采纳和政策扩张。[①] 布什伊也指出，渐进政策效仿（policy emulation）所驱动的是平缓的政策扩散，政策模仿（policy imitation and mimicking）所驱动的是快速的州与州之间的扩散，对一个共同的外部冲击所进行的州层面的回应所驱动几乎是即时的政策扩散。[②]

（5）不同类型的政策创新扩散的比较研究。以前的研究主要是考察一种类型的创新扩散，而很少对不同类型的创新扩散进行比较研究。这一时期，一些学者弥补了这一不足。如理查德·沃克尔（Richard M. Walker）将创新分为五类：产品创新、过程创新（含三种具体类型）和辅助创新，并对这五类创新扩散进行了研究，结果表明不同类型的创新扩散是由不同因素驱动的。[③] 又如，布什伊将政府政策划分为规制政策（规制经济、环境或行业的标准）、道德政策（政府对社会行为与规范的管理）和治理政策（对政府权力本身的规制），并认为：一个政府对规制政策的接受程度与该政府立法专业性紧密相关；一个政府对道德政策的接受程度被该政府中的政治竞争所塑造，而且党派竞争越激烈，政策制定者就越倾向于回应公民的需求；一个政府对治理政策的接受程度受到直接民主制度的强烈影响，因为这种特别的政治创新需要来自公民的直接参与。[④]

（6）整合框架。虽然在前一阶段贝瑞等建立了政策创新扩散的统一解释框架，但是其对扩散研究中定义的一系列变量仍然缺乏整合，另外，对扩散的理论解释也鲜有内在一致性。基于以上原因，一些学者提出了

---

① Frederick J. Boehmke and Richard Witmer, "Disentangling Diffusion: The Effects of Social Learning and Economic Competition on State Policy Innovation and Expansion", *Political Research Quarterly*, Vol. 57, No. 1, 2004, pp. 39–51.

② Graeme Boushey, "Punctuated Equilibrium Theory and the Diffusion of Innovations", *The Policy Studies Journal*, Vol. 40, No. 1, 2012, pp. 127–146.

③ Richard M. Walker, "Innovation Type and Diffusion: An Empirical Analysis of Local Government", *Public Administration*, Vol. 84, No. 2, May 2006, pp. 311–335.

④ Boushey, Graeme, *Policy Diffusion Dynamics in America*, Cambridge: Cambridge University Press, 2010, pp. 133–136.

新的整合框架。其一，魏吉娜（Barbara Wejnert）提出的基于系统论的政策创新扩散框架。魏吉娜从系统论视角出发，将创新扩散看成是创新本身、创新者与创新环境构成的创新系统的产出。其中，创新自身的特征包括公共与私人后果、采纳的收益与成本。创新者（行动者）的特征包括创新者的社会存在、对创新的熟悉程度、地位特征、社会经济特征、在社会网络中的位置以及个人素质。环境特征包含地理环境、社会文化、政治条件和全球一致性，其通过现代世界的结构特征调整扩散。① 其二，特夫斯（Kerstin Tews）提出的国际体制下政策创新扩散综合概念框架。该框架包含三组因素：跨国的和国际的力量、国家因素和政策创新的特征。其中，跨国的和国际的力量包括预先确定互动模式的结构（包括国家间的经济联系、国家间的政治与制度联系）和创造、改变这些结构和在这些结构中行动的行动者（包括国际组织、跨国网络和 NGO），国家因素包括国家特征（如国家规模、市场容量、权力或声誉）和国家政策制定能力（如政策制定的政治—制度能力、社会—经济能力和认知—信息能力），政策创新的特征包括潜在的问题结构、相容性和政治可行性。作者认为，理解国际体制下的政策创新扩散需要对这三类因素之间的复杂的相互作用进行分析。② 其三，布劳恩（Dietmar Braun）和吉拉尔迪提出的政策变迁的期望效用模型。两位作者认为，存在多种政策创新扩散机制，但这些机制基于不同的理论，所以目前对扩散的理论解释就没有内部一致性。他们认为一个政策的预期效用取决于政策的效果和其产生的收益，它们对政策变化很重要。多种扩散机制是通过改变这两个参数来进行运作的，每个机制以不同的方式影响这两个参数之一。因此，政策变迁的期望效用模型能够包含所有扩散机制。③

（7）研究方法创新。为了更好地研究政策创新扩散，一些学者对研究方法进行了创新。这体现在三个方面：其一，定量方法方面。首先是定量资料的收集，这方面有三种新的方法：一是实验法。泰伦（Jean -

---

① Barbara Wejnert, "Integrating Models of Diffusion of Innovations: A Conceptual Framework", *Annual Review of Sociology*, Vol. 28, 2002, pp. 297 – 326.

② Kerstin Tews, "The Diffusion of Environmental Policy Innovations: Cornerstones of an Analytical Framework", *Environmental Policy and Governance*, Vol. 15, No. 2, 2000, pp. 63 – 79.

③ Braun, D. and F. Gilardi, "Taking 'Galton's Problem' Seriously: Toward a Theory of Policy Diffusion", *Journal of Theoretical Politics*, Vol. 18, No. 3, 2006, pp. 298 – 322.

Robert Tyran）和萨斯格鲁勃（Rupert Sausgruber）运用实验法来研究政策创新扩散，其提出具有几个"实验州"的实验设置，每个州的公民具有采纳政策创新的自由裁量的政治权力，在政策创新采纳的公投中进行投票。作者研究了两种情况下（公民具有在其他州的创新决策和创新结果的信息和公民不具有在其他州的创新决策和创新结果的信息）通过一系列投票决定的税收政策创新的采纳，运用该法，作者揭示了信息在政策创新采纳中的作用。[①] 二是地理信息系统。政策创新扩散模型假定州的官员与邻近州竞争，州的官员对公民采取的行为方式的关注度直接影响着该州的政策选择。但是测量官员的关注度是困难的，于是，威廉·D. 贝瑞和梅贝克（Brady Baybeck）运用地理信息系统来估量官员关注度。[②] 三是自动化内容分析。吉拉尔迪等提出用自动化内容分析来测量政策扩散，该方法的主旨集中于政策是如何被感知的，首先描述各单位和在不同时间的感知的变化，其次分析作为其他单位政策采纳的函数的感知，最后分析作为感知的函数的政策采纳。[③] 另外是定量资料的分析。这方面有四种新的方法：一是二元事件史。传统的 EHA 虽然可以分析政策扩散的许多方面，但只能反映部分真相，如成功政策难以整合进州—年事件史，州—年事件史也不能考察什么政策被采纳和思想的来源这两个问题。于是沃尔登运用配对—年事件史分析来克服以上局限。[④] 在该方法中，分析单位不是州—年，而是成对的州—年。在成对的州中，一个是潜在的"接受者"（州 A），一个是潜在的"发送者"（州 B），且每一对出现两次，允许每一个州轮流作为潜在的"接受者"和"发送者"。因变量需要重新定义，不再是简单的政策采纳，而是成对的州之间的"增加的相似性"的某一形式。如果州 A 采纳了已被州 B 采纳的政策，

[①] Jean – Robert, Tyran and Rupert, "The Diffusion of Policy Innovations: an Experimental Investigation", *Journal of Evolutionary Economic*, Vol. 15, No. 4, 2005, pp. 423 – 442.

[②] William D. Berry and Brady Baybeck, "Using Geographic Information Systems to Study Interstate Competition", *American Political Science Review*, Vol. 99, No. 4, 2005, pp. 505 – 519.

[③] Fabrizio Gilardi Manuela Giovanoli Charles R. Shipan Bruno Wueest, http: //www. fabriziogilardi. org/resources/talks/2014 – 08 – 30 – Smoking – bans – APSA – handout. bmr. pdf.

[④] Volden, Craig, "States as Policy Laboratories: Emulating Success in the Children's Health Insurance Program", *American Journal of Political Science*, Vol. 50, No. 2, 2006, pp. 294 – 312.

则将因变量（命名为"模仿"）编码为1，反之编码为0。① 沃尔登、吉拉尔迪和福吉李斯特（Katharina FüGlister）等的实证分析表明该方法有利于更精确地分析政策创新扩散。虽然用二元事件史方法研究政策创新扩散是一个重大的进步，但是，这个方法仍然存在问题，如吉拉尔迪和福吉李斯特指出在运用该方法时存在一些方法问题，后来伯姆克也指出二元事件史方法存在潜在的模糊。② 当然，一些学者也指出了修正二元事件史模型的办法，如多层方法和调整效法的机会。二是事件计数回归。贝瑞夫妇认为，当假定在一年中采纳数量的变化实质上产生了关于采纳"范围"或"程度"的有意义的信息是合理的时候，事件计数模型是适当的。该方法已被确定为事件史方法的改良或替代方法。③ 三是合并事件史。该方法适于分析具有多个构件的政策的扩散或同时研究多个政策的扩散。对具有K个构件的政策的扩散或同时研究K个政策的扩散可以通过估计K个单独的事件史模型进行分析，但是这种方法缺乏简约性，也忽略了多个构件或多个政策潜在的共性。④ 而在合并事件史中，K个事件史方程被并入一个方程，其堆叠来自每个构件或每个政策的所有数据，估计一个统一模型。⑤ 该方法具有简约性，具有集中信息的能力以及通过增加观测数来获得对系数的更精确的估计的能力，而且，当相对少的州采纳许多构件或政策时，该方法具有独特优势。四是计算机模拟。在对地区效应进行探索性分析的过程中，穆利（Christopher Z. Mooney）运用计算机程序模拟了具有多种地区效应的政策扩散。⑥ 计算机模拟可被

---

① Fabrizio Gilardi and Katharina Füglister, "Empirical Modeling of Policy Diffusion in Federal States: The Dyadic Approach", *Swiss Political Science Review*, Vol. 14, No. 3, 2008, pp. 413 – 450.

② Frederick J. Boehmke, "Policy Emulation or Policy Convergence? Potential Ambiguities in the Dyadic Event History Approach to State Policy Emulation", *Journal of Politics*, Vol. 71, No. 3, 2009, pp. 1125 – 1140.

③ Frances Stokes Berry and William D. Berry, "Innovation and Diffusion Models in Policy Research", in Theories of the Policy Process, ed. Paul Sabatier. Boulder, CO: Westview, 1999, pp. 223 – 260.

④ Frederick J. Boehmke, "Approaches to Modeling the Adoption and Diffusion of Policies with Multiple Components", *State Politics and Policy Quarterly*, Vol. 9, No. 2, 2009, p. 234.

⑤ Frederick J. Boehmke, Paul Skinner, The Determinants of State Policy Innovativeness, http://2012sppconference.blogs.rice.edu/files/2012/02/boehmke – skinner2012sppc.pdf.

⑥ Mooney, Christopher Z., "Modeling Regional Effects on State Policy Diffusion", *Political Research Quarterly*, Vol. 54, No. 1, 2001, pp. 103 – 124.

用来产生关于以下两个问题的额外见解：解释扩散过程的参数是如何相互作用的？整个扩散模式是怎样的？因此，该方法也是一个特别有希望的方法。其二，定性方法。在前面两个时期，虽然也有学者运用定性方法，但是他们使用极少。但在这一时期，越来越多的书籍和论文运用定性方法来系统地研究政策创新扩散，出现一系列研究政策创新扩散的定性技术的新兴的、强大的应用。斯塔克（Peter Starke）认为，存在三种可被运用的定性研究技术，即跨案例分析（常常基于系统案例选择）、案例内过程追踪和反事实推理。而且，这三种定性研究技术是相互补充的，将三种研究技术进行组合将是强有力的研究策略。[①] 其三，定量方法与定性方法相结合。虽然定量研究在概括性、精确性上特征明显，但是缺乏对深度事实和复杂细节的把握，因此一些学者将定量方法与定性方法结合来研究政策创新扩散。如卡奇（Andrew Karch）在《民主实验室：美国各州政策扩散》一书中和霍罗维茨（Michael C. Horowitz）在《军事力量的扩散：国际政治的原因和后果》一书中都结合统计方法和案例研究研究了政策创新扩散。

5. 总体评价、未来趋势与对我国的启示

（1）对西方政策创新扩散研究的总体评价。经过近半个世纪、三个阶段特别是第三个阶段的研究，西方政策创新扩散研究已经取得了大量的成果，可以对其进行简要地归纳：其一，研究的核心问题是为什么政策创新在不同政治系统之间传播以及如何传播，具体体现为三个问题：政策创新扩散的过程、政策创新扩散的影响因素和政策创新扩散的机制。其二，因变量：一般定义为采纳新政策的概率；新政策可以是单一的新政策、具有多个层次的新政策、具有多个构件的新政策；因变量设置有两种做法：设置为二分变量和多分变量。其三，分析层次：可分为国家、州、地方政府三个层次。其四，理论解释。一是就政策创新扩散的过程而言，虽然大多数学者认为政策创新扩散符合S型曲线，但也有学者认为，在不同的情境下，政策创新扩散会体现出不同的特征。二是政策创新扩散的影响因素，包括两类五种。两类为内部因素和外部因素，五种

---

① Peter Starke, "Qualitative Methods for the Study of Policy Diffusion: Challenges and Available Solutions", *The Policy Studies Journal*, Vol. 41, No. 4, 2013, pp. 561–582.

为政策创新属性、动机因素、资源/障碍因素、其他政策和外部因素。政策扩散的机制主要有学习、竞争、强制、模仿和合作、诱致等。政策创新扩散的影响因素和机制可作如下概括,如图 1-1 所示。

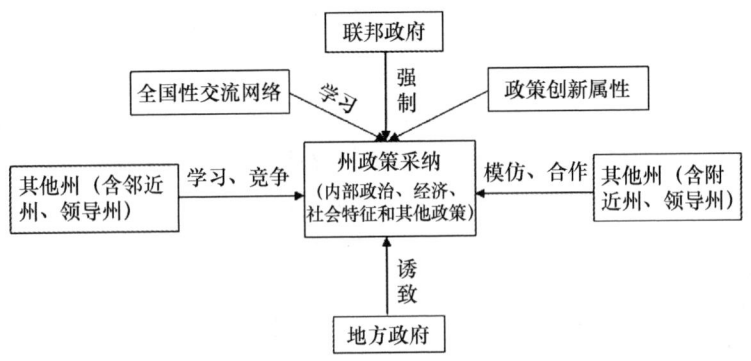

图 1-1 政策创新扩散的影响因素和机制

其五,研究方法。既运用定量研究方法也运用定性研究方法,但占主流的是定量研究方法,特别是更高级的事件史方法。总的来看,西方政策创新扩散研究成果丰硕,已经成为政策科学中最引人注目的领域之一,政策创新扩散框架也是一个前景看好的框架,为政策过程理论的发展作出了重大的贡献。但是,仍然存在一些缺点。首先,就政策创新扩散框架而言,其把个体当成参与者,而收集到的和用来测定源于该框架模型的数据是在系统水平上的,因此容易混淆;而且,框架中的总体变量并没有得到很好地阐述,另外,在分析范围上,其主要把重点放在一个阶段上:政策采纳或政策选择,这不如甚至远不如支持联盟框架和制度分析和发展框架。其次,从理论的角度看,政策创新扩散研究虽然发展出了框架和模型,但是在框架和模型之间的理论却没有得到发展,理论发展远远落后于模型发展和验证。因此,政策创新扩散框架要进一步发展成为更具逻辑整合性和缜密性的理论分析框架并最终成为十分完善的理论还任重而道远。

(2) 未来研究趋势。其一,发展出一个关于个人的更为清晰和连贯的模型 (或模型组),该模型应该包括从根本上驱动个体行为的目标或规则、行为者获取并处理信息的能力、行为者的决策规则以及他们政治上的相关资源。其二,比较研究。目前虽然已有学者开展了不同类型的政策创新扩散的比较研究,但是还缺乏跨政策领域、跨国、跨政治体制的比较研究。特别地,由于目前政策创新扩散研究主要集中在联邦制国家,研究者发展的理论主要是基于联邦体制的,单一制下政策创新扩散有何规律,其和联邦制下政策创新扩散有何异同,开展这方面的比较有可能大大丰富政策创新扩散理论。其三,进一步的整合。是否还有影响政策创新扩散的因素没有考虑?政策创新扩散的机制是否被全面考察或简化?以上问题有待于进一步整合。其四,定量方法与定性方法的结合。虽然已有部分学者尝试将定量研究方法和定性方法结合,但是数量极少,因此,在研究方法上,未来会注重结合定量研究方法和定性方法的优点、综合运用两种方法来研究政策创新扩散。最后,探索实践意涵。长期以来,政策创新扩散研究主要注重的是理论发展,但是,这些研究成果对于实践者进行政策推广的启示却被忽略,因此,未来的研究将会重视对政策创新扩散研究成果的实践意涵的探讨。

(3) 对我国的启示。一是国内公共管理学界应重视并投身于这一领域的研究。二是在研究的过程中,发挥"后发优势",充分借鉴西方政策创新扩散的较为成熟分析框架和研究方法来开展我国政策创新扩散研究。三是在具体策略上,应注重对西方政策创新扩散的模型进行经验检测、修正和整合,从而建构我国本土化的政策创新扩散理论模型。

(二) 国内政策创新扩散研究现状

自2006年开始,我国也有一些学者开始了政策创新扩散的研究。本书通过CNKI及其他渠道检索发现,2006—2015年十年间,相关学者共计发表论文(含专著)63篇。本书试图运用内容分析等方法,对我国近十年间的政策创新扩散研究进行评估。

1. 中国政策创新扩散研究的历程

在63篇文献中,最早对中国政策创新扩散研究的学者是杨静文,其于2006年发表了《我国政务中心制度创新扩散实证分析》一文。[1] 为了把握我国政策创新扩散研究的发展历程,本书借鉴政策创新扩散研究绘

---

[1] 杨静文:《我国政务中心制度创新扩散实证分析》,《中国行政管理》2006年第6期。

制"创新扩散曲线"的方法，绘制中国政策创新扩散研究的"扩散曲线"。鉴于中国政策创新扩散研究已开展10年，笔者以"年"为单位来考察其发展历程。首先，笔者以"年份"作为横坐标，相应时点的总的论文数目作为纵坐标，绘制出我国政策创新扩散研究的扩散曲线，见图1-2。

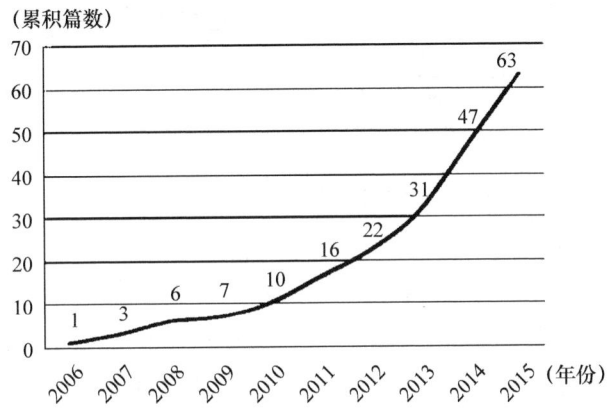

图1-2 中国政策创新扩散研究的扩散曲线

通过上图可以发现，中国政策创新扩散研究已经出现了扩散，而且这种扩散也呈现出政策创新扩散一样的特征，即扩散曲线呈现"S型"。依据这一曲线，笔者将中国政策创新扩散研究的发展历程分为两个阶段：（1）第一阶段：2008年至2013年，只有很少的研究者，S型曲线上升得很慢。（2）第二阶段：2013年至2015年，论文的篇数急剧上升，进入研究的热潮期。而且这一热潮期刚出现三年，可以预期，在未来的一段时间内，中国对于政策创新扩散的研究都将处于加速上升期。

2. 中国政策创新扩散的研究者

从研究者的学术身份来看，主要是高校教师，其比例为71.4%，而学生（含博士研究生和硕士研究生）的比例为28.6%，见表1-1。这说明，目前中国政策创新扩散这一研究领域主要受到了高校教师们的关注，而研究生群体可能还未意识到该研究领域或未认识到中国政策创新扩散研究的必要性和重要性。其原因在于，高校教师已具有一定的研究经验，眼界开阔，有更广阔的渠道获取学术信息。依据创新扩散理论，他们即为中国政策创新扩散研究扩散过程中的"观念领导者"。因此，在中国政策创新扩散研究的早期阶段，他们会更多地介入。而作为"跟随者",研究生们才少量地加入。可以预期,在高校教师的观念引导下,研究生会积极地进入这一领域。

表1-1　　　　　　　中国政策创新扩散研究者的学术身份

学术身份	教授	副教授	讲师	博士研究生	硕士研究生	合计
计数	21	11	13	9	9	63
年份中的%	33.3%	17.5%	20.6%	14.3%	14.3%	100.0%

3. 中国政策创新扩散的研究资助

根据表1-2统计的数据来看,仅有57.1%的研究获得研究资助。众所周知,没有研究资助,就不会有足够的、高质量的研究成果。一方面,这揭示了目前中国政策创新扩散研究成果较少的一个原因;另一方面,也说明在对中国政策创新扩散研究的资助力度上仍然存在不完善之处,有待进一步加强。

表1-2　　　　　　　中国政策创新扩散的研究资助

研究资助	频率	百分比
有	36	57.1
无	27	42.9
合计	63	100

4. 中国政策创新扩散的研究类型

由表1-3的数据可知,在所有政策创新扩散的研究文献中,多以实证研究和规范研究为主,二者所占比例高达93.7%。其中,实证研究占到了66.7%,说明中国政策创新扩散研究以实证研究为主。

表1-3　　　　　　　中国政策创新扩散的研究类型

研究类型	频率	百分比
规范研究	17	27.0
实证研究	42	66.7
其他(如文献综述)	4	6.3
合计	63	100.0

5. 中国政策创新扩散的实证研究分析

第一,实证研究政策领域(见表1-4),对所有文献逐一统计,实证研究文献共涉及42项政策,经分析发现,本文研究的政策多集中于政治政策和社会政策,二者所占百分比高达80%以上,这是一大进步。但是,文化政策研究领域尚未有学者进行研究。

表1-4　　　　　　　　　　实证研究政策领域

实证研究政策领域	频率	百分比
政治政策	21	50.0
经济政策	7	16.7
社会政策	14	33.3
文化政策	0	0.0
合计	42	100

第二,实证研究的类型,由表1-5、表1-6、表1-7可以看出,实证研究类型主要有两种:定量研究和定性研究;实证研究文献共42篇,其中,定性研究占52.4%,定量研究占47.6%,说明国内学者更倾向使用定性方法研究中国政策创新扩散。在定量研究方法中,出现一些学者开始使用事件史分析方法,除此之外也有不少使用其他方法的,如逻辑回归分析法、多元回归分析法、数理统计分析法等;在定性研究方法中,除采用主要的实地研究法(含深度访谈与参与观察),还使用如案例分析法、比较研究法等研究方法。

表1-5　　　　　　　　　　实证研究的类型

实证研究类型	频率	百分比
定量研究	20	47.6
定性研究	22	52.4
合计	42	100.0

表1-6 定量资料的分析方法

定量资料的分析方法	频率	百分比
事件史分析方法	8	40
非事件史分析方法（含回归分析法，如逻辑回归分析、模型分析、多元回归分析等）	12	60
合计	20	100

表1-7 定性研究方法

定性研究方法	频率	百分比
实地研究（含深度访谈与参与观察）	8	36.4
其他	14	63.6
合计	22	100.0

第三，实证研究的分析单位。

通过对实证研究的文献进行梳理发现，目前中国政策创新扩散研究的分析单位主要是以省级和地级市为主，因为对这两个层级进行多年分析的样本量大小适中，不会因太少影响分析结果，又不会因太多造成分析烦琐。在具体研究时，学者们或对中国大陆31个省级行政区，或对334（不含港澳台）个地级市行政区划单位多年的数据进行详细的统计、整合，并运用相关管理学、经济学、统计学等学科知识和SPSS、Stata等统计软件进行数据分析，以图表等形式直观反映某项政策实施效果、影响因素等。而在国家和县、乡级层面上的研究就相对匮乏了。

表1-8 实证研究的分析单位

分析单位	频率	百分比
国家	4	9.5
省级	20	47.6
地级市	17	40.5
县级	1	2.4
合计	42	100.0

6. 中国政策创新扩散的研究主题

研究的主题主要有：(1) 政策创新扩散的过程与特点。他们梳理了有关政策创新扩散的历程，并指出了我国政策创新扩散的特点，即大多具有"S型曲线"特征。(2) 政策创新扩散的形式。如扩展扩散、等级扩散、位移扩散；纵向扩散、横向扩散；强制性扩散、诱致性扩散等。(3) 政策创新扩散的机理。他们基于不同的理论基础来探讨政策创新扩散的机理，如杨静文根据理性选择理论，认为政府采纳"政务中心"制度创新的决策实质上是一个通过学习认知调整，最终寻求到一个最佳的投入水平并实现相应的预期净收益的过程。[①] 王家庭引入"场"的概念，认为在政策创新扩散场中，如果存在着扩散汇，场就会作用于扩散汇，促使引进创新扩散。[②] 包海芹根据组织理论的新制度主义理论，认为中国学科基地政策扩散过程是一种行政组织基于资源获取和合法性获得的制度同形化过程。[③] (4) 政策创新扩散的影响因素。基于不同的政策，学者们提出了多种影响政策创新扩散的因素，如地方政府的经济发展水平、财政资源、创新来源、邻近效应、上级压力、社会网络、政治周期、大众传媒等。(5) 对中国政策创新扩散的总体认识。严荣认为中国政策创新扩散是一个有限理性的学习过程。[④] 周望认为，中国对于政策试验成果的推广呈现出一个在多层级间互动的立体化网络。[⑤]

(三) 简要评价

总的来看，国外政策创新扩散研究历史悠久，实证研究众多，成果丰硕，为政策创新扩散研究奠定了良好的基础。但是一方面，这些研究大多集中于美国的政策生态。因此，他们的理论未必适合解释中国的实践。另一方面，他们的研究仍然存在诸多问题，如政策创新扩散发生机理的研究还不够系统，研究方法还有待改进等。另外，他们也没有专门

[①] 杨静文：《我国政务中心制度创新扩散实证分析》，《中国行政管理》2006年第6期。

[②] 王家庭：《国家综合配套改革试验区制度创新的空间扩散机理分析》，《南京社会科学》2007年第7期。

[③] 包海芹：《国家学科基地政策扩散研究》，北京大学出版社2011年版，第66—76页。

[④] 严荣：《转型背景下政策创新的扩散与有限理性学习》，《上海行政学院学报》2008年第3期。

[⑤] 周望：《政策扩散理论与中国"政策试验"研究：启示与调适》，《四川行政学院学报》2012年第4期。

对某一个政策领域（如社会政策）进行研究。

国内学者的研究在短时间内取得了一定的成果，为后续的研究积累了宝贵的经验。但仍然存在以下不足：一是起步晚，总量少。二是对中国社会治理创新扩散研究还很不够，不符合加强和创新社会管理的时代要求。三是研究不够规范，严格遵循社会研究方法进行的研究少之又少；而且，基本没有运用事件历史分析方法。四是缺少中外政策创新扩散的比较研究。五是未能建构起本土化的政策创新扩散理论模型。

四　研究意义

（一）现实意义

本研究将为实务部门提供促进社会治理创新扩散的建议，这有利于促进社会治理创新的推广，推进从个别地方社会治理水平的提高到全国整体社会治理水平的提高的进程。

（二）理论意义

本研究将建立我国本土化的政策创新扩散理论模型，这有利于增进对我国政策创新扩散的规律性认识，有利于弥补国内外的理论差距，丰富政策创新扩散理论。

五　研究内容

（一）我国社会治理创新扩散的基本分析框架

结合创新扩散理论、组织创新理论、新制度主义理论，构建我国社会治理创新扩散的基本分析框架，得出用以分析我国社会治理创新扩散的最普遍的变量。

（二）我国社会治理创新扩散的现状

分析我国社会治理创新扩散的过程、形式与特征。主要是回答"What"——进行扩散的是什么社会治理创新？"When"——扩散是何时开始的？"Where"——扩散的地域范围？"Who"——创新者、采纳者有哪些？"How"——如何进行扩散的等问题。

（三）我国社会治理创新扩散的影响因素与机理

分析我国社会治理创新扩散的影响因素，以及相关影响因素是如何相互联系、相互作用以催生我国社会治理创新扩散的。主要是回答"Why"——我国社会治理创新扩散的原因这一问题。

（四）我国社会治理创新扩散的理论模型构建

通过不同的社会治理创新扩散的比较、综合以及中美社会治理创新扩散的比较，建构我国本土化的社会治理创新扩散理论模型。

（五）促进我国社会治理创新扩散的对策研究

针对我国社会治理创新扩散存在的问题，借鉴国外促进社会治理创新扩散的经验，提出可操作的促进我国社会治理创新扩散的政策建议。

六　研究思路与研究方法

（一）基本思路

本书的基本思路是：严格遵循社会理论建构的逻辑，即以观察为起点，然后通过归纳推理，得出解释这些观察的理论。具体来说，首先建立基本分析框架，其次选择合适的案例（确定为5个案例）进行实证研究，其后进行比较、概括、提炼，对我国社会治理创新扩散进行理论构建，最后提出促进我国社会治理创新的扩散的对策建议，如图1-3所示。

（二）研究方法

参照国际政策创新扩散研究的主流做法，本书的研究方法定位为定量实证研究。但在理论建构的过程中，也运用比较、综合、归纳等规范方法。

1. 案例研究法。本书将选择多个合适的社会治理创新案例进行研究。案例的选择原则是：其一，时代性。本书定位于21世纪初以来出现的社会治理创新，或者说在"加强社会建设和管理""加强和创新社会管理""加强和创新社会治理"这一时代背景下的创新及其扩散。其二，已扩散性。本书所选择的社会治理创新应已经出现了一定程度的扩散，

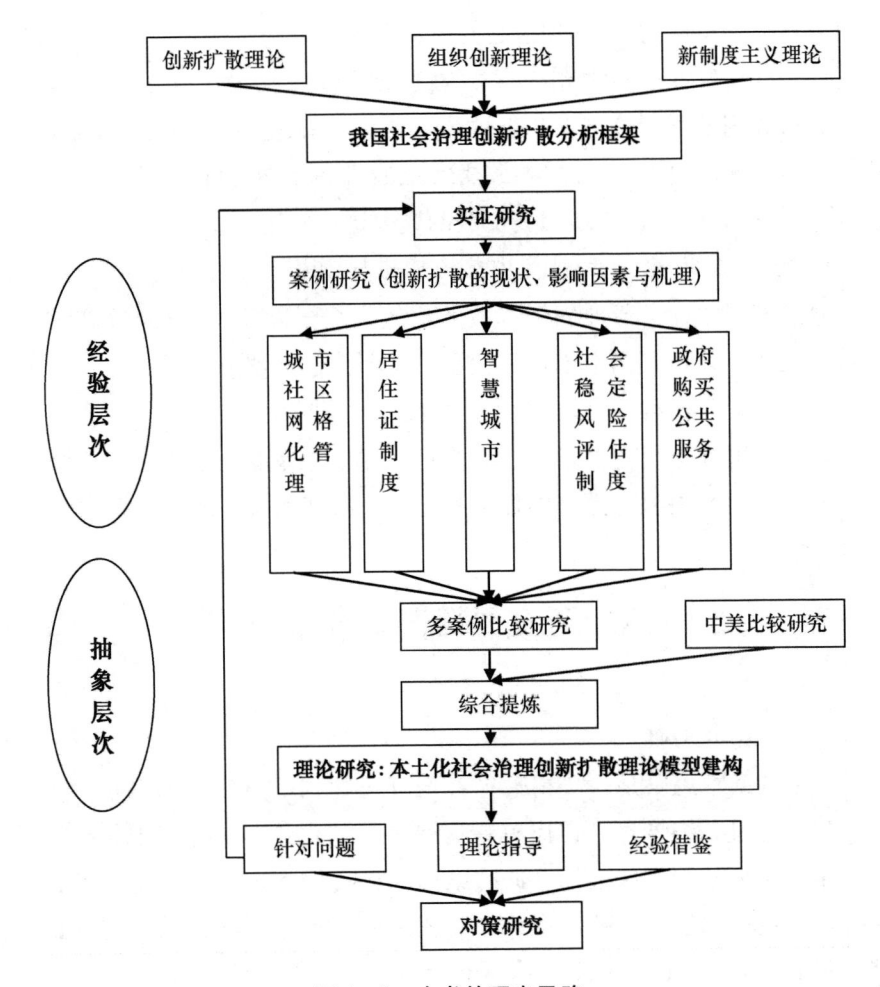

图 1-3 本书的研究思路

即除了创新者之外，已有一定数量的政府进行了采纳。其三，数据可及性。由于本研究为定量实证研究，并如后所述，是以中国 284 个地级市为样本，因此对于所选择的创新，应能够查找到相关政府采纳的依据、采纳的时间以及相关变量的数据。在查阅历届"中国地方政府创新奖"[1]、历年"中国十大社会治理创新奖"[2]、历年"全国创新社会治理

---

[1] 由中共中央编译局比较政治与经济研究中心、中共中央党校世界政党比较研究中心和北京大学中国政府创新研究中心于 2000 年联合组织发起，目前已举办八届。

[2] 由"中国全面小康论坛"评出，自 2011 年以来每年举办一届。

典型案例"[①] 以及相关学者编著的《社会治理案例选》和新闻报道的基础上,[②] 经过探索性研究和比较,最终选择了城市社区网格化管理、居住证、智慧城市、社会稳定风险评估和政府购买公共服务为本书研究的案例。

2. 分析单位。本书主要考察我国社会治理创新的水平扩散,由于中国的地方政府分为省、地、县、乡四个层级,可以有四个分析单位,但省级政府个数有限,县级、乡级政府数据收集量太大,故本文选择地级行政单位作为分析单位。考虑到一些地级行政单位(如自治州、盟)的数据难以获得,本书最终确定以地级市(284 个)为分析单位。[③]

3. 资料收集方法

(1) 文献法:搜集国内外已有政策创新扩散特别是社会治理创新扩散研究的文献,进行文献综述;搜集中美社会治理创新扩散研究文献,进行比较研究;通过中国经济社会大数据研究平台、各种统计年鉴、政府统计公报等搜集有关本课题的数据。

(2) 网络抽样法:部分数据通过网络抽样法搜集,即在互联网上利用"百度"等搜索引擎,反复搜索以获取相关数据。

(3) 实地研究法:通过观察与访谈获取中国社会治理创新扩散的深度事实和复杂细节。但该法只作为本课题的辅助方法。

4. 资料分析方法

本书主要采取定量分析方法来分析资料。对于本书选择的各社会治理创新扩散的现状主要进行描述性统计分析;对于各社会治理创新扩散的影响因素均运用事件史方法(Event History Analysis)进行分析。而为获得中美两国各自社会治理创新扩散的一般认识,本项目采用定量合成方法——Meta 分析(荟萃分析)对两国社会治理创新扩散研究成果分别进行归纳。

但在比较研究和理论建构中,也运用规范分析方法(如比较研究法、归纳综合方法等)来对资料进行分析。

[①] 由人民网、中共中央党校(国家行政学院)政治学部主办,目前已举办七届。
[②] 如魏礼群主编的《创新社会治理案例选》系列,于军等主编的《全国社会治理创新典型案例》等。
[③] 目前我国共有 293 个地级市,但部分是近年来行政区划变更后撤县(区)设市而新变更成为地级市的,存在数据缺乏严重、统计不完整的问题,不便用于本研究,故本文按以往的 284 个地级市开展研究。

第二章 中国社会治理创新扩散的基本分析框架

改革开放以来，我国一些地区进行的社会治理创新不断向更大范围乃至全国范围进行推广和传播，例如2004年上海首创的城市社区网格化管理去年已被187个地级行政单位所采用，[①] 2006年起源于四川遂宁的社会稳定风险评估机制目前也已被传播到全国多个省市[②]。2008年浙江省嘉兴市率先实施的居住证制度目前也已在全国很多省市推行[③]。可以说，在我国社会治理领域，出现了一种"政策创新扩散"现象。从理论上说，政策创新的扩散（The Diffusion of Policy Innovations）指的是政策创新经过一段时间，经由特定的渠道，在政府、组织间传播并被采纳的过程。为什么我国社会治理创新会在不同政治系统之间扩散？这些社会治理创新又是如何扩散的？这两个问题极为值得我们开展研究进行回答，因为一则我们可以从中总结社会治理创新扩散的规律，二则可以为推动社会治理创新在全国范围内进一步扩散或加速扩散，从而为提高我国整体社会治理水平提供启示。鉴于目前国内学者尚未建立起一个具有内在一致性的我国社会治理创新扩散整合分析框架，以及为了更好地开展实证研究，本书试图建构一个中国社会治理创新扩散的基本分析框架。

---

① 杨代福、董利红：《我国城市社区网格化管理创新扩散的事件史分析》，《重庆行政》2014年第4期。

② 黄杰、朱正威：《国家治理视野下的社会稳定风险评估：意义、实践和走向》，《中国行政管理》2015年第4期。

③ 陈海兵：《浙江嘉兴成立新居民事务局展开居住证制度改革》，新浪新闻中心2011年7月4日，http://news.sina.com.cn/c/sd/2011-07-04/100022752392.shtml。

一 中国社会治理创新扩散的影响因素

（一）动机因素

动机是激励和维持人的行动，并将行动导向某一目标的内部动因。就我国政策创新扩散而言，动机因素是激励某个地区的官员在某个时间采纳政策创新的因素。它们包括以下几方面。

1. 公众需求。政治学家戴维·伊斯顿（David Easton）提出的系统模型认为，公共政策是对周围环境所提出的要求的反应。该模型包括输入（需求与支持）、政治系统、输出、反馈、环境五个部分，需求是指公众为了满足自己的要求和利益而向政治系统提出的采取行动的主张（主张的提出有时是以施压的方式进行的）；支持是指公民遵守法规、纳税并赞同政府采取的干预行动；需求和支持一起构成系统的输入。政治系统是指具有相关互联的结构和过程，并进行社会价值财富分配的组织。系统的输出则是指政治系统根据公众的需求与支持（输入）做出价值财富再分配的政策方案。反馈这一概念则意味着公共政策（输出）可能改变环境，改变环境提出的要求，以及改变政治系统的自身特点。政策输出可能会产生新的要求，而这种新的要求将进一步导致政策与输出。在这种循环反复中，公共政策源源不断地产生。[①] 可以说，公众的需求直接决定了政府政策采纳的动力和意愿。当然对于什么是公众需求常常存在争议，但是其往往与当地面临的社会问题的严重程度紧密相关，如当地居民收入水平、社会稳定程度或社会和谐程度等。

2. 官员换届。有学者研究认为，新任职的官员更倾向于接受创新，因为他们在刚进入一个新的岗位之时会以全新的视角审视他们的工作。同时，正如中国俗语所云"新官上任三把火"，刚上任的官员由于急于建立功绩、树立权威而倾向于接受创新。[②] 另外一种情况是，面临换届

---

① ［美］戴维·伊斯顿：《政治生活的系统分析》，王浦劬主译，人民出版社2012年版，第16—32页。

② Hambrick, D. C. and Mason, P., "Upper Echelons: The Organization as a Reflection of its Top Managers", *Academy of Management Review*, Vol. 9, No. 1, 1984, pp. 193–206.

的官员为了使自己在换届中得以晋升,会在面临换届之时争取好的表现,也会倾向于接受创新。

(二) 资源/障碍因素

在政府中引进创新性实践意味着需要承担一定的不确定性、风险或危险,因此,这意味着某些创新的障碍或阻碍可能会或多或少在所在特定情形中有效。当针对某项特定的政策创新时,在其他条件相同的情况下,这些障碍越大,则这项政策创新的采纳就越难以发生。但是,克服这些障碍的可利用资源可能刺激或加强创新采纳。具体而言,资源/障碍因素包括以下几方面。

1. 地区经济发展水平。罗杰斯曾指出:无论如何衡量社会地位(通常表现为收入、生活水平与拥有的财富等),结果都表明,社会地位与创新性成正比。个体社会经济状况每提高一个单位,该个体的创新性程度也会相应地成比例上升。[1] 许多创新对于采纳它们的人来说,需要花费金钱或承担财政风险,收入与财富越多的人可以有足够的资源以消化这些成本。这也适用于政府,一般认为,经济发展水平越高的地方更加倾向于接纳新事物,越有创新性。另外,要实行政策创新,也需要一定的经济基础条件。

2. 地区财政资源。资源松弛假设指出,松弛的资源状况是组织创新的重要条件。[2] 财政资源丰富的地区更倾向于创新。但是需要注意的是,建立在环境变化基础上的理论也被证明是有效的,如贝瑞夫妇发现一个财政状况恶化的州更易于接受博彩业,这种解释更适用于税收政策而非支出政策。

3. 政府组织规模。由于组织规模意味着一些因素的综合,包括动机、障碍和资源组成的高度有利的组合,因此组织规模对创新的采纳很重要。沃克尔的研究也表明,较大的、发展程度较高的州采取新项目的

---

[1] [美] 埃弗雷特·M. 罗杰斯:《创新的扩散》,辛欣等译,中央编译出版社 2002 年版,第 252—253 页。

[2] Damanpour F., "Organizational Innovation: A Meta-analysis of Effects of Determinants and Moderators", *Academy of Management Journal*, Vol. 34, No. 3, 1991, pp. 555–590.

速度在某种程度上超过较小的、发展程度较低的州。① 但是需要注意的是，只有当组织规模意味着或者表示那些本质上就很重要的概念性变量时，组织规模才变得举足轻重。②

4. 政策主导者的特点。由于政策采纳决策主要是由政策主导者做出的，因此政策主导者的特点会影响政策创新的采纳。这体现在：（1）政策主导者的年龄。由于较年轻的政策主导者拥有更多决策时所需要的认知资源（如学习能力、归因能力和记忆力），并且通常这些认知资源随着年龄的增长不断降低；另外，开展创新往往具有很强的不确定性，即创新的风险性，而较年轻的政策主导者因具有更强的冒险精神而更容易接受创新。③ 因此，领导者较为年轻的地区更加容易采纳创新。（2）政策主导者的教育水平。提出创新想法和解决问题的新手段需要专业的知识和技能。政策主导者受教育水平越高，越具备更好的专业知识基础和更为严谨的思维逻辑，因而他们更倾向于使用较为复杂和多样的方式方法去解决其面临的问题。另外，因为政府创新的复杂性，也需要较强的信息获取能力以减少创新的不确定性，而受教育水平越高的政策主导者在这方面的能力越强，因此他们采纳政策创新的可能性更大。最后，不断接受教育也能够强化接受教育者对新想法的接受倾向，而这也将对创新的采纳创造良好的环境。④ 因此，政策主导者的教育水平越高采纳政策创新的可能性越大。（3）政策主导者的职业经历。政策主导者的职业经历会对政策主导者乃至整个领导团队的行为产生影响。通常认为外来的管理者不容易对组织现有的规范产生承诺，从而倾向于进行创新。⑤ 同时也有学者指出管理者以往的工作经历和经验也会对创新的采纳产生

---

① Jack L. Walker Jr., "The Diffusion of Innovations Among the American States", *American Political Science Review*, Vol. 63, No. 3, 1969, pp. 880 – 899.

② Lawrence B. Mohr, "Determinants of Innovation in Organizations", *The American Political Science Review*, Vol. 63, No. 1, Mar 1969, pp. 111 – 126.

③ 吴建南、张攀、刘张立：《"效能建设"十年扩散：面向中国省份的事件史分析》，《中国行政管理》2014 年第 1 期。

④ 同上。

⑤ 同上。

重要影响,① 特别是管理者在已采纳政策创新的地区的工作经历会增加其移植创新的可能性。② 因此,政策主导者的职业经历会影响政策创新的采纳。

5. 政策企业家。政策企业家是追求政策自发动态变化的人们,他们试图获得对政策创新思想的支持,以达到自己追求的目标。政策企业家可以是政府官员、政府顾问、学者或智库成员,他们运用若干行动推动他们的思想,包括分析问题、建立政治圈的关系网络、修饰政策辩论和组建联盟。他们是政策意见的推动者或倡导者。政策企业家努力发展和人们的紧密联系,通过其认识到自己的政策目标,并寻求令人信服的论点来推销自己的政策观点。③ 他们的存在和活动把创新思想和政府议程结合起来,从而推动了政策主导者采纳政策创新。

6. 政策网络。政策网络由一群行动者构成,这些行动者在一些政策领域具有共同利益,并通过相互之间直接的或间接的联系得以联结。政策创新扩散是政策创新在某一社会团体的成员中传播的过程,因此,从理论上讲,政策网络的运作对于促进政策创新的扩散是关键的。虽然可以运用多种方式交流创新,但是在促进新观念的交流方面,人际关系是最重要的。大多数人形成其对政策创新的看法不是依靠大众传媒渠道或科学研究的结果,而是基于来自对政策创新有良好知识的人们和能解释政策创新的优点与缺点的人们的信息。④ 因此,政策网络对于政策创新扩散有着重要影响。

7. 支持联盟力量。支持联盟是指由来自不同职位(立法者、行政机构领导人、利益集团的领导人、研究者、新闻工作者、政策分析家等)并具有以下特征的人组成:(1)他们共享一个特定的信仰系统——一套基本的价值观、因果假设和对问题的感知;(2)他们长时间内对一项协

---

① Richard C. Kearney, Barry M., Feldman and Carmine P. F. Scavo, "Reinventing Government: City Manager Attitudes and Actions", *Public Administration Review*, Vol. 60, No. 6, 2000, pp. 535 – 548.

② 这一点凸显了"官员交流"对于政策创新扩散的重要意义。

③ Mintrom, Michael, "Policy Entrepreneurs and the Diffusion of Innovation", *American Journal of Political Science*, Vol. 41, No. 3, 1997, p. 738.

④ Mintrom, Michael and Vergari S., "Policy Networks and Innovation Diffusion: the Case of State Education Reform", *The Journal of Politics*, Vol. 60, No. 1, 1998, p. 126.

调行动毫无争议。这些行动者的信仰体系分成三种结构形态：（1）深层核心；（2）政策核心；（3）次级面向。① 政策支持联盟为贯彻以深层核心信仰为基础所建构的政策目标，便会使用各种参与途径，影响政府的政策活动，促其采纳最有利于该联盟的政策创新。如果一个政策领域内存在两个或两个以上的支持联盟，那么在一定的条件下，不同联盟成员可经由对话过程而产生学习的行为，彼此逐渐互相了解，学习结果会导致信仰的改变，而一旦信仰改变，新政策就会被采纳。

8. 政治机会。许多学者认为，政策创新采纳将发生在不同寻常的场合。金登提出的"政策之窗"理论认为，"政策之窗"产生于新的官员就职、重要的议会委员会改换领导人或重大事件与危机使公众非常关注某个问题的时候。② 政策主导者有意识地等待这种机会之窗以采纳新的政策。

（三）其他政策

其他政策说明先前政策的存在或不存在对一项新政策的采纳概率的影响。③ 如果先前的政策和新政策存在互补、相互依赖和替代的关系时，先前政策的存在可能影响新政策的采纳。当两项政策互补和相互依赖时，先前政策的存在会增加新政策被采纳的可能性。当新政策和先前政策相互替代时，存在两种情况：一是完全替代，在此情况下，先前政策的存在完全排除了采纳新政策的可能性；二是部分替代时，此时先前政策的存在会降低新政策被采纳的可能性。

（四）外部因素

由于政策创新扩散是政策创新在政府之间传播，因此政策创新扩散不仅受到上述地区内部的政治、经济、社会、文化特征的影响，还会受到外部因素的影响。

---

① ［美］保罗·萨巴蒂尔、汉克·简金斯-史密斯：《支持联盟框架：一项评价》，载［美］保罗·萨巴蒂尔《政策过程理论》，彭宗超、钟开斌等译，生活·读书·新知三联书店2004年版，第155—160页。

② ［美］约翰·W. 金登：《议程、备选方案与公共政策（第二版·中文修订版）》，丁煌、方兴译，中国人民大学出版社2017年版，第155—183页。

③ ［美］弗朗西丝·斯图克斯·贝瑞、威廉·D. 贝瑞：《政策研究中的创新和传播模型》，载［美］保罗·萨巴蒂尔《政策过程理论》，彭宗超、钟开斌等译，生活·读书·新知三联书店2004年版，第256—257页。

1. 中央政府或上级政府。中央政府或上级政府会自上而下地影响下级政府对政策创新的采纳。从制度变迁的方式看，显然存在着自上而下的制度变迁方式，该方式的特征是：权力中心是改革的倡导者和组织者，权力中心凭借行政命令、法律规范及利益刺激，在一个金字塔型的行政系统内自上而下地规划、组织和实施制度创新。从委托代理理论看，委托人（中央政府或上级政府）将运用监控、强制和激励等多种方式影响代理人（下级政府）的行为，以使下级政府符合中央政府或上级政府的偏好。如在美国，在某些情况下，联邦政府能简单地命令各州的某些活动；而当各州保持审慎选择权时，联邦政府还会通过提供激励机制的方式，以促进各州采纳某项政策。[①] 与联邦制相比，单一制国家的上级政府对下级政府具有更强、更深的影响。中国各级政府都可以通过财政和人事等手段控制下级的权力，因此对下级政府都具有较强的制约力。在我国，中央政府或上级政府会以以下方式影响下级政府对社会政策创新的采纳：（1）命令。指通过党中央或上级党委制定的路线、方针、政策、决定或中央政府、上级政府制定的法律、法规、规章、决定或"红头文件"等形式向下级政府施加命令，也包括领导个人的指示以及中央政府或上级政府召开的工作会议等。（2）中央政府或上级政府精神。命令往往特定而且具体，而上级精神往往更宏观、更深刻、更长远或更具方向性。因此，中央或上级领导的讲话或批示（并非针对某一具体政策创新）往往会给下级政府政策创新采纳提供方向性的指引，因而会提高下级政府对某一政策创新采纳的可能性。（3）对创新的认可。创新和采纳创新都会面临一定的风险。如果中央政府或上级政府对某地的创新加以肯定，则意味着该创新获得了一定程度的"合法性"，采纳的风险因此降低，因而也会提高下级政府对某一政策创新采纳的可能性。（4）财政扶持。由于实施创新往往需要投入一定的财政资源，而中央政府或上级政府的财政扶持为下级政府提供了克服这一障碍的资源，因此中央的财政支持对于政策创新扩散起着重要的激励作用。（5）试点。试点是中国政策过程中所特有的一种方式。一般有两种做法：一是中央政府或上

[①] ［美］弗朗西丝·斯图克斯·贝瑞、威康·D.贝瑞：《政策研究中的创新和传播模型》，载［美］保罗·萨巴蒂尔《政策过程理论》，彭宗超、钟开斌等译，生活·读书·新知三联书店 2004 年版，第 239—240 页。

级政府把某项新政策布置在一些选取出来的"点"先行实施,根据在这些"点"所获得的各种反馈和经验进行进一步的完善,然后"由点到面",以全国性正式政策的形式加以推广;二是中央政府或上级政府直接赋予某些"点"以先行先试的"政策试验权限",使其能充分地探索和创设新政策,而后再将这些创新型政策方案的应用范围扩展到更广的领域。① 中央政府或上级政府采取这种方式至少在以下三个方面影响下级政府对创新的采纳:其一,中央政府或上级政府计划试点和选择"点"就意味着其具有倡导某项新政策的倾向,这会引起下级政府的重视和关注,使该政策更早地进入下级政府的创新采纳决策过程。其二,试点过程中新政策表现出的良好绩效会对下级政府产生一定的吸引力,增强了下级政府的接受程度甚至导致其在中央政府或上级政府全面推广前加以采纳。其三,试点完成后,成功政策被中央政府或上级政府纵向推进,作为新政策的执行者,下级政府予以采纳。

2. 下级政府。按照新制度经济学的观点,作为两种制度变迁类型之一,诱致性制度变迁是指现行制度安排的变更或替代,或是新制度安排的创造,是由一个人或一群人在响应获利机会时自发倡导、组织和实行。② 其具有两个特点:一是改革主体来自基层,二是程序为自下而上。以此观点,下级政府进行的政策创新的利润将诱致上级政府或中央政府采纳这一新政策。美国的经验已经证明了这一点,一些州倡导的计划成为联邦政府计划模仿的对象,州已被人们称为"政策实验室"。③ 不仅如此,也有学者发现了新政策从地方政府向州政府沸腾的证据。④ 基于这种"诱导",我国下级政府也会自下而上对上级政府或中央政策产生影响。

---

① 周望:《政策扩散理论与中国"政策试验"研究:启示与调适》,《四川行政学院学报》2012 年第 4 期。

② [美] 科斯、阿尔钦、诺斯等:《财产权利与制度变迁——产权学派与新制度学派译文集》,刘守英等译,上海人民出版社 1994 年版,第 384 页。

③ [美] 弗吉尼亚·格雷著,王勇兵译:《竞争、效仿与政策创新》,《经济社会体制比较》2004 年第 1 期。

④ Charles R. Shipan, Craig Volden, "Bottom – Up Federalism: The Diffusion ntismoking Policies from U. S. Cities to States", *American Journal of Political Science*, Vol. 50, No. 4, 2006, pp. 825 – 843.

3. 邻近政府。地理上相邻地区（共享边界的地区、同一地域的地区）对政策创新的采纳，可能会对政府的创新采纳行为产生重要影响。因为：（1）与遥远的地区相比，各地区更可能向邻近地区学习，因为它们更加容易和附近的地区类比，它们存在类似的经济、社会问题，而且环境相似，以至政策行动产生相似的效果。（2）如果两地区相邻，采纳创设于其他地区的政策的公众压力尤其强大，因为，公众更加熟悉和容易见到那个地区的行动。（3）由于多数个人和企业流动性的限制，各地区更加可能与附近的地区而不是和距离遥远的地区相互竞争。[①]

4. 观念领导地区。观念领导地区是指能以一种理想的方法，比较频繁地、非正式地影响其他地区的行为与态度的地区。寻找观念领导地区的一个办法是社会测量，即被询问者对于给定的一项政策创新，通常会找或假设可能找什么样的地区寻求该创新的信息和建议，观念领导地区实际上就是那些社会测量中得票最多的地区。由于观念领导地区在传播结构中处于独特的富有影响力的位置——传播网的中心，使得其他地区（跟随者）视其为样板或榜样，争相效仿它的新政策。[②]

5. 全国性或区域性交流网络。全国性交流网络指的是全国各个地区或各个地区的官员以增进共同利益为目的而组织起来的团体，如中国市长协会等。在该网络中，尚未实施新政策的地区官员与已采纳该政策的地区官员自由互动，从已采纳新政策的地区官员那里了解该政策，而且，与已采纳者的接触也为其提供了政策采纳的额外激励。因此，可以推测，一个地区采纳新政策的概率与它的官员和已采纳新政策的地区官员的互动次数成正比。[③] 另外，随着区域一体化的发展，我国也出现了一些区域性交流网络，如泛珠三角区域合作行政首长联席会议等，基于同样的理由，区域性交流网络也将促进政策创新的扩散，只不过更多的是促进区域政策创新的扩散。

---

① ［美］弗朗西丝·斯图克斯·贝瑞、威廉·D. 贝瑞：《政策研究中的创新和传播模型》，载［美］保罗·萨巴蒂尔《政策过程理论》，彭宗超、钟开斌等译，生活·读书·新知三联书店2004年版，第235—236页。

② ［美］埃弗雷特·M. 罗杰斯：《创新的扩散》，辛欣等译，中央编译出版社2002年版，第24页。

③ Gray, Virginia, "Innovation in the States: A Diffusion Study", *American Political Science Review*, Vol. 67, No. 4, 1973, pp. 1174–1185.

6. 斜向影响。除了垂直影响与水平影响之外，政策创新扩散还受到斜向影响。有学者指出，斜向府际关系是指多元的、行政级别不同的、无统辖关系的地方政府之间的关系①，如大连市政府与广西壮族自治区政府、山西省政府与宜昌市政府。在这种斜向府际关系中，同样存在相互依赖，彼此之间也会交流信息和学习互动。因此，可以推测，行政级别不同的、无统辖关系的地方政府之间的互动也会增加政策创新采纳的可能性。

7. 媒体。政策创新扩散实际上是一个信息过程，由于大众媒体能有效地传播创新信息，因此大众媒体也是一种重要的影响因素。媒体通过其动员式宣传、典型报道、热点引导等方式促进地方决策者对政策创新的关注，媒体也是某些政策企业家推动政策创新的依靠力量，媒体也促进了领导者和学习者的注意力变迁，从而促进了政策创新采纳。

（五）政策创新属性

创新属性是指创新本身的特性。罗杰斯曾指出创新具有五种属性：相对优势、相容性、复杂性、可观察性和可试用性，并认为，相对优势、相容性、可观察性和可试用性与创新采纳速度成正比，复杂性与创新采纳速度成反比。② 马克塞（Todd Makse）和沃尔登（Craig Volden）采用罗杰斯对创新属性的分类进行实证分析，结果表明：政策的相对优势、复杂性和相容性影响政策采纳的可能性，而且，政策创新属性塑造了空间采纳模式、学习机制与政策创新扩散相关的程度。③ 国内学者吴建南等的研究也表明，概念较为简单、操作较为简便、短期效果较为明显、采纳成本较为低廉、受益群体广泛、社会阻力较少的政策创新更加容易扩散。④

---

① 蔡英辉：《我国斜向府际关系初探》，《北京邮电大学学报》（社会科学版）2008年第2期。

② ［美］埃弗雷特·M. 罗杰斯：《创新的扩散》，辛欣等译，中央编译出版社2002年版，第190—234页。

③ Todd Makse and Craig Volden, "The Role of Policy Attributes in the Diffusion of Innovations", *The Journal of Politics*, Vol. 73, No. 1, 2011, pp. 108 – 124.

④ 吴建南、张攀：《创新特征与扩散：一个多案例比较研究》，《行政论坛》2014年第1期。

二 中国社会治理创新扩散机制

以上分析了影响政策采纳（结果或反应）的因素（原因或刺激），但是这些原因和结果发生联系以及原因对结果产生作用的方式或中介步骤——政策创新扩散机制尚未揭示。笔者认为，我国政策创新扩散具有如下六种机制。

（一）强制

强制是一个一些行动者试图将其偏好的政策强加给某个特别的政府的过程。不对称的权力是强制的一个重要方面，该机制运作时，权力更大者向权力相对弱小者施加影响，致使后者采纳前者偏好的政策。施加影响的方式既可以是"大棒"（如行政命令），也可以是"胡萝卜"（如财政扶持）。我国中央到乡镇五级政府的关系是领导与被领导、命令与服从的关系，这种关系决定了中央政府、上级政府可通过行政命令或财政扶持等方式推动特定政策的扩散。

（二）诱致

诱致是下级政府政策创新的先发性收益刺激上级政府或中央政府采纳新政策的过程。其基本逻辑是：下级政府进行的政策创新取得良好收益，上级政府或中央政府发现或者认识到这种创新的利润可观，就驱动或者影响上级政府或中央政府采纳新政策。正是这种逐利的驱动机制诱导上级政府或中央政府对新政策的采纳。这种"诱致"存在两种形式：一是某个下级政府的政策创新诱导上级政府或中央政府对新政策的采纳；二是一些（大量）下级政府的政策创新诱导上级政府或中央政府对新政策的采纳。由于辖区内下级政府的异质性，下级政府的自主政策创新不一定具有普适性，因此，上级政府或中央政府更多的是受到多个（大量）下级政府政策创新的综合信息的诱导。各地蓬勃开展的城市社区网格化管理创新被纳入党的十八届三中全会决定即为一例。

（三）学习

学习与政府为了解决内部问题而依据其他地方的经验这种情形有关，其行为的理性在于针对给定问题寻求有效的解决办法，其基本内涵是其他地区的经验提供了政策效果的新信息,而政策效果的新信息导致行动者观念的更新从而采纳新政策。学习可以是完全理性的,也可以是有限理性的。在完全理性学习中,行动者被假定运用贝叶斯更新,通过观察其他人的经验更新其关于政策效果的信念后选择政策。而有限理性学习是行动者依据诸如典型性、可得性和锚定之类的"认知捷径",试图通过对其他人的行为观察来收集相关信息。但这种学习没有贝叶斯学习有效。① 在我国实际的政策创新扩散中,中央和地方政府的政策主导者经常开展政策学习活动,比如组织参观考察、调研活动等。

(四）竞争

竞争是指由于政府之间的日益增长的政治和经济竞争对行动者施加了自适应压力,由此导致政策的相互调整。② 各地区的政府会为了财政收入、人才或声誉开展竞争,一个地区出台的新政策会给另一地区带来损失或成本,由此产生"外部性"。为了减少损失或成本,后者会采取策略性行动——采纳前者已出台的新政策。如为了吸引投资,地区 A 采取降低税收的措施,这导致企业"用脚投票",从地区 B 移至地区 A,由此给地区 B 带来损失,这导致地区 B 采纳地区 A 的降低税收措施的激励。在中国政策过程中,以"京沪之争""成渝之争""深穗之争"为代表的城市发展的激烈竞争,客观上促进了中国政策创新的扩散。

(五）模仿

模仿描述了行动者遵照普遍标准的愿望和需求。为了增加政策选择的合法性,行动者对其他地方的新政策进行复制。在中国政策创新扩散中,也存在这种机制,一些地区会直接套用"克隆"或跟风其他地区的新政策,例如,在我国"智慧城市"的建设中,就存在着大量的盲目跟

---

① Braun, D. and F. Gilardi, "Taking 'Galton's Problem' Seriously: Toward a Theory of Policy Diffusion", *Journal of Theoretical Politics*, Vol. 18, No. 3, 2006, p. 306.

② Heinze, Torben, "Mechanism-Based Thinking on Policy Diffusion: A Review of Current Approaches in Political Science", KFG Working Paper Series, No. 34, December 2011, http://userpage.fu-berlin.de/kfgeu/kfgwp/wpseries/WorkingPaperKFG_34.pdf.

风模仿。[1]

（六）社会化

社会化与行动者互动而导致的共享信仰的内化相关。共享信仰内化后，它转而会塑造行动者对政策的正当性的感知，并导致行动者对自身身份和观念系统的重新定义，并进一步导致行动者以相同的方式思考。规范性同构、社会学习和理所当然性具有与社会化相似的意涵。社会化机制常常强调府际网络的作用，因为这种府际网络为共同的决策和政策主导者之间的交流提供了一个平台，这种以信息和经验的交流为特征的制度结构能够导致说服和社交效应，从而导致行动者对政策适当性的规范观念和期望的改变。如前所述，在中国的政策过程中，也存在着像中国市长协会、泛珠三角区域合作行政首长联席会议等全国性或地区性交流网络，它们为发展政策问题共识和应对措施的一般定义创造了有利环境。

作为中介步骤，以上六种政策创新扩散机制是如何将原因（影响因素）与结果（采纳与否）联系起来的呢？概言之，强制机制将中央政府或上级政府这一因素与政策创新采纳加以连接，下级政府通过诱致机制对政策创新采纳施加影响，水平的同级政府通过学习机制、竞争机制和模仿机制对政策创新采纳产生作用，并且，学习机制还将斜向政府与政策创新采纳相关联。全国性或地区性交流网络通过社会化机制影响政策创新采纳。因此，对我国政策创新扩散机制的分析，使我国政策创新扩散影响因素与结果的关系更为清晰，也使我们对中国政策创新扩散因果机制的认识更为深入。

三　中国社会治理创新扩散的源动力

虽然影响因素和机制的提出使我们深化了中国政策创新扩散因果机制的认识，但其并未揭示中国政策创新扩散的源动力——中国政策创新

---

[1] 刘伟：《学习借鉴与跟风模仿——基于政策扩散理论的地方政府行为辨析》，《国家行政学院学报》2014年第1期。

第二章 中国社会治理创新扩散的基本分析框架

扩散行动者采纳政策的根本动因。并且,作为一个分析框架,其应该真正发展出一个关于行动者的分析模型。[①] 因此,我们还必须指明中国政策创新扩散的行动者以及行动者采纳政策的根本动因。

由于政策创新扩散是政策创新在政府之间传播并被采纳的过程,显然行动者是地方政府。但因为在中国地方政府中,做出采纳决策的往往是地方主要党政领导,因此地方主要党政领导是实质上的创新采纳决策者。所以本书将行动者设定为地方主要党政领导。地方主要党政领导采纳新政策的基本动机是什么呢?本文采取经济人假定,即地方主要党政领导是否采纳某项新政策,取决于其采纳新政策的期望效用 EU ($adopt$),如果采纳新政策的期望效用大于现存政策的期望效用,则其采纳新政策,反之,则不采纳。

借鉴布劳恩(Dietmar Braun)和吉拉尔迪(Fabrizio Gilardi)的观点,笔者认为地方主要党政领导对一项政策的期望效用是该政策的效果(m)和个人回报(U)的函数。[②] 此处,政策效果指的是政策实现政策目标的程度,比如,该政策多大程度上促进了财政收入、GDP 等快速增长或多大程度上维护了公平正义、促进了社会和谐、提高了文化福利等。而个人回报是指地方主要党政领导从政策中获得的个人收益,表现为地方党政主要领导的职位升迁、声誉提高、知名度提升等,在当前中国,个人回报主要是指地方党政主要领导的职位升迁。由于政策效果和个人回报对于期望效用没有独立影响,即个人回报对期望效用的影响依赖于政策效果,政策效果的影响依赖于个人回报,因此,如果 U_i 表示政策 i 的个人回报,m 表示该政策的效果,则该项政策的期望效用是:

$$EU(i) = mU_i; 0 \leqslant m \leqslant 1$$

笔者假设新政策 j 的个人回报是 U_j,其效果为 n,则新政策 j 的期望效用是:

$$EU(j) = nU_j; 0 \leqslant n \leqslant 1$$

同理,我们假定现存政策 i 的期望效用是:

[①] [美]保罗·萨巴蒂尔:《推动政策理论的发展》,载[美]保罗·萨巴蒂尔《政策过程理论》,彭宗超、钟开斌等译,生活·读书·新知三联书店2004年版,第368—370页。

[②] Braun, D. and F. Gilardi, "Taking 'Galton's Problem' Seriously: Toward a Theory of Policy Diffusion", *Journal of Theoretical Politics*, Vol. 18, No. 3, 2006, p. 301.

$$EU(status\ quo) = mU_i; 0 \leqslant m \leqslant 1$$

需要注意的是，地方党政主要领导采纳新政策必须要考虑采纳成本（C），如发现新政策的搜寻成本、理解新政策功能的认知成本、检验新政策成效的实验成本、做出采纳或者拒绝的决策成本等。而且，还需注意的是，采纳新政策的期望效用也依赖于采纳过程中出现的不确定性，因为，不是所有的改革都会成功。因此，地方党政主要领导在评估采纳新政策的期望效用时，会考虑改革成功的可能性。[1] 笔者假定新政策被成功采纳的概率为 p，保持现存政策的概率为 $1-p$。由此，采纳新政策的期望效用为：

$$EU(adopt) = pnU_j + (1-p)mU_i - C; 0 \leqslant p \leqslant 1, C > 0$$

如前所述，如果采纳新政策的期望效用大于现存政策的期望效用，则其采纳新政策，即：

$$pnU_j + (1-p)mU_i - C > mU_i$$

该式可转换为：

$$U_i(nU_j/U_i - m) > C/p$$

布劳恩和吉拉尔迪指出，如果进一步分析，可以发现，政策创新扩散机制通过影响上述采纳决策的相关参数进而影响地方党政主要领导的期望效用。[2] 例如，由于强制机制是中央政府或上级政府运用行政命令等手段强迫某个政府采纳其偏好的新政策，如果该政府不严格按照中央政府或上级政府的规定去做，将有丢掉"乌纱帽"的危险，因此强制机制改变了与新政策有关的个人回报的相对大小（U_j/U_i）。而诱致机制是下级政府政策创新的先发性收益刺激上级政府或中央政府采纳，因此，其通过先发性收益改变了 m 和 n。因为学习机制的意涵是其他地区的经验致使行动者更新了其对政策效果的观念，因此学习机制影响了 m 和 n。在竞争状况下，一个地区出台的新政策会给另一地区带来损失或成本，从而导致后者采纳前者已出台的新政策，此时采纳新政策的激励依赖于政策效果而非个人回报，因此，竞争机制同样改变了 m 和 n。而模仿机制的内涵是地方党政主要领导为了表明其正以一种适当的方式行动而复

---

[1] Braun, D. and F. Gilardi, "Taking 'Galton's Problem' Seriously: Toward a Theory of Policy Diffusion", *Journal of Theoretical Politics*, Vol. 18, No. 3, 2006, p. 302.

[2] Ibid., pp. 304 – 313.

制政策,一方面,模仿机制并没有改变地方党政主要领导对政策效果的观念,另一方面,暗含着投机预期,因此,模仿机制与强制机制相似,改变了与新政策有关的个人回报的相对大小(U_j/U_i)。最后,社会化机制的内涵是网络中的互动导致行动的一般规范的发展,建立了关于政策效果的共享观念,因此,其改变了 m 和 n。由此,中国政策创新扩散机制通过影响采纳决策的相关参数与我国政策创新扩散的源动力建立起了内在联系。

综上所述,本文层层深入分析了我国政策创新扩散的影响因素、机制和源动力。作为中介步骤,政策创新扩散机制将影响因素和政策采纳联系在一起,并且,政策创新扩散机制通过影响采纳决策的相关参数影响地方党政主要领导的期望效用,进而建立起了其和中国政策创新扩散的源动力的内在联系,最终形成了一个具有内在逻辑联系的分析框架,如图 2-1 所示。该框架对于中国政策创新扩散研究具有一定的意义。一方面,由于目前国内学者尚未建立起一个具有内在一致性的中国政策创新扩散整合分析框架,本文有利于弥补此一理论缺漏;另一方面,该框架也可为以后的实证研究提供指导。学者们可以从影响因素中选择合适的变量进行实证检验,也可以通过案例研究来确认相关政策的扩散机制。

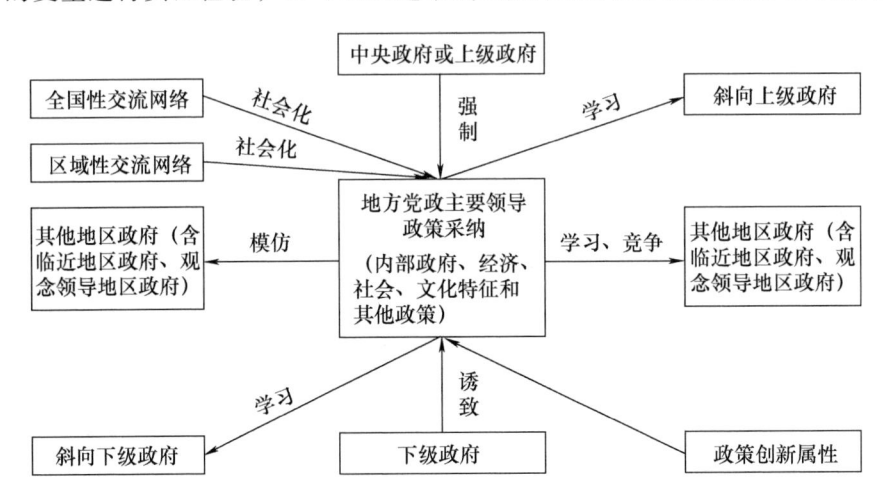

图 2-1 中国社会治理创新扩散分析框架

第二部分

实证研究

第三章 中国城市社区网格化管理扩散的实证研究

一 导言

近年来，随着中国城镇化进程快速推进，经济成分和经济利益、社会生活方式、社会组织形式、就业岗位和就业方式的多样化，[①] 人们由"单位人"向"社会人"转变，[②] 城市人民群众的需求变得更加多样化、多层次。加上信息社会的到来，传统的城市社区管理模式由于不能充分了解居民的需求、职能超载、手段落后等，越来越难以适应经济社会的深刻变革。如何在新的时代背景下加强基层社会管理服务，提高基层组织的社会管理效能，成为各级党委、政府面临的重要而又紧迫的问题。为了解决这一问题，2004 年，上海市率先在全国范围内推出城市社区网格化管理的创新举措。[③] 该举措是根据属地管理、地理布局、现状管理等原则，将管辖地域划分成若干网格状的单元，并对每一网格实施动态、全方位管理，同时根据网格划分，按照对等方式整合公共服务资源，对网格内的居民进行多元化、精细化、个性化服务的一种新型社会治理方式。党的十八届三中全会决议指出，要以网格化管理、社会化服务为方向，健全基层综合服务管理平台，党的十八届五中全会公报也指出要推进社会治理精细化，这都充分说明社区网格化管理已成为一种重要的社会治理创新。因此，本章选择

[①] 本书编辑组：《江泽民〈论"三个代表"〉导读》，新华出版社 2001 年版，第 164—168 页。

[②] 陈志成：《从"单位人"转向"社会人"——论我国城市社区发展的必然性趋势》，《理论参考》2002 年第 11 期。

[③] 任义才：《网格化管理与和谐社区建设初探》，《中国民政》2007 年第 3 期。

中国城市社区网格化管理为个案，分析其扩散的现状和影响因素。

二 中国城市社区网格化管理扩散现状分析

（一）中国城市社区网格化管理扩散的总体情况

如前所述，2004年，上海市率先在全国范围内推出城市社区网格化管理的创新举措。自上海市首创城市社区网格化管理以来，其是否出现了"扩散"？如果出现了扩散，其扩散状况如何？本章仅从地级市层面对中国城市社区网格化管理创新扩散进行研究。为了掌握地级市对城市社区网格化管理的采纳状况，我们采取"网络抽样"方法获取数据。[①]"网络抽样"即使用搜索引擎"百度"，反复搜索关键词"城市社区网格化管理"和中国大陆地级市（共284个）名称，获得有关数据。举例而言，如要搜集广州市关于城市社区网格化管理采纳的数据，可在"百度"搜索引擎中，反复搜索"城市社区网格化管理+广州市"。若搜索到该市实施城市社区网格化管理的相关规范性文件或举行全面推行城市社区网格化管理的现场会议，则认定该市采纳了城市社区网格化管理，并以该规范性文件规定的实施时间或现场会议的召开时间为该市采纳城市社区网格化管理的时间。若不能直接搜索到相关规范性文件或现场会议，则进入该市政府网站搜索。若还不能搜集到相关规范性文件，则在"百度"搜索该市采纳城市社区网格化管理的相关报道，仔细分析报道或依据报道索骥。在大数据时代背景下，本方法具有较高的可行性和可靠性。统计结果显示，截至2015年8月，中国已有203个地级市采纳了城市社区网格化管理，其中最早采纳城市社区网格化管理的地级市是浙江省舟山市，采纳时间为2008年8月。

各省（自治区）实行城市社区网格化管理的地级市数占该省（自治区）地级市总数的比例见图3-1。如果分区域考察，则可以发现，东部地区实行城市社区网格化管理的地级市有67个，实行城市社区网格化管理的地级市数占该地区地级市总数的比例为68%；中部地区实行城市社

[①] 杨静文：《我国政务中心制度创新扩散实证分析》，《中国行政管理》2006年第6期。

区网格化管理的地级市有76个，实行城市社区网格化管理的地级市数占该地区地级市总数的比例为76%；西部地区实行城市社区网格化管理的地级市有60个，实行城市社区网格化管理的地级市数占该地区地级市总数的比例为70%。①

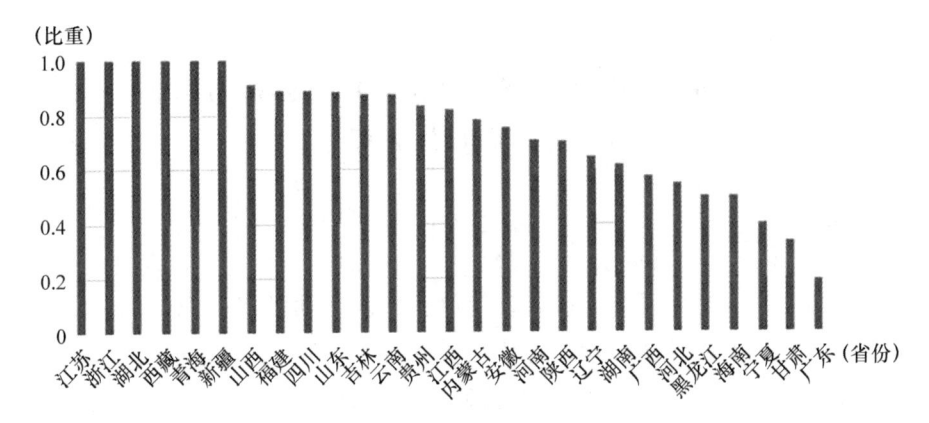

图 3-1 各省（自治区）实行城市社区网格化管理的地级市数占该省（自治区）地级市总数的比例

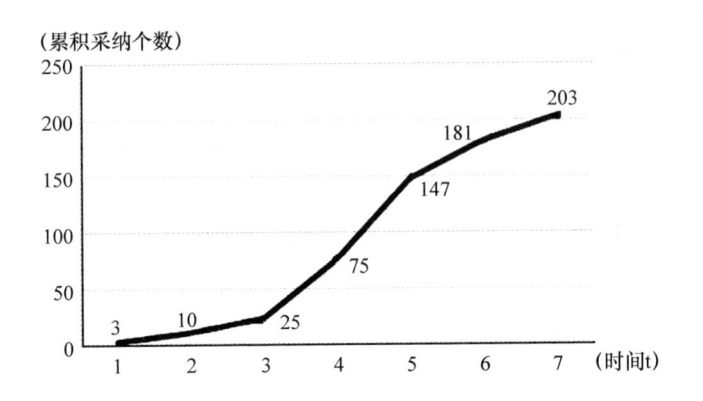

图 3-2 中国城市社区网格化管理创新扩散曲线

(二) 中国城市社区网格化管理扩散的特征

我们以"年"为单位来考察我国城市社区网格化管理创新扩散曲线

---

① 按区域经济带，我国东部地区包括北京、天津、河北、辽宁、上海、江苏、浙江、福建、山东、广东、海南；中部地区包括山西、吉林、黑龙江、安徽、江西、河南、湖北、湖南；西部地区包括重庆、四川、贵州、云南、西藏、陕西、甘肃、青海、宁夏、新疆、广西、内蒙古。

的特征。将"时间 t"作为横坐标，相应年的累积采纳城市社区网格化管理的地级行政单位的数目作为纵坐标，绘制出创新扩散曲线。见图 3-2。可以发现，我国城市社区网格化管理创新扩散曲线呈现"S型"。以上充分表明，城市社区网格化管理已出现典型的"创新扩散"现象。

三 中国城市社区网格化管理创新扩散影响因素的事件史分析

（一）研究假设

贝瑞夫妇认为，要全面解释政策创新扩散必须既要考虑州的内部因素，又要考虑州的外部因素。他们认为，内部因素包括公众压力、政治家面临的障碍或用来克服障碍的资源，而外部因素是指外在于州的、对州发生传播影响的因素。[①] 基于这一理论，笔者提出公众需求、资源/障碍和外部因素三组假设。

1. 关于公众需求的假设

从理论上而言，无论是政治学系统模型还是政府回应理论，都认为政府采纳新政策是对公众需求的回应或公众需求会显著地正向影响政策创新扩散。但国内外学者却得到了几乎迥然相异的结论。在国外，学者们得到的几乎一致的结论是：公众需求会显著地正向影响政策创新扩散。早在 20 世纪 80 年代，Feiock、Clingermayer、Peretz、Rubin 等就发现，公众的需求促进了经济发展激励政策的扩散。[②] 随后，Blomqiust、Feiock、West 等在研究地下水保护政策和固体垃圾回收项目扩散时，也

[①] Frances Stokes Berry and William D. Berry, "Innovation and Diffusion Models in Policy Research", in *Theories of the Policy Process* (ed.), Paul Sabatier. Boulder, CO: Westview, 1999, pp. 223 – 260.

[②] Richard C. Feiock and James Clingermayer, "Municipal Representation, Executive Power and Economic Development Policy Activity", *Policy Studies Journal*, Vol. 15, No. 2, Dec. 1986, pp. 211 – 229; Peretz, Paul, "The Market for Industry: Where Angels Fear to Tread?", *Policy Studies Review*, Vol. 5, 1986, pp. 624 – 633; Rubin, Irene S. and Herbert J. Rubin, "Economic Development Incentives: The Poor (Cities) Pay More", *Urban Affairs Review*, Vol. 23, No. 1, 1988, pp. 37 – 62.

发现了公众需求推动政策创新扩散的证据。① 贝瑞夫妇也指出，辖区内的公民会向公共官员施加压力，特别是向那些计划寻求连任的选任官员，这意味着在决定是否采纳一项新政策时，选任官员应该对公众需求有所回应。② 最近的研究也表明，来自公众的压力是推动各项政策创新扩散的主要动力。③ 尽管存在一个例外的研究发现，④ 但基本上，相关研究都认为，客观条件将动员公众通过政治体制向政策制定者施压，政府采纳新政策是对公众需求的回应。以至于形成了一个西方政策创新扩散的"需求/回应模型"。⑤ 但国内学者的研究几乎一致认为公众需求对于中国政策创新扩散没有明显影响。马亮在对中国公安微博的扩散研究中发现，衡量公众需求的公共治安状况等与公安微博开通情况无显著相关关系，⑥ 而且，其在研究中国公共自行车创新扩散时也发现，辖区居民的通勤需

---

① Blomquist, William, "Exploring State Differences in Groundwater Policy Adoptions", *1980 Publius*, Vol. 21, No. 2, 1991, pp. 101 – 115; Richard C. Feiock, Johathan P. West, "Testing Competing Explanations for Policy Adoption: Municipal Solid Waste Recycling Programs", *Political Research Quarterly*, Vol. 46, No. 2, June 1993, pp. 399 – 419.

② Frances Stokes Berry and William D. Berry, "Innovation and Diffusion Models in Policy Research", in *Theories of the Policy Process* (ed.), Paul Sabatier. Boulder, CO: Westview, 1999, pp. 223 – 260.

③ Daley D. M., Garand J. C., "Horizontal Diffusion, Vertical Diffusion, and Internal Pressure in State Environmental Policy Making, 1989 – 1998", *American Politics Research*, Vol. 33, No. 5, 2005, pp. 615 – 644; Lee C. P., Chang K. and Berry F. S., "Testing the Development and Diffusion of E – Government and E – Democracy: A Global Perspective", *Public Dministration Review*, Vol. 71, No. 3, 2011, pp. 444 – 454; Walker R. M., Avellaneda C. N., Berry F. S., "Exploring the Diffusion of Innovation Among High and Low Innovative Localities", *Public Management Review*, Vol. 13, No. 1, 2011, pp. 95 – 125; Frances Stokes Berry and William D. Berry, "Innovation and Diffusion Models in Policy Research", in *Theories of the Policy Process* (ed.), Paul Sabatier. Boulder, CO: Westview, 1999, pp. 223 – 260.

④ Yahong Zhang and Kaifeng Yang 研究美国特许学校扩散时发现，驱动特许学校扩散更多地是由政治和制度因素而非教育需求，见 Zhang Yahong, Yang Kaifeng, "What Drives Charter School Diffusion at the Local Level: Educational Needs or Political and Institutional Forces?", *Policy Studies Journal*, Vol. 36, No. 4, 2008, pp. 571 – 591。

⑤ Richard C. Feiock, Johathan P. West, "Testing Competing Explanations for Policy Adoption: Municipal Solid Waste Recycling Programs", *Political Research Quarterly*, Vol. 46, No. 2, 1993, pp. 399 – 419.

⑥ Liang Ma, "Diffusion and Assimilation of Government Microblogging: Evidence from Chinese cities", *Public Management Review*, Vol. 16, No. 2, 2014, pp. 274 – 295.

求并未刺激公共自行车计划的采纳。[①] 严荣不仅从理论上也从实证上指出转型背景下中国政策创新的扩散具有"有限理性学习"的特征，其表现之一即为中国政策创新扩散没有充分了解当地的政策生态。[②] 而沈荣华教授等则明确提出中国地方政府改革具有"悬浮式改革"的特点。其在研究中国地方政府体制改革路径中发现：第一，中国地方政府改革悬浮于地方民众，常常明显滞后或超前于地方公众需求。第二，地方政府改革的行动主体通常仅限于政府及政府内部的人员，改革的过程通常只是中央政府与地方政府之间、各级地方政府之间以及不同职能部门之间的互动。地方民众在很大程度上只是作为各项改革措施的被动输出对象。[③] 尽管作者并非直接研究政策创新扩散，但地方政府采纳新政策实际上就是地方政府改革的重要（或主要）形式。因此，作者的结论同样适合于中国政策创新扩散。这一有趣的现象启发我们有必要探索公众需求与中国政策创新扩散的关系。另外，对于中国政策创新扩散中是否存在"悬浮式采纳"现象的回答也极具现实意义。如我们所知，"悬浮式采纳"的结果不会是有益的，这种现象的存在导致的不是政策的有效扩散，不仅难以提高整体治理水平，甚至会出现大量的负面后果，如劳民伤财、失去民心等，也难以构建全民共建共享的治理格局。当然，还需要指出的是，从学术上看，国内学者对于"悬浮式采纳"结论的得出尚缺乏科学性和严谨性，这主要体现在对公众需求的操作化都过于简化，仅凭一两个指标似乎难以全面衡量公众需求。另外，有的学者通过规范性研究所得出的结论是否经得起实证检验也有待于进一步研究。要言之，科学验证我国政策创新扩散中是否存在"悬浮式改革"现象具有重要意义。因此本文拟重点考察公众需求对政策创新扩散的影响。

政治学家戴维·伊斯顿提出的系统模型认为，公共政策是对周围环境所提出的要求的反应。在该模型中，公众为了满足自己的要求和利益而向政治系统提出的采取行动的主张，其和支持一起构成系统的输入。

[①] 马亮：《公共服务创新的扩散：中国城市公共自行车计划的实证分析》，《公共行政评论》2015 年第 3 期。

[②] 严荣：《转型背景下政策创新的扩散与有限理性学习》，《上海行政学院学报》2008 年第 3 期。

[③] 沈荣华、宋煜萍：《我国地方政府体制改革路径的反思》，《理论探讨》2009 年第 4 期。

然后政治系统根据公众的需求与支持（输入）做出价值财富再分配的政策方案（政策输出）。政策输出可能会产生新的要求，而这种新的要求将进一步导致政策与输出。在这种循环反复中，公共政策源源不断地产生。政府回应理论也认为，政府的决策是否是民众利益需求的体现，决定着决策的合法性、合理性和实施的有效性。因此，政策创新采纳应是政府对该地区公众需求的反应。并且，某地区的公众需求越大，该地区的政府采纳相应政策创新的可能性也越大。因此，我们提出公众需求假设：

> H1：地级市的公众需求越大，其采纳城市社区网格化管理的可能性越大。

2. 关于资源/障碍的假设

在政府中引进创新性实践往往存在着一些障碍或阻碍，这些障碍越大，则政策创新的采纳就越难以发生。但是，克服这些障碍的可利用资源可能刺激或加强创新采纳。一般而言，这类因素包括经济发展水平和财政资源。

罗杰斯曾指出：无论如何衡量社会地位（通常表现为收入、生活水平与拥有的财富等），结果都表明，社会地位与创新性成正比。个体社会经济状况每提高一个单位，该个体的创新性程度也会相应地成比例上升。[①] 这也适用于政府。一般认为，经济发展水平越高的地方更加倾向于接纳新事物，越有创新性。另外，要实行城市社区网格化管理，也需要一定的经济基础条件。因此，我们假设：

> H2：地级市的经济发展水平越高，越可能采纳城市社区网格化管理。

资源松弛假设指出，松弛的资源状况是组织创新的重要条件，而资

---

① ［美］埃弗雷特·M. 罗杰斯：《创新的扩散》，辛欣等译，中央编译出版社2002年版，第253页。

源丰富的组织更倾向于创新。① 实行城市社区网格化管理需要政府投入大量的资金,包括网格化工作人员的工资支付、人员培训、硬件设备配置、办公场所的安排等。因此,笔者提出如下假设:

H3:地级市的财政资源越丰富,其采纳城市社区网格化管理的可能性越大。

3. 关于外部因素的假设

由于政策创新扩散是政策创新在政府之间传播,因此政策创新扩散不仅受到上述地区内部的经济、社会特征的影响,还会受到上级政府、邻近政府和下级政府、试点单位等外部因素的影响。

首先,政策的创新扩散会受到上级政府的影响。如在美国,在某些情况下,联邦政府能简单地命令各州的某些活动;而当各州保持审慎选择权时,联邦政府还会通过提供激励机制的方式,以促进各州采纳某项政策。② 与联邦制相比,单一制国家的上级政府对下级政府具有更强、更深的影响。中国各级政府都可以通过财政和人事等手段控制下级的权力,因此对下级政府都具有较强的制约力。政策执行的一个基本原则,就是要保证上级政策的严肃性和权威性,严格按照上级政策规定的要求去做,全面地、不折不扣地实现政策目标。③ 如果上级政府鼓励和推动城市社区网格化管理,那么下级政府实行城市社区网格化管理的动力就强。据此,提出上级压力假设:

H4:上级政府对实行城市社区网格化管理的要求和压力会增加地级市采纳城市社区网格化管理的可能性。

地理上相邻的地区对政策创新的采纳,可能会对组织的创新采纳行

---

① Damanpour F., "Organizational Innovation: A Meta - analysis of Effects of Determinants and Moderators", *Academy of Management Journal*, Vol. 34, No. 3, 1991, pp. 555 – 590.
② [美]保罗·A. 萨巴蒂尔:《政策过程理论》,彭宗超、钟开斌等译,生活·读书·新知三联书店2004年版,第239—240页。
③ 陈振明:《公共政策分析》,中国人民大学出版社2003年版,第233页。

为产生重要影响。因为：（1）与遥远的地区相比，各地区更可能向邻近地区学习，因为它们更加容易和附近的地区类比，它们存在类似的经济、社会问题，而且环境相似，以至于政策行动产生相似的效果。（2）如果两地区相邻，采纳创设于其他地区的政策的公众压力尤其强大，因为，公众更加熟悉和容易见到那个地区的行动。（3）由于多数个人和企业流动性的限制，各地区更加可能与附近的地区而不是和距离遥远的地区相互竞争。① 由此，笔者提出邻近效应假设：

H5：邻近地级市对城市社区网格化管理创新的采纳会增加地级市采纳城市社区网格化管理的可能性。

按照新制度经济学的观点，作为两种制度变迁类型之一，诱致性制度变迁是指现行制度安排的变更或替代，或是新制度安排的创造，是由一个人或一群人在响应获利机会时自发倡导、组织和实行。② 其具有两个特点：一是改革主体来自基层，二是程序为自下而上。显然，下级政府的自发政策创新可能会诱致上级政府对该政策创新的采纳是符合诱致性制度变迁的逻辑的。在我国城市社区网格化管理创新扩散的实际过程中，也多次出现上级政府将下级政府在实行城市社区网格化管理的先行经验在本区域内全面推广的现象。因此，笔者提出下级政府诱致假设：

H6：辖区内下级政府对城市社区网格化管理创新的实行会增加地级市采纳城市社区网格化管理的可能性。

政策试点是中国政策过程中所特有的一种政策测试与创新机制。我国政府在政策推广以前，往往选择若干局部范围进行试点，然后在总结经验的基础上，再全面铺开政策实施。作为一种学习机制，试点不仅可以验证政策，如发现偏差、及时反馈信息、修改完善政策，又可以从中

---

① ［美］保罗·A. 萨巴蒂尔：《政策过程理论》，彭宗超、钟开斌等译，生活·读书·新知三联书店2004年版，第235—236页。

② ［美］科斯、阿尔钦、诺斯等：《财产权利与制度变迁——产权学派与新制度学派译文集》，刘守英等译，上海人民出版社1994年版，第384页。

取得带有普遍意义的东西，如实施的方法、步骤、注意事项等，为政策的全面实施取得经验。① 在城市社区网格化管理创新扩散过程中，地级市选择区（县）、镇（乡）、街道、社区进行试点，有利于增进对城市社区网格化管理的认知和理解，有利于验证城市社区网格化管理的优势，有利于积累经验，有利于统一思想，从而有利于其在整个地级市得以实施。因此，笔者提出政策试点假设：

H7：地级市开展城市社区网格化管理试点会增加其采纳城市社区网格化管理的可能性。

（二）方法与数据

1. 分析单位

由于拉萨市的数据难以获得，笔者删掉该市的数据，因此共有283个观测个体。由于最早采纳城市社区网格化管理的地级市（浙江省舟山市）的采纳时间为2008年8月，而2013年及以后的数据目前难以全面获得，故笔者设定的观测期为2008—2013年，共6年。在此观测期内，共有158个地级市采纳了城市社区网格化管理，还有125个地级市未采纳城市社区网格化管理。

2. 模型设定

本部分研究中国城市社区网格化管理创新扩散，我们的基本研究问题是：在特定时期内，是什么因素决定了地级市采纳城市社区网格化管理创新将会发生的概率。而且，如前所述，至2013年，我国还有125个地级市未采纳城市社区网格化管理，存在右删失。故我们采取事件历史分析方法来进行分析。

事件历史分析有多种模型，如参数模型、Cox模型和离散时间模型。② 由于我们的时间单位是年，所以选择离散时间模型。离散时间风险模型的基本形式设定如下：

$$ln[h(j,X)] = \gamma(j) + \beta X + \mu \qquad (式1)$$

---

① 陈振明：《公共政策分析》，中国人民大学出版社2003年版，第229页。
② 杜本峰：《事件史分析及其应用》，经济科学出版社2008年版，第286页。

其中，协变量 X 是解释变量的集合，包括本文分析的影响地级行政单位采纳网格化管理的各项因素，即自变量和控制变量。$h(j, X)$ 表示在协变量的影响下，特定地级市采纳网格化管理的风险率，β 是有待估计的各个协变量的回归系数，$\gamma(j)$ 是随时间变化的基准风险函数，μ 为误差项。

3. 变量设置、测量及数据来源

其一，因变量

离散时间风险模型为二项选择模型，地级市每一个年度的数据作为一个观测值，如果从观测期开始到结束仍没有采纳城市社区网格化管理则为右删失，被解释变量的取值均为0，如果事件发生，则发生的那一年为最后一年记为1，其余为0。

其二，自变量

（1）公众需求。如前所述，以前的国内研究对公众需求的衡量都比较粗糙，在此，本文试图更科学地操作化公众需求。笔者认为，公众对城市社区网格化管理的需求是公众基于对客观条件的认识向政府提出的改进城市社会管理的要求。具体而言，体现在两个方面：一是对精细化管理的需求；二是对社会和谐稳定的需求。公众对于精细化管理的需求，可以通过人口密度、城镇化率、市区暂居人口数、居委会服务的居民平均人数、城镇低保覆盖率等来衡量。城市人口密度越大，一定面积上居住的人口越多，对精细化管理的要求更强烈。城镇化率越大，则城市社区中的人口越多，对服务的需求越大；市区暂居人口为当地经济和社会建设作出贡献的同时，也对城市社会治安、就业、环境、卫生等造成一定的负面影响。这也迫切要求社区提供精细的服务。居委会服务的居民平均人数可以反映公众对精细化服务的需求；对城镇低保的审批、动态管理以及对低保对象的服务一直是一项困难的工作，低保人数越多，管理服务工作越困难，群众越需要更敏捷、精确和高效的服务。公众对于社会和谐稳定的需求，可以通过刑事案件立案数、刑事案件侦破率、上访人数、纠纷发生数以及公众对社会安全的满意度等来衡量。但考虑到数据可及性，笔者仅采用人口密度、城镇化率、市区暂居人口数、城镇低保覆盖率来衡量公众对精细化管理的需求，用刑事案件立案数、刑事案件侦破率、公众对社会安全的满意度来衡量公众对社会和谐稳定的需求。

（2）经济发展水平。该变量采用人均GDP来进行衡量。

（3）财政资源。本文用人均地方财政一般预算收入来衡量财政资源。

（4）上级压力。笔者采用设置虚拟变量的办法来考察。自2009年始，浙江省、湖北省、青海省、黑龙江省、安徽省、新疆维吾尔自治区、山西省、山东省、河北省等先后召开全省（自治区）范围的实施城市社区网格化管理的工作会议或出台全省（自治区）实施城市社区网格化管理的规范性文件，这无疑对相应的地级市施加了强大的压力。笔者将地级市采纳城市社区网格化管理的时间与相应的省（自治区）召开工作会议或出台规范性文件的时间相对照，如果相应的省（自治区）召开工作会议或出台规范性文件的时间在地级市采纳城市社区网格化管理的时间之前，则将相应的省（自治区）召开工作会议或出台规范性文件的年份及以后年份编码为"1"，此前编码为"0"。地级市所属省（自治区）没有召开工作会议或出台规范性文件，则所有年份编码为"0"。

（5）邻近地区。笔者采取邻边法，即根据地理接壤情况，考察与特定地级市相邻的地区采纳城市社区网格化管理对该地级市采纳行为的影响。笔者同样设置一个虚拟变量。根据民政部编著的《2012年中华人民共和国行政区划简册》，逐一判断各个地级市的临近效应状况。将特定地级市采纳城市社区网格化管理的时间与其接壤的地级市采纳城市社区网格化管理的时间对照，如果与某地级市接壤的地级市采纳城市社区网格化管理的时间先于该地级市，则将与其接壤的地级市采纳城市社区网格化管理的年份及以后年份编码为"1"，此前编码为"0"。

（6）下级政府的诱致。采用设置虚拟变量的办法来考察。笔者首先寻找地级市管辖范围内的区（县）、镇（乡）、街道实行城市社区网格化管理的情况，然后依据前述方法，将特定地级市采纳城市社区网格化管理的时间与其管辖范围内的区（县）、镇（乡）、街道实行城市社区网格化管理的时间对照，如果其管辖范围内的区（县）、镇（乡）、街道实行城市社区网格化管理的时间先于该地级市，则将其管辖范围内的区（县）、镇（乡）、街道实行城市社区网格化管理的年份及以后年份编码为"1"，此前编码为"0"。

（7）地级市试点。笔者采用设置虚拟变量的办法来考察。首先寻找地级市开展城市社区网格化管理试点的情况。如果某地级市开展了试点，将该地级市开展城市社区网格化管理试点的时间与其采纳城市社区网格化管理的时间对照，如果其开展城市社区网格化管理试点的时间先于采纳的时间，则将其开展城市社区网格化管理试点的年份及以后年份编码为"1"，此前编码为"0"。如果地级市未开展试点，则所有年份编码为"0"。

以上13个自变量数据通过《中国城市统计年鉴》《中国城市建设统计年鉴》《中国城市化率调查报告》《中国城市竞争力年鉴》等以及网络抽样方法获得。这些变量均为时变变量，将这些变量相关数据构建成地级市——年数据集，运用具有时变变量的离散时间风险模型进行分析。考虑到地级市要应对采纳城市社区网格化管理的各种障碍主要是基于前一年的经济社会状况，模型中涉及的自变量人口密度、城市化率、暂住人口比重、城镇低保覆盖率、刑事案件发生率、刑事案件侦破率、公众安全满意度、GDP、财政资源均滞后一期。另外为了减少异方差，人均GDP、财政资源和人口密度均进行以10为底的对数变换。

以下对有关主要变量的定义和操作化信息加以总结，见表3-1。

表3-1　　　　　　主要变量的定义、测量方法与数据来源

影响因素	变量	变量定义	方向
因变量			
/	政策采纳	二分变量，如果从观测期开始到结束仍没有采纳城市社区网格化管理则为右删失，被解释变量的取值均为0，如果事件发生，则发生的那一年为最后一年记为1，其余为0	/
自变量			
公众需求	人口密度	单位面积土地上居住的人口数（人/平方公里）	+
	城市化率	非农业人口与总人口数的比重	+
	暂居人口	市区暂住人口数与市区人口数的比重	+
	城镇低保覆盖率	城镇最低社会保障人数与非农业人口数的比重	+
	刑事案件发生率	发生的刑事案件与总人口的比重	+
	刑事案件侦破率	查清和处理的案件数与同期立案侦查的全部刑事案件数的比重	-
	民众安全满意度	公众对社会治安的满意程度	-

续表

影响因素	变量	变量定义	方向
控制变量			
障碍/资源	经济发展水平	人均GDP（元/人）	+
	财政资源	人均地方财政一般预算收入（元/人）	+
外部因素	上级压力	采纳前中央政府或省级政府是否出台相关文件或召开相关会议。施加压力为1，否则为0	+
	邻近地区	采纳前地理上接壤的地级市是否采纳，采纳为1，否则为0	+
	下级政府	采纳前辖区内下级政府是否已实施，实施为1，否则为0	+
	政策试点	采纳前是否开展政策试点。开展为1，否则为0	+

注：《中国城市竞争力年鉴》已对刑事案件发生率、刑事案件侦破率、民众安全满意度作标准化处理。

资料来源：笔者根据《中国城市统计年鉴》《中国城市（镇）生活与价格年鉴》《中国城市竞争力年鉴》等整理。

（三）结果与讨论

1. 结果

本文运用Stata12进行分析。以下分别报告描述统计结果、相关分析结果以及回归分析结果。

（1）描述统计结果。见表3-2。可以发现，人口密度、财政资源、邻近地区和下级政府的变化差异比较大，标准差分别为0.407、0.416、0.436和0.398。其他变量的变化差异相对比较小。

表3-2　　　　　　　　　描述统计结果

变量	均值	标准差	最小值	最大值
政策采纳	0.086	0.281	0	1
人口密度	2.482	0.407	0.683	3.707
城市化率	0.356	0.192	0.073	1
暂住人口	0.087	0.096	0.0003	0.7596
城镇低保覆盖率	0.067	0.051	0.0015	0.3525
刑事案件发生率	0.534	0.230	0.013	1

续表

变量	均值	标准差	最小值	最大值
刑事案件侦破率	0.417	0.173	0.018	1
安全民众满意度	0.377	0.146	0.009	1
人均GDP	4.398	0.283	3.534	5.262
财政资源	3.145	0.416	1.986	4.554
上级压力	0.060	0.238	0	1
邻近地区	0.255	0.436	0	1
下级政府	0.197	0.398	0	1
政策试点	0.041	0.199	0	1

（2）相关分析结果。见表3-3。政策采纳与经济发展水平、财政资源、上级压力、邻近地区、下级政府、政策试点显著正相关，从而初步支持了H2、H3、H4、H5、H6、H7。但与暂居人口、刑事案件发生率显著正相关；与最低社保覆盖率显著负相关；与民众的安全满意度、刑事案件侦破率显著正相关；与人口密度、城市化率不相关，从而初步否定了H1。自变量之间相关系数除了GDP与财政资源、GDP与城市化率、财政资源与城市化率、财政资源与暂居人口比重的相关系数外，其他的相关系数都小于0.5。通过拟合线性模型回归发现，方差膨胀因子（VIF）都远小于10（多重共线性警戒值），因此自变量之间的多重共线性问题不严重。

（3）回归分析结果。鉴于因变量为二分变量，笔者采取Logit模型进行分析。经过hausman检验和模型效果的比较，最终使用随机效应模型的面板数据估计方法对模型进行估计，表3-4给出了估计结果。模型1—模型3是将公众需求、障碍/资源和外部因素三类解释变量分别进行回归的结果；模型4—模型6是从公众需求、障碍/资源和外部因素三类解释变量中选取两类解释变量进行回归分析的结果。而模型7是将公众需求、障碍/资源和外部因素三类解释变量全部放进回归模型进行分析的结果。表3-4主要报告了回归方程的对数似然值、模型R^2等反映模型的拟合优度的指标和回归系数的估计值及其显著性、Wlad统计量及其显著性、似然比统计量及其显著性等反映自变量显著性的指标。从似然比检验的情况看，模型1—模型6均未通过似然比检验。但模型7的似然比

表 3-3　　相关分析结果

	政策采纳	人口密度	城市化率	暂居人口	最低社保覆盖率	刑事案件发生率	刑事案件侦破率	民众安全满意度	GDP	财政资源	上级压力	邻近地区	下级政府	政策试点
政策采纳	1													
人口密度	0.0270	1												
城市化率	0.0270	0.071***	1											
暂居人口	0.081***	0.150***	0.274***	1										
最低社保覆盖率	-0.063**	-0.468***	-0.335***	-0.312***	1									
刑事案件发生率	0.094***	0.060	0.173***	0.0370	-0.202***	1								
刑事案件侦破率	0.056**	0.452***	0.354***	0.331***	-0.501***	0.244***	1							
民众安全满意度	0.066***	0.395***	0.331***	0.387***	-0.469***	0.178***	0.818***	1						
GDP	0.204***	0.166***	0.620***	0.423***	-0.511***	0.188***	0.395***	0.435***	1					
财政资源	0.208***	0.151***	0.638***	0.511***	-0.452***	0.193***	0.438***	0.486***	0.889***	1				
上级压力	0.251***	-0.00600	-0.0110	0.054**	-0.0310	0.166***	0.083***	0.066***	0.120***	0.131***	1			
邻近地区	0.305***	0.044*	-0.0260	0.114***	-0.0260	0.072***	0.0340	0.073***	0.231***	0.230***	0.338***	1		
下级政府	0.344***	0.045*	0.094***	0.077***	-0.103***	-0.00700	0.047*	0.085***	0.248***	0.243***	0.187***	0.448***	1	
政策试点	0.212***	0.0380	-0.050**	0.0370	-0.052**	0.00400	-0.0100	-0.0260	0.072***	0.069***	0.133***	0.196***	0.252***	1

注：* $p<0.10$，** $p<0.05$，*** $p<0.01$。

统计量在 0.1 水平上显著,也通过了 Wald 检验,并且 R^2 达到了 0.3957,说明模型 7 很好地拟合了数据,并对因变量的方差变异性有较强的解释力度。因此,前面仅对模型 7 的结果进行讨论。

表 3-4　　　　　　　　基于 logit 回归的事件史分析结果

	模型 1	模型 2	模型 3	模型 4	模型 5	模型 6	模型 7
人口密度	0.0269 (0.115)			0.248 (0.127)**	0.0215 (0.139)		0.171 (0.158)
城市化率	0.235 (0.493)			-3.097 (0.696)***	0.736 (0.593)		-1.835 (0.913)**
暂居人口	1.379 (0.930)			-1.564 (1.060)	1.273 (1.128)		-0.887 (1.351)
最低社保覆盖率	-3.145 (2.472)			4.052 (2.858)	-3.242 (3.114)		2.729 (3.638)
刑事案件发生率	1.438 (0.413)***			1.085 (0.445)**	1.029 (0.512)**		0.860 (0.568)
刑事案件侦破率	-1.459 (1.019)			-0.928 (1.079)	-1.257 (1.257)		-1.142 (1.378)
民众安全满意度	1.568 (1.118)			-0.289 (1.231)	0.895 (1.394)		-0.0393 (1.551)
GDP		0.884 (0.283)***		1.281 (0.314)***		0.601 (0.336)*	1.114 (0.428)***
财政资源		0.277 (0.185)		0.680 (0.225)***		0.313 (0.212)	0.517 (0.279)*
上级压力			1.222 (0.286)***	1.089 (0.305)***		1.116 (0.292)***	1.198 (0.334)***
邻近地区			1.172 (0.238)***	1.076 (0.254)***		0.973 (0.242)***	0.848 (0.273)***
下级政府			1.677 (0.253)***	1.462 (0.257)***		1.304 (0.251)***	1.328 (0.272)***
政策试点			1.024 (0.353)***	1.128 (0.371)***		1.003 (0.357)***	1.185 (0.395)***

续表

	模型1	模型2	模型3	模型4	模型5	模型6	模型7
常数项	-3.154 (0.800)***	-13.35 (1.874)***	-3.806 (0.267)***	-20.95 (2.702)***	-4.301 (1.042)***	-11.99 (2.628)***	-19.28 (4.245)***
对数似然值	-450.61448	-462.74051	-412.19449	-404.77502	-365.02862	-385.74415	-348.86976
McKelvey and Zavoina's R^2	0.0595	0.1672	0.2878	0.2505	0.3049	0.3557	0.3957
N	1418	1538	1821	1418	1418	1418	1418
Wald chi2	25.20***	80.66***	85.52***	96.43***	65.64***	54.99***	51.58***
似然比检验	6.4e-05	9.0e-05	0.64	3.3e-05	0.53	0.29	1.86*

注：括号外为回归系数，括号内为标准误。* $p<0.10$，** $p<0.05$，*** $p<0.01$。

在公众需求变量中，首先考察公众对精细化管理的需求变量，人口密度与城市社区网格化管理创新扩散正向相关，但是不显著，没有支持预设"人口密度越大，采纳城市社区网格化管理的可能性越大"。城市化率与城市社区网格化管理创新扩散显著相关，但是是负向相关，没有支持"城市化率越高，采纳城市社区网格化管理的可能性越大"的预设。暂居人口比重与城市社区网格化管理创新采纳负相关，且不显著，与"暂居人口比重越大，采纳城市社区网格化管理的可能性越大"的预期相反。与人口密度一样，城镇低保覆盖率与城市社区网格化管理创新扩散正向相关，但是不显著，预设"城镇低保覆盖率越大，采纳城市社区网格化管理的可能性越大"也未得到支持。由此可见，公众对精细化管理的需求没有对地级市政府采纳城市社区网格化管理产生实质性影响。其次，考察公众对社会和谐稳定的需求的变量，可以发现，尽管与预期方向一致，刑事案件发生率的系数为正向，刑事案件侦破率、民众安全满意度的系数为负向，但是三者都没有对城市社区网格化管理的采纳产生显著影响，这说明辖区公众对社会和谐稳定的需求也没有对地级市采纳城市社区网格化管理产生明显影响。概括来看，无论是公众对精细化管理的需求变量还是公众对社会和谐稳定的需求变量，无一对地级市政府采纳城市社区网格化管理产生实质性影响。假设1没有得到支持。这说明在采纳城市社区网格化管理过程中，地级市政府没有回应辖区公众的需求。

在障碍/资源变量中，经济发展水平和财政资源均与城市社区网格化管理的采纳正向相关，并分别在 0.01 和 0.1 水平上显著。从而支持了假设 H2、H3。这表明经济发展水平越高的和财政资源越丰富的地级市，更可能采纳城市社区网格化管理。

在外部因素变量中，上级压力与城市社区网格化管理的采纳呈现正向相关关系，并且在 0.01 水平上显著，假设 H4 得到支持，说明在单一制的中国，自上而下的强制性推动对于政策创新扩散是一种现实而强大的力量。下级政府与城市社区网格化管理的采纳也呈正向相关关系，并且在 0.01 水平上显著，假设 H5 得到支持。说明在中国不仅存在强制性政策创新扩散，也具有诱致性政策创新扩散。邻近地区同样与城市社区网格化管理的采纳呈现正向相关关系，并且在 0.01 水平上显著，证实了假设 H6，说明中国政策创新扩散具有横向的邻近效应。最后，地级市试点与城市社区网格化管理的采纳也呈正向相关关系，并且在 0.01 水平上显著，假设 H7 得到支持，这证明了政策试点对于中国政策创新扩散的重要作用。

2. 讨论

总的来看，公众需求变量没有对地级市政府城市社区网格化管理的采纳产生实质性影响，而经济发展水平、财政资源、上级压力、下级政府、邻近地区、地级市试点均与城市社区网格化管理的采纳都显著正相关。

（1）首先公众需求变量没有对地级市政府城市社区网格化管理的采纳产生实质性影响，说明地级市政府"悬浮式采纳"是存在的，其主要的表现是"悬浮于公众"——地方政府政策采纳行为往往明显滞后或超前于地方民众的需求。本文采取更为严谨或科学的方式验证了国内部分学者的观点。对于为什么会存在"悬浮式采纳"，有必要给出合理的解释。笔者认为，以下原因会导致该问题的产生。从客观上讲，一是随着经济社会的快速持续发展，政策问题和政策生态不断变化，决策者难以完全掌握各种信息。二是社会政策制定仍然是一种政府精英"内输入"模式，缺少公众参与。胡伟曾指出，当代中国的决策模式是一种典型的精英决策。精英是指党政主要领导。但精英并不像西方"精英模型"中的精英那样，只代表其所在利益群体的利益，而是因不同的政策问题或在不同的政策情势下非功利地为不同群体的利益说话。而且，社会利益的表达与综合不是由社会结构来承担，不是"环境"向"政治系统"的"输入"，而是党的领导和政府官员们通过分析、研究、调查而将他们所认定的社会利益"内输入"到政治系统中。① 这一观点仍适用于现在。如果说利益的表达方式有三种："闯进来""请进来"和"走出去"的话，那么目前利益输入的主导方式仍然是"走出去"。② 由于政府的封闭性、公民参与渠道的缺乏、公民自身的意识与能力等原因，"闯进来"仍较为稀少。三是与上级社会管理创新政策的"一刀切"有关。中国地域辽阔，省级行政单位的管辖区域也往往较广，被其管辖的地级行政单位存在一定的异质性，如果中央或省级行政单位出台的社会管理创新政策不区分下级政府的具体情况，要求整齐划一地推行，在"上级压力主导"的情况下，一些下级政府就可能采取"悬浮式采纳"的方式。从主观上讲，部分地方官员行政理性让位于官僚理性。从行政理性的角度来看，官员应该"一心为民"，但由于个人利益作祟，一些官员片面追求政绩，如对上不对下、不顾当地实际大搞"政绩工程""形象工程""创新秀"。

（2）上级压力与城市社区网格化管理的采纳显著正相关。说明上级压力对中国城市社区网格化管理创新扩散起着重要促进作用。中国是单一制国家，上级的压力具有现实而强大的力量。可以说，中国地级市社区网格化管理创新扩散具有一定的强制性制度变迁色彩。结合前述研究，浙江省、湖北省、青海省、黑龙江省、新疆维吾尔自治区、山西省六省（自治区）先后召开了全省（自治区）范围的实施城市社区网格化管理的工作会议或出台了全省（自治区）实施城市社区网格化管理的规范性文件，而在该六省（自治区）中，各省（自治区）所辖的地级行政单位对城市社区网格化管理创新的采纳率均超过了46%，其中浙江省、湖北省所辖地级市全部采纳，新疆为93%，山西为82%。这也在一定程度上说明了上级压力对中国城市社区网格化管理创新扩散所起的重要作用。

（3）下级政府与城市社区网格化管理的采纳显著正相关。说明下级

---

① 胡伟：《政府过程》，浙江人民出版社1998年版，第253—264页。
② 王绍光、樊鹏：《中国式共识型决策："开门"与"磨合"》，中国人民大学出版社2013年版，第274—276页。

政府诱致对中国城市社区网格化管理创新扩散是具有一定的影响力。向下级学习也是一种重要渠道，由于创新在本行政区域内，便于调查、交流，下级政府的自主创新会降低上级的学习成本。

（4）邻近地区与城市社区网格化管理的采纳都显著正相关。说明向邻近地级市学习也是一种重要的学习途径。由于相似性、竞争和公众压力，因而向邻近地级行政单位学习有动力也有价值。

（5）地级市试点与城市社区网格化管理的采纳都显著正相关。说明上级政府的计划和实施的"试点"具有重要作用。本文从定量角度证明了中国特色的政策推广机制的重要意义。

四 结论与启示

（一）结论

本文选择我国城市社区网格化管理为个案，采用2008—2013年中国地级市面板数据，运用事件史方法对我国城市社区网格化管理创新扩散的主要影响因素进行分析。结果表明，经济发展水平、财政资源、上级压力、下级政府、邻近地区、地级市政策试点对我国城市社区网格化管理的创新扩散有显著的正向影响，但公众需求变量无一对地级市政府采纳城市社区网格化管理的采纳产生实质性影响。这说明地级市采纳社区网格化管理受到上级政府的影响，也具有多种学习途径，但也揭示了当前中国政策创新扩散存在的一个突出问题——"悬浮式采纳"现象。

（二）建议

首先，鉴于"悬浮式采纳"的负面后果，应该采取有效措施变"悬浮式采纳"为"契合式采纳"或"回应式采纳"。笔者建议：一是中央政府或上级政府在进行政策创新推广时，一定要注意政策的弹性，注意分类施策。二是在大数据时代，各级政府应注重大数据思维与信息系统建设，以便更充分地把握相关信息。三是真正采取有效措施推进公众参与。各级政府首先要树立"公民参与是科学决策的保障"的意识，其次应走在时代潮流的前列，把握社会发展动向，掌握新兴技术手段，设计出更多成本更低、效率更高、吸引力更大的公民参与机制，从而使公民参与成为公民日常生活的一部分。①加强社会组织培育，使其成为增强公民的参与意识、提高公民参与能力的重要实践载体，从而也提高整个社会的政治沟通能力。四是加强教育，促使官员树立正确的政绩观，并改革官员绩效考核制度。扎实开展、践行群众路线教育活动和"三严三实"等活动，牢固树立正确的政绩观。官员绩效考核制度应真正引入"绩效"理念，对官员的考核既要注重过程，也要注重结果（如社会效益、群众满意度等），使搞"形象工程""创新秀"者无法得到奖励或晋升。

其次，鉴于上级压力的主导作用，中央政府应加强对城市社区网格化管理的宣传与倡导，省级政府应适时出台实行城市社区网格化管理的举措。这对于进一步推进中国城市社区网格化管理的创新扩散具有重要意义。

再次，基于下级政府的诱致作用，地级行政单位一方面要采取激励措施促进下级政府的创新；另一方面要多进行调查与跟踪，及时地将下级政府的创新进行总结、提炼和推广。这也将进一步促进中国城市社区网格化管理的创新扩散。

最后，鉴于邻近效应，各地级行政单位应加强与周边地级行政单位的互动交流，建立创新信息共享平台，实现政府创新信息及时有效的传播。这也将对我国城市社区网格化管理创新的进一步扩散产生积极作用。

本研究的不足之处在于：一是虽然对公众需求的操作化有较大改进，但对于公众需求的衡量还不够科学，未来的研究应进一步寻求更科学的公众需求的操作化方法。二是本研究结果的获得仅依据城市网格化管理的个案，鉴于个案研究的局限性，该结论还有待于更多的实证研究来证实。

---

① 朱旭峰：《推动公民有序参与公共决策》，《人民日报》2011年10月19日第017版。

第四章　中国居住证制度扩散的实证研究

一　导言

居住证制度是中国户籍制度改革过程中的一项重要举措,该举措通过向流动人口发放《居住证》,使流动人口在当地居住期间能享受到与当地居民同城同等的教育、医疗、社会保障等公共服务,让流动人口从原有的户籍制度的人户分离的尴尬困境中走出,同时引入居住的观念,为国内的人口自由迁徙创造条件。其在替代过去的"暂住证"制度,建立统一的人口登记制度,实现全国户籍制度改革和完善人口管理、社会管理等方面均具有重要意义。[①] 就中国而言,这也是一项重要的社会治理创新。2008年1月1日起,浙江省嘉兴市率先用居住证制度代替已经不适应现代城市发展的暂住证制度,成为其他地区和城市学习和借鉴的蓝本。鉴于以上,本章试图以我国居住证制度为个案,从定量角度、运用事件史分析方法探讨其扩散的现状和影响因素,并提出促进中国居住证制度扩散的建议。

二　中国居住证制度扩散的现状

(一) 中国居住证制度扩散的总体情况

本节亦选择从地级市层面来研究居住证制度的扩散。为了掌握中国

[①] 本文研究的是2008年至2016年的流动人口居住证制度。它既不同于只给具有资格的部分人群发放的"工作居住证制度"或"人才居住证制度"(因为该制度涵盖所有的流动人口),也不同于2016年1月1日起《居住证暂行条例》施行后的"新版居住证制度"(因为该制度的目标仅是保障流动人口的合法权益、规范流动人口服务管理,而"新版居住证制度"的目标则是促进新型城镇化的健康发展,推进城镇基本公共服务和便利常住人口全覆盖,保障公民合法权益,促进社会公平正义)。

地级市（284个）对居住证制度的采纳状况，我们也采取"网络抽样"方法获取数据（该方法的介绍见第三章）。

整理284个地级市的数据，结果表明，嘉兴市自2008年1月1日率先实施居住证制度，到2015年8月31日，共有189个地级市采纳了居住证制度。各省（自治区）采纳居住证制度的地级市数占该省（自治区）地级市总数的比例见图4-1。如果将地区分为东部、中部和西部进行考察，可以发现，东部地区已有82个地级市采纳居住证制度，占该地区地级市总数的83.67%；中部地区有60个地级市采纳居住证制度，占该地区地级市总数的60%；西部地区有47个地级市采纳居住证制度，占该地区地级市总数的54.65%。①

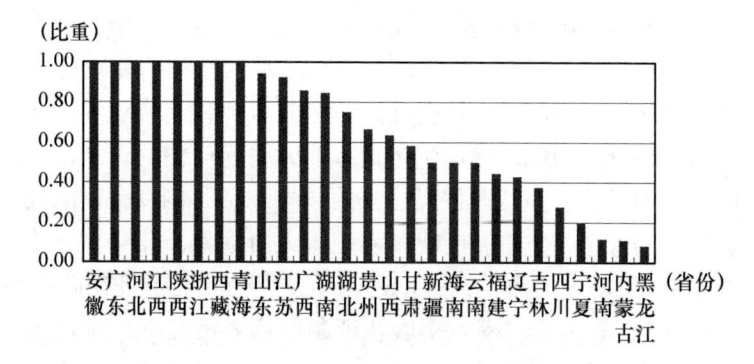

图4-1　各省（自治区）采纳居住证制度的地级市数
占该省（自治区）地级市总数的比例

（二）中国居住证制度扩散的特征

1. 中国居住证制度扩散的时间特征

浙江嘉兴市从2008年1月1日采纳居住证制度开始，截至2015年8月31日，居住证制度创新扩散的时间为8年，若以"年"为时间单位来考察其扩散特征，显得颇为粗糙。为了更为清晰地描述居住证制度扩散的特征，笔者以半年为一个考察周期来进行考察，整理上述189组数据，设定时间t，将其以每半年作为一个计算单位，即以2008年1月1日为起点，记"2008年1月1日至2008年6月30日"为t=1，"2008年7

---

①　东中西部的划分见第三章。

月 1 日至 2008 年 12 月 31 日"为时间 t = 2。以此类推,考察终点时间 2015 年 8 月 31 日,对应时间 t = 16。然后将"时间 t"作为坐标横轴,对应时间点上累积采纳居住证制度的地级市的总数作为坐标纵轴,绘制出中国居住证制度扩散曲线(见图 4 - 2)。

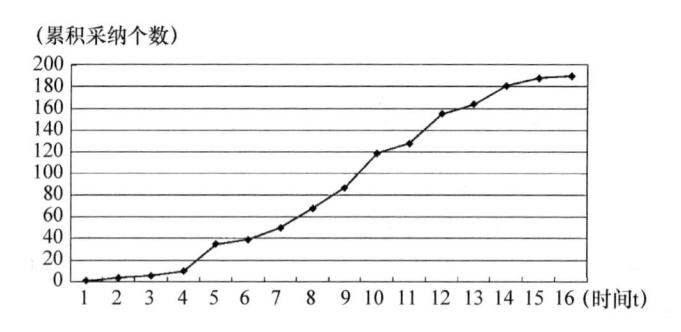

图 4 - 2 我国居住证制度创新扩散曲线

观察图 4 - 2 可以发现,中国居住证制度创新扩散曲线呈"S 型",具有创新扩散的一般特征,这与前人的研究结果一致。根据该曲线,可以将我国居住证制度创新扩散分为三个阶段。第一阶段:2008 年 1 月 1 日至 2009 年 12 月 31 日($1 \leq t \leq 4$),这一阶段的采纳发生不频繁;第二阶段:2010 年 1 月 1 日至 2014 年 12 月 31 日($4 < t \leq 14$),这一阶段是快速采纳期,采纳者数量急剧上升;第三个阶段:2015 年 1 月 1 日至 2015 年 8 月 31 日($14 < t \leq 16$),这一阶段的采纳曲线趋于平缓。

2. 中国居住证制度扩散的空间特征

从空间上看,按照中国地理上的七大区域划分,[1] 我国居住证制度的实施主要集中在华东地区、华中地区、华南地区和西北地区,其中华东地区采纳居住证制度的地级市最多,东北地区、华北地区和西南地区只有少数的地级市采纳居住证制度。从空间上来看,居住证制度的扩散有一定的区域聚集效应。

---

[1] 华东地区:上海、山东、江苏、浙江、安徽、福建、江西;华南地区:广东、广西、海南;华中地区:湖北、湖南、河南;华北地区:北京、天津、河北、山西、内蒙古;西北地区:陕西、甘肃、宁夏、新疆、青海;西南地区:重庆、四川、贵州、云南、西藏;东北地区:黑龙江、吉林、辽宁。

三 中国居住证制度扩散影响因素的事件史分析

（一）研究假设和模型设定

1. 研究假设

根据杨代福构建的我国政策创新扩散的基本分析框架（杨代福，2016），中国政策创新扩散受到动机因素、资源/障碍因素、其他政策、外部因素和政策创新属性的综合影响。考虑到数据可及性，本文仅选择动机因素、资源/障碍因素和外部因素三类因素对中国居住证制度扩散的影响因素进行分析。

（1）动机因素

动机因素是激励某个地区的官员在某个时间采纳政策创新的因素。戴维·伊斯顿提出的系统模型认为，公共政策是对周围环境所提出的要求的反应。具体而言，政治系统根据公众的需求与支持（输入）做出价值财富再分配的政策方案，公众的需求导致政策的输出。[1] 因此可以说，公众的需求直接决定了政府政策采纳的动力和意愿。当然对于公众需求的内容需要结合具体的政策进行具体分析，因为每一项政策背后的公众需求都是不一样的。就中国居住证而言，流动人口规模较好地代表了公众需求。因为就流动人口而言，其长期在城市居住，但没有城市户籍，无法享受应有的子女上学、中高考报名、驾校报名、购房、享受医疗等社会福利，这给他们的工作和生活带来极大的不便。因此，他们对居住证制度有着强烈的需求。可以设想，地级市辖区内流动人口规模越大，对居住证制度的需求越大，该地级市采纳居住证制度的可能性越大。因此，我们提出如下假设：

H1：地级市辖区内流动人口规模与其采纳居住证制度的可能性显著正相关。

---

[1] ［美］戴维·伊斯顿：《政治生活的系统分析》，王浦劬主译，人民出版社2012年版，第16—32页。

(2) 资源/障碍因素

在政府中引进创新性实践意味着需要承担一定的不确定性、风险或危险,因此,这些不确定性、风险或危险就会阻碍政府采纳新政策。但是,克服这些障碍的可利用资源可能刺激或加强创新采纳。在居住证制度扩散过程中,经济发展水平、财政状况、行政级别、区域位置是地级市采纳居住证的资源,但本地居民的失业状况将成为地级市采纳居住证制度的障碍。

经济状况是决定地方政府采纳公共政策创新的重要因素。一般认为,经济发展水平越高的地方更加倾向于接纳新事物,越有创新性。已有研究也表明,经济水平越发达的地方政府更容易采纳创新。[①] 因此,提出如下假设:

H2:地级市经济发展水平与其采纳居住证制度的可能性显著正相关。

财政资源是指地方政府管理过程中所能支配的经费和资金。资源松弛假设指出,松弛的资源状况是组织创新的重要条件。[②] 地方政府在进行创新服务的过程中也往往需要大量的财政资源作为支撑。居住证制度不仅仅是解决"落户",更重要的是针对流动人口提供与当地居民同城同等的教育、医疗、社会保障等基本公共服务。因此,实施居住证制度需要当地政府投入大量的财政资源。可以认为,拥有更多财政资源的地方政府更容易采纳居住证制度。因此,笔者假设:

H3:地级市拥有的财政资源与其采纳居住证制度创新的可能性显著正相关。

[①] Tolbert C. J., Mossberger K., Mcneal R., "Institutions, Policy Innovation, and E-Government in the American States", *Public Administration Review*, Vol. 68, No. 3, 2008, pp. 549 – 563.

[②] Damanpour F., "Organizational Innovation: A Meta - Analysis of Effects of Determinants and Moderators", *Academy of Management Journal*, Vol. 34, No. 3, 1991, pp. 555 – 590.

行政级别是地方政府创新的一个重要政治因素。不同的行政级别代表着不同的政治和行政地位。在中国这种单一制国家结构形式中,行政级别越高的地方政府在自主创新方面往往拥有更多的自主权,拥有的资源往往也越多,因此,其也越容易创新。由此提出如下假设:

H4:地级市行政级别越高,其采纳居住证制度的可能性越大。

区域位置亦可能影响地方政府的创新采纳行为。已有研究表明,中国创新能力从东部沿海地区向内陆地区由高到低呈梯次分布。具体到政府创新方面,也有学者得出类似的结论,如何增科、吴建南等研究表明,中国东部地区省份获得地方政府创新奖的数目多于中部地区和西部地区。① 由此可推测中国东部地区采纳居住证制度的可能性大于中部和西部地区。因此,提出如下假设:

H5:地级市所处的区域位置(东、中、西)与其采纳居住证制度的可能性显著正相关。

本地居民的失业状况将成为地级市采纳居住证制度的障碍。这成为地方政府采纳居住证制度时的一大顾虑。本地居民的失业率越高,则顾虑越大,阻碍越大,采纳居住证制度的可能性越小。因此,笔者假设:

H6:某地级市的失业率越高,则其采纳居住证制度的可能性越小。

---

① 何增科:《中国政府创新的趋势分析——基于五届"中国地方政府创新奖"获奖项目的量化研究》,《北京行政学院学报》2011 年第 1 期。吴建南、马亮、苏婷等:《政府创新的类型与特征——基于"中国地方政府创新奖"获奖项目的多案例研究》,《公共管理学报》2011 年第 1 期。Qiang Zhao, "The Regional Disparities in Chinese Provincial Government Innovation", *Innovation*, Vol. 14, No. 4, 2012, pp. 595–604.

(3) 外部因素

由于政策创新扩散是政策创新在政府之间传播，因此政策创新扩散不仅受到上述地区内部的政治、经济、社会、文化特征的影响，还会受到外部因素的影响。这些外部因素包括上级政府、邻近地级市和政策试点。

来自上级政府的强制压力会促进下级政府采纳一项新的政策。上级政府作为改革的倡导者和组织者，可以凭借行政命令、法律规范及利益刺激，在行政系统内自上而下地规划、组织和实施政策创新。有学者对美国的研究发现，联邦政府可以通过采取相应的激励举措（如提供资金引诱等）使得州政府采纳创新的概率大大提升。[①] 中国是典型的单一制国家，上级政府对下级政府采纳政策的影响更为突出，上级政府可以通过政策精神的传达、命令、认可和财政扶持的方式促进下级政府对政策创新的采纳。因此，提出如下假设：

H7：上级政府施加的压力会增加其辖区内的地级市采纳居住证制度的可能性。

地理上相邻地区对政策创新的采纳，可能会对政府的创新采纳行为产生重要影响。与遥远的地区相比，各地区更可能向邻近地区学习或更可能与附近的地区相互竞争。如果已采纳某项政策创新的邻近政府个数越多，则该政府采纳此政策的可能性越大。因此，笔者假设：

H8：已采纳居住证制度的邻近地级市的数量与该地级市采纳居住证制度的可能性显著正相关。

"政策试点"是中国进行政策推广的一个重要经验，各级政府在政策推广以前，往往选择某个或多个局部地区进行试点，然后加以总结，从"试点"获得带有普遍意义的东西，之后全面铺开实施。有学者认

[①] Welch, S. and Thompson, K., "The Impact of Federal Incentives on State Policy Innovation", *American Journal of Political Science*, Vol. 24, No. 4, 1980, pp. 715–729.

为，政策试点可以使采纳者消除分歧、控制政策风险、扩大改革共识、牢固政治基础。① 由此可以合理地推论，如果某地开展了政策试点，则其更容易采纳该政策。因此，提出如下假设：

H9：地级市开展居住证试点会增加其采纳居住证制度的可能性。

2. 模型设定

本文中，在观测期内有189个地级市中有采纳了居住证制度，还有95个地级市尚未采纳，即存在"右删失"；另外如前所述，事件史分析方法已成为政策创新扩散研究的标准研究方法。因此，我们采用事件史分析方法来进行分析。事件史分析有多种模型，鉴于选择的时间单位是年，因此选择离散时间风险模型，其基本设定为：

$$ln[h(j,X)] = \gamma(j) + \beta X + \mu$$

其中，协变量 X 是解释变量的集合，包括本文分析的影响地级市采纳居住证制度的各项因素，即自变量和控制变量。$h(j, X)$ 表示在协变量的影响下，特定地级市采纳居住证制度的风险率，β 是有待估计的各个协变量的回归系数，$\gamma(j)$ 是随时间变化的基准风险函数，μ 为误差项。

(二) 变量测量和数据收集

1. 被解释变量

本文的因变量是地级市对居住证制度的采纳，即某地级市在某年是否采纳居住证制度。笔者设置为虚拟变量，只有两个取值：0和1，其中若某年某地级市采纳了居住证制度，则该变量取值为1，若未采纳，则取值为0。

2. 解释变量

流动人口规模变量。流动人口规模是指地级市辖区内的流动人口数量，可用"市区暂住人口数"这一指标来加以测量。但考虑到该绝对数

---

① Cai, Hongbin and Treisman, Daniel, "Did Government Decentralization Cause China's Economic Miracle?", *World Politics*, Vol. 58, No. 4, 2006, pp. 505 – 535.

不能充分反映地级市的差异，故采用"市区暂居人口数与市区人口数的比重"来加以衡量。

经济发展水平变量。经济发展水平反映一个地区的经济状况，一般而言，可以用人均GDP来衡量某地区经济发展水平，单位为"元/人"。

财政资源变量。财政资源变量反映某地级市进行公共政策决策过程中能支配的财政资源，本文选择"人均地方财政一般预算收入"这一指标进行衡量，单位为"元/人"。

行政级别变量。行政级别变量主要反映地级市的行政地位状况，鉴于我国对地级市的行政级别常常分为两个级别：副省级和地级。因此本研究将其设置为虚拟变量。若某一地级市是副省级城市，那么对其赋值为1，其他的地级市则赋值为0。

区域位置变量。区域位置变量根据地级市所处的区域经济带（东、中、西三大地带）来确定，将处于东部地带的地级市赋值为3，将处于中部地带的地级市赋值为2，将处于西部地带的地级市赋值为1。

失业率变量。失业率指登记失业人数占劳动力总数的百分比。考虑到数据的可及性，本文采用"失业率（逆）"这一指标来衡量。[①]

上级压力变量。上级压力变量反映地级市的采纳行为是否受到省级政府的强制压力。笔者将其设置为虚拟变量，如果地级市受到省级政府的强制压力，则赋值为1，反之则赋值为0。具体操作如下：首先运用网络抽样方法确定我国27个省级政府对居住证制度的采纳情况（包括是否采纳和采纳时间）。其次进行编码。将地级市采纳居住证制度的时间与所属的省级政府采纳居住证制度的时间相对照，如果所属的省级政府采纳居住证制度的时间在地级市采纳居住证制度的时间之前，则将相应的省级政府采纳居住证制度的年份及以后年份编码为"1"，此前编码为"0"。地级市所属省级政府没有采纳居住证制度，则所有年份编码为"0"。

邻近地区变量。根据地理接壤情况考察与特定地级市地理接壤的地

[①]《中国城市竞争力年鉴》考虑到"失业率"指标的实际资料越高，其对系统具有负作用，于是设置了"失业率（逆）"指标，以对"失业率"求倒数的方式获得。通过调整后，使该具有"逆"作用的指标具有和其他指标一样的表示。参见中国城市竞争力研究会编《中国城市竞争力年鉴2008》，中国城市竞争力年鉴出版社2008年版，第420页。

区采纳居住证制度对该地级市采纳行为的影响。对该变量的操作化，一般有两种方法，一是将其设置为虚拟变量，如果在某地级市采纳新政策前，已有与其地理上接壤的地级市采纳该政策，则该地级市赋值为1，反之为0。二是将在某地级市采纳新政策前，与其地理上接壤的、已采纳该政策的地级市的个数作为该变量的取值。本文采用第二种方式加以测量。

政策试点变量。政策试点反映的是某地级市在采纳居住证制度前是否进行过居住证制度试点。笔者采用设置虚拟变量的办法来考察，如果某地级市开展了试点，将其赋值为1，反之赋值为0。

以上9个自变量均为时变变量，将这些变量相关数据构建成地级市——年数据集，运用具有时变变量的离散时间风险模型进行分析。考虑到地级市采纳居住证制度主要是基于前一年的经济社会状况，模型中涉及的自变量流动人口规模、经济发展水平、财政资源、失业率均滞后一期。另外为了减少异方差，人均GDP、人均地方财政一般预算收入均进行以10为底的对数变换。

3. 数据收集

本研究主要从地级市的层面探讨中国居住证制度创新扩散，目前中国大陆共有284个地级市，由于拉萨市的数据不易获得，笔者删掉该市的数据，因此共考察283个地级市。由于最早实施居住证制度的地级市（嘉兴市）实施居住证制度的时间是2008年1月以及2014年及以后的数据目前难以全面获得，故笔者设定的观测期为2008—2014年，共7年。在此观测期内，共有179个地级市采纳了居住证制度，还有104个地级市未采纳该制度。相关数据通过查阅相关统计年鉴、文件和网络抽样的方式获得。所有变量的概况见表4-1。

表4-1　　　　　　　　　　主要变量概况

变量名	缩写	变量定义	方向
政策采纳	Adopt	二分变量。如果从观测期结束仍没有采纳居住证制度则为右删失，该变量的取值均为0，如果采纳，则采纳的那一年为最后一年记为1，其余为0	
流动人口	Temp	市区暂居人口数与市区人口数的比重	+

第四章　中国居住证制度扩散的实证研究

续表

变量名	缩写	变量定义	方向
经济发展水平	GDP	人均 GDP（元/人）	+
财政资源	Finan	人均地方财政一般预算收入（元/人）	+
行政级别	Rank	二分变量。地级市是否为副省级城市，1 为副省级城市，0 为非副省级城市	+
区域位置	Regi	地级市所处的区域经济带，东部为3，中部为2，西部为1	+
失业率（逆）	Unem	登记失业人数/劳动力总数	+
上级压力	Pres	二分变量。采纳前省级政府是否施加压力。施加压力为1，否则为0	+
邻近效应	Neig	采纳前地理上接壤的、已采纳居住证制度的地级市个数	+
政策试点	Expe	二分变量。采纳前是否开展政策试点。开展为1，否则为0	+

注：方向一列中，"+"、"-"分别表示自变量与因变量正相关、负相关。
资料来源：笔者根据《中国城市建设统计年鉴》《中国城市统计年鉴》《中国城市竞争力年鉴》等整理而成。

（三）结果与讨论

1. 结果

（1）描述统计结果。见表4-2。可以发现，人均 GDP、财政资源、区域位置和邻近地区的变化差异比较大，标准差分别为 0.647、0.937、0.789 和 1.112。其他变量的变化差异相对比较小。

表4-2　　　　　　　　　描述统计结果

变量	均值	标准差	最小值	最大值
政策采纳	0.097	0.296	0	1
流动人口	0.084	0.089	0.0003	0.760
人均 GDP	10.14	0.647	8.137	12.19
财政资源	7.247	0.937	4.572	10.45
行政级别	0.039	0.194	0	1
区域位置	1.983	0.789	1	3
省级压力	0.183	0.387	0	1
邻近地区	0.568	1.112	0	6
政策试点	0.015	0.121	0	1

(2) 相关分析结果。见表4-3。结果显示，居住证采纳与所有自变量均显著正相关，从而初步支持了本书的所有假设。自变量之间相关系数除了人均 GDP 与财政资源外，其他的相关系数都小于0.5。运用拟合线性模型回归时，方差膨胀因子（VIF）都远小于多重共线性警戒值10，因此自变量之间的多重共线性问题不严重。

(3) 回归分析。鉴于因变量为二分变量，笔者采取 Logit 模型进行分析。经过 hausman 检验和模型效果的比较，最终使用随机效应模型的面板数据估计方法对模型进行估计，表4-4给出了估计结果。模型1—模型3是将动机因素、障碍/资源和外部因素三类解释变量分别进行回归的结果；模型4—模型6是从动机因素、障碍/资源和外部因素三类解释变量中选取两类解释变量进行回归分析的结果。而模型7是将动机因素、障碍/资源和外部因素三类解释变量全部放进回归模型进行分析的结果。表4-4主要报告了回归方程的对数似然值、模型 R^2 等反映模型的拟合优度的指标和回归系数的估计值及其显著性、Wlad 统计量及其显著性、似然比统计量及其显著性等反映自变量显著性的指标。从似然比检验的情况看，模型1、模型2、模型4均未通过似然比检验。但模型3、模型5、模型6、模型7的似然比统计量在0.05或0.01水平上显著，也通过了 Wald 检验，并且 R^2 分别达到了0.3592、0.4755、0.3878、0.4764，说明模型3、模型5、模型6、模型7很好地拟合了数据，并对因变量的方差变异性有较强的解释力度。因此，本文仅对模型3、模型5、模型6、模型7的结果进行分析。

在动机变量中，流动人口规模与因变量居住证制度的采纳在模型6、模型7中都正向相关，并都在0.01水平上显著，从而支持了我们的假设 H1。

在资源/障碍变量中，首先在所有含有人均 GDP 变量的模型（模型5、模型7）中，人均 GDP 均和居住证制度的采纳正相关，并都在0.05水平上显著，研究假设 H2 得到支持。行政级别变量与人均 GDP 变量类似，在模型5、模型7中，行政级别也均和居住证制度的采纳正相关，并都在0.05水平上显著，从而支持了研究假设 H4。在所有包含失业率（逆）变量的模型（模型5、模型7）中，失业率（逆）亦均和居住证制度的采纳正相关，且都在0.01水平上显著，假设 H6 得到支持。虽然在模型7中，财政资源与居住证制度的采纳在0.05水平上显著，但在所有

第四章 中国居住证制度扩散的实证研究

表 4–3　相关分析结果

	政策采纳	流动人口	人均 GDP	财政资源	行政级别	区域位置	失业率(逆)	省级压力	临近地区	政策试点
政策采纳	1									
流动人口	0.113***	1								
人均 GDP	0.156***	0.396***	1							
财政资源	0.142***	0.470***	0.886***	1						
行政级别	0.064***	0.119***	0.240***	0.291***	1					
区域位置	0.096***	0.111***	0.346***	0.313***	0.130***	1				
失业率(逆)	0.174***	0.081***	0.342***	0.327***	−0.0280	0	1			
省级压力	0.483***	0.072***	0.181***	0.185***	−0.0100	0.089***	0.284***	1		
邻近地区	0.160***	0.066***	0.216***	0.230***	−0.0330	0.068***	0.296***	0.400***	1	
政策试点	0.212**	0.057**	0.046*	0.067*	0.043*	−0.0200	0.062**	0.078***	0.048**	1

注：*、**、*** 分别表示该变量在10%、5%、1%水平上显著相关。

含有财政资源的模型（模型5、模型7）中，财政资源与居住证制度的采纳均为负相关，从而我们的假设H3没有得到支持。另外，在模型5、模型7中，区域位置变量虽然都与居住证制度的采纳正向相关，但是其与居住证制度的采纳都不显著，因此，假设H5也未得到支持。

表4-4　　　　　　　　基于logit回归的事件史分析结果

	模型1	模型2	模型3	模型4	模型5	模型6	模型7
流动人口	3.877 (0.775)***			2.565 (0.973)***		4.974 (1.212)***	4.33 (1.422)***
人均GDP		0.457 (0.278)		0.482 (0.282)*	0.969 (0.429)**		1.046 (0.420)**
财政资源		0.0057 (0.186)		-0.159 (0.199)	-0.235 (0.279)		-0.585 (0.283)**
行政级别		0.822 (0.374)**		0.703 (0.433)	1.396 (0.591)**		1.236 (0.622)**
区域位置		0.337 (0.114)***		0.325 (0.116)***	0.263 (0.176)		0.184 (0.173)
失业率（逆）		3.177 (0.429)***		3.310 (0.458)***	2.324 (0.572)***		2.477 (0.593)***
省级压力			3.711 (0.368)***		3.469 (0.432)***	3.573 (0.391)***	3.395 (0.427)***
邻近地区			-0.081 (0.0788)		-0.219 (0.0910)**	-0.117 (0.0824)	-0.205 (0.0898)**
政策试点			3.430 (0.578)***		3.745 (0.702)***	3.169 (0.599)***	3.57 (0.687)***
常数项	-2.402 (0.115)***	-9.727 (1.839)***	-3.915 (0.273)***	-9.078 (1.871)***	-14.11 (3.217)***	-4.203 (0.346)***	-12.60 (3.027)***
对数似然值	-519.80373	-484.33074	-412.39341	-455.19983	-369.31626	-371.78385	-345.41575
McKelvey and Zavoina's R^2	0.032	0.3208	0.3592	0.32	0.4755	0.3878	0.4764
N	1492	1570	1869	1476	1570	1492	1476
Wald chi2	25.04***	98.05***	105.88***	92.45***	78.97***	86.9***	79.01***
似然比检验	6.5e-05	4.4e-05	3.46**	7.7e-05	5.81***	3.64**	3.6**

注：括号外为回归系数，括号内为标准误。* $p<0.10$，** $p<0.05$，*** $p<0.01$。

在外部因素变量中，省级压力与居住证制度的采纳在四个模型（模型 3、模型 5、模型 6、模型 7）中都呈现出正向相关关系，且都在 0.01 水平上显著，从而我们的假设 H7 得到支持。政策试点与省级压力相似，其与居住证制度的采纳在上述四个模型中都呈现出正相关关系，并都在 0.01 水平上显著，假设 H9 得到证实。虽然在模型 5、模型 7 中，邻近地区变量均与居住证制度的采纳在 0.05 水平上显著，但是在四个模型（模型 3、模型 5、模型 6、模型 7）中都呈现出负向相关关系，因此，我们的假设 H8 没有得到支持。

2. 讨论

第一，流动人口规模与因变量居住证制度的采纳显著正相关，说明了地级市政府在居住证制度的采纳中很好地回应了公众的需求或者说公众需求激发了地级市政府采纳居住证制度。这说明中国地方政府也具有"回应型政府"的特点而并非一味"悬浮式采纳"[1]，"悬浮式采纳"只是在部分政策的采纳或部分地方政府中出现，而并非是普遍的。

第二，失业率（逆）和居住证制度的采纳显著正相关，失业率越高，地级市采纳居住证制度的可能性越小。这说明当地居民的失业状况的确成为政府采纳居住证制度的障碍。

第三，省级压力与居住证制度的采纳显著正相关。省级政府施加的压力越大，地级市政府就越有可能采纳政策创新。这一方面说明，省级政府作为创新的发起者对于政策创新扩散具有重要意义；另一方面也揭示，中国作为单一制国家，上级政府进行自上而下的推动是一种强有力的政策推广方式。政策试点亦与居住证制度的采纳显著正相关，开展居住证制度试点的地级市，更可能采纳该制度。本文从定量角度说明了政策试点对于政策创新扩散的显著作用。

第四，财政资源与居住证制度采纳的负相关。财政资源越丰富的地区越不采纳居住证制度，这与预期相反。其原因可能是地级市政府鉴于实施居住证制度的紧迫性而进行了财政支出偏向，亦可能是地级市政府不顾实际、盲目追求政绩、搞创新秀所致。后者暴露出中国政策创新扩

---

[1] 杨代福：《悬浮式采纳：基于我国城市社区网格化管理创新扩散的实证分析》，《领导科学论坛》2016 年第 21 期。

散中存在一定的"非理性采纳"现象。

第五，邻近地区变量与居住证制度采纳的负相关。说明在中国居住证制度扩散中不存在"邻近效应"。可能的原因是居住证制度的扩散更多的是上级推动和开展政策试点的结果，或者是更多地受到了观念领导者的影响，也可能是因为现代社会资讯发达，地方政府可通过大众传媒获取全国范围的政策创新信息，并不再局限于周边地区。

第六，人均GDP与行政级别均与居住证制度的采纳显著正相关，即经济越发达的城市、行政级别越高的城市更容易采纳政策创新。一定程度上，这两个研究结果印证了创新扩散中的"梯度转移理论"，即创新逐渐从高梯度地区向低梯度地区转移。[①] 但值得注意的是，本文的另一结果——依据区域经济带来确定的区域位置变量虽然都与居住证制度的采纳正向相关但不显著——却有着相反的意涵。该结果意味着并不是"越往东部越易采纳新政策"或"越往西部越不易采纳新政策"，这说明在中国政策创新扩散中政策创新并非一定"梯度转移"，也可能存在反梯度现象——处于低梯度的地区反而会先采纳创新，然后向高梯度地区扩散。

四 结论与启示

（一）结论

本文从定量角度、地级市层面分析了中国居住证制度扩散的现状和影响因素。就中国居住证制度创新扩散的现状而言，自嘉兴市2008年1月1日率先实施居住证制度，到2015年8月31日，共有189个地级市采纳了该制度，从时间上看，居住证制度扩散的曲线呈"S型"，从空间上看，居住证制度扩散呈现出一定的区域聚集效应。就中国居住证制度创新扩散的影响因素而言，流动人口规模、经济发展水平、行政级别、

---

① 王飞：《"空间"和创新扩散》，《商场现代化》2007年第4期；卓越、陈诚：《梯度理论在政府创新扩散中的应用研究——以行政服务中心及其标准化为例》，《厦门大学学报》（哲学社会科学版）2015年第2期。

失业状况、省级政府压力和地级市政策试点对中国居住证制度的扩散均有显著正相关,表明这六个因素都对中国居住证制度的扩散产生了重要影响。而财政资源、邻近地区与居住证制度采纳的负相关,区域位置虽然与居住证制度的采纳正向相关但不显著。

(二) 启示

以上研究结论,为进一步推进中国政策创新扩散以及为推进中国政策创新的有效扩散提供了启示。

首先就推进中国政策创新扩散的速度和广度而言,采取以下措施是有益的:其一,鼓励高层政府(省级政府)成为创新的发起者。在我国政策创新扩散中,应由谁来扮演"第一行动集团"的角色呢?已有研究表明,可以是中央政府,也可以是中、基层政府,但对高层政府的作用有所忽略。中央政府处于最高层,难以及时感知和捕捉基层的政策创新,中层政府和基层政府虽然更能了解和实施政策创新,但是在政策推广中却缺少足够的权威。而省级政府在政策创新扩散中可以克服二者的缺陷。一方面,与中央政府相比,它更靠近基层,更能了解和把握基层的政策创新活动;另一方面,其又具备较大的权威,能够较有力地进行自上而下的推动。所以,由高层政府来扮演"第一行动集团"的角色是非常必要的。实践中,可采取将政策创新纳入省级政府绩效评估指标体系等措施,激励高层政府更多地关注下级政府、同级政府的政策创新动向,及时形成或采纳创新,并向下推动。其二,坚持不懈地开展政策试点并让政府官员将其内化为一种基本的政策推广方式。其三,鉴于在我国政策创新扩散中存在"梯度转移效应"——经济越发达、行政级别越高的城市更容易采纳政策创新,在政策推广时,可以优先鼓励经济发达的、行政级别高的精英城市首先采纳,然后向较发达地区和欠发达地区"梯度推进"。其四,本研究表明,当地居民的失业状况对居住证制度的采纳形成了阻碍。由于政府采纳新政策是一种政府改革,因此事实上政策创新扩散或多或少都会遇到一定的障碍。地方政府应当善于破除障碍,灵活运用宣传说理、利益补偿、选择合适的采纳时机等策略,克服障碍,促进新政策的采纳。

推进政策创新扩散不仅要注重扩散的速度和广度,还要注重扩散的有效性,如政府采纳新政策是否符合当地实际?是否能产生合意的结果等。依据本研究结果，可从以下几方面入手，推进我国政策创新的有效扩散。其一，进一步推进"回应型政府"建设。地方政府采纳新政策应该是对当地公众需求的回应，偏离公众需求的政策创新只能是"伪创新"。在本文中，地级市政府对居住证制度的采纳很好地回应了公众的需求无疑提供了一个范例。其二，努力去除政策采纳中的非理性因素。从理性角度而言，地方政府采纳新政策应该充分考量自身的资源条件，而不顾自身的资源条件大搞"创新秀"、大搞"形象工程"则是彻头彻尾的非理性行为。因此，在政策推广中，也应该要求地方党政领导牢固树立正确的政绩观并建立"结果为本"的官员绩效考核制度。其三，应注意"梯度推进"的局限性。如前所述，梯度推进是一种可行的策略，但由于反梯度现象的存在，笼统的"一刀切"式的梯度推进就变得颇不明智。应当根据政策类型和扩散阶段，灵活选择梯度推进和反梯度推进两种策略。

  本研究的不足之处在于：一是所选择的影响因素尚不够周全。如未对政策本身创新属性、官员流动、政策企业家、政府组织规模、其他政策的影响等进行分析。二是结果的获得仅依据居住证制度个案。鉴于个案研究的局限性，该结论还有待于更多的案例研究来证实。未来可以选择更多的影响因素和更多的案例进行研究。

第五章 中国智慧城市扩散的实证研究

一 导言

智慧城市（Smart City）是一种崭新的城市模式，以物联网、互联网、云计算等信息通信技术为基础，通过感知化、互联化、智能化方式的应用，将城市各项基础设施、环境和功能模块连接起来，整合优化现有资源，对政务、环境、民生、公共安全、经济活动等各种需求作出智能化决策支持，提高城市管理与服务水平，实现城市的可持续发展。智慧城市的内容丰富，包括智慧产业、智慧治理、智慧运营、智慧服务、智慧生活等方面，是一个复杂的系统。作为一种新的城市发展理念及形态，智慧城市是城市建设的高阶段和新潮流。智慧城市建设具有如下重要意义：第一，智慧城市具有感知、协同、互动、创新、智能、融合等特点，能从整体出发进行规划，实现资源合理利用，转变城市发展理念，突出科学发展、高效管理、和谐社会和美好生活的思路，迎合未来城市形态发展趋势，成为城市模式转型的重要平台。第二，当前我国城市规模、数量、人口、综合实力不断提高的同时，也面临着环境污染、交通拥挤、产业结构调整、医疗卫生等问题的挑战。问题的解决离不开信息通信技术的发展，通过智慧城市的建设将加快产业化步伐，为城市发展提供新思路。智慧城市是我国城市发展的客观要求，也是提升城市竞争力的关键所在。第三，物联网、云计算、互联网等信息技术的发展，已经渗透到城市的各个方面，并对经济社会产生日益深刻和广泛的影响。随着信息化进程的深入，城市发生深刻变化，承载的功能增多，这就需要城市加强智能化程度和水平，适应技术变革的时代潮流。自 2005 年开始，中国的学者开始学习国外发展经验，[①] 2010年中国开始建设智慧城市。2010年9月，浙江省宁波市出台了《中共宁波市委宁波市人民政府关于建设智慧城市的决定》，做出建设智慧城市的决定，成为中国大陆第一个于政府层面系统开展智慧城市建设的城市。[②] 自此以后，中国智慧城市的建设逐步展开。

有鉴于此，本章选择智慧城市为案例，探索其扩散的现状、影响因素，并提出促进智慧城市扩散的建议。

二　中国智慧城市扩散的现状分析

（一）中国智慧城市建设扩散的总体状况

为了对中国智慧城市建设扩散的总体状况进行研究，本文运用网络抽样方法收集数据，即利用互联网百度搜索关键词"智慧城市"和中国大陆所有地级市名称，反复搜索，确定政策实施时间。鉴于各地级市的智慧城市建设时间没有以统一的形式公布，我们从政府会议、规范性文件和官方网站等渠道搜集全国地级市的政策实施时间来逐一查询。例如，通化市政府工作报告中明确指出，2014年智慧城市建设全面启动，则认为通化市采纳政策的时间为2014年；2015年1月，经呼和浩特市政府常务会议正式通过了《"智慧呼和浩特"建设方案》，标志着呼和浩特市智慧城市建设工作全面启动，那么呼和浩特市采纳政策时间记为2015年。

然而，有部分地级市没有直接说明是否采纳政策，而是以国家智慧城市试点的方式建立智慧城市。对于此类城市，我们以各城市政府的官方介绍（如市人民政府网站、新华网等主流媒体报道、城市年鉴记录等）的时间为准。数据来源均取自政府公布的官方信息，保证了数据的可靠性和科学性。统计结果显示，自2010年9月宁波市采纳智慧城市建

[①] 李光亚、张鹏翥、孙景乐等：《大数据技术与应用：智慧城市大数据》，上海科学技术出版社2015年版，第17页。

[②] 杨冰之、郑爱军：《智慧城市发展手册》，机械工业出版社2012年版，第4页。

设以来至 2016 年 12 月，中国共有 254 个地级市全面启动了智慧城市建设，采纳率达 86.69%。

就智慧城市政策在中国大陆 27 个省级行政区扩散的总体情况来看，整体上均产生了创新政策扩散的过程。中国大陆 27 个省级行政区的地级市对智慧城市政策的采纳比例，如图 5-1 所示。从该图可以发现，除了海南、新疆、云南和西藏外，其他各省中均有超过一半的地级市实施了智慧城市。如果将各个省级行政区分为东部、中部和西部地区三个部分进行观察，可以发现东部地区的省级行政区中有 91 个地级市采纳了智慧城市政策，所占比例达 91%；中部地区中有 89 个地级市采纳政策，占该地区总数的 89%；西部地区采纳的地级市则有 74 个，对智慧城市政策的采纳比例为 75.57%。[①]

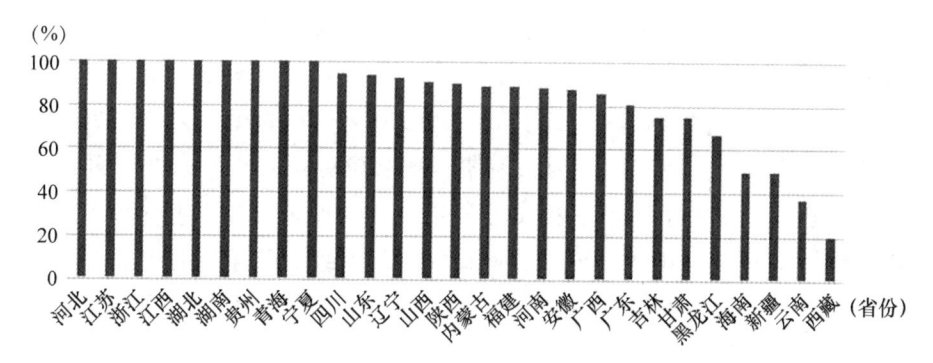

图 5-1 各省级行政区对智慧城市政策的采纳比例

（二）我国智慧城市扩散的特征

1. 时间特征

鉴于我国智慧城市政策扩散已开展 7 年，本文以"年"为时间单位来考察其扩散的时间特征和发展历程。具体做法，横坐标对应为"年份"，政策采纳的城市累积数量为纵坐标，绘制智慧城市政策扩散的曲线，见图 5-2。

由绘图可知，我国智慧城市政策在时间上有显著的扩散趋势，而且扩散的轨迹呈"S 型"曲线，符合政策创新扩散的一般特征。依据这一

---

① 东中西部的划分见第三章。

（累积采纳个数）

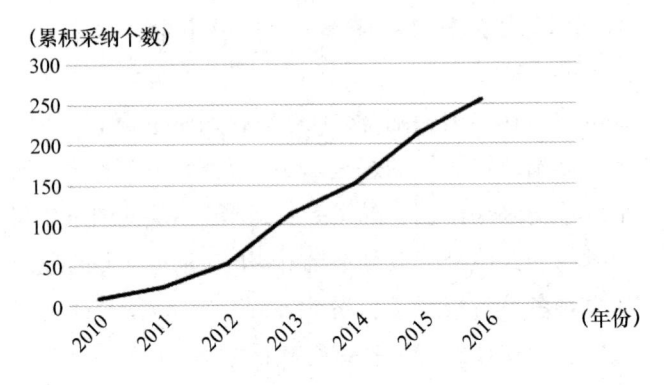

图 5-2 我国智慧城市政策扩散曲线

曲线，可以将我国智慧城市政策扩散的历程分为三个阶段：(1) 2010—2012年，政策采纳不频繁，少数地级市采纳实施。这是因为此阶段中国地级市刚刚开始尝试采纳智慧城市政策，未知实施效果的前提下，少数城市先行先试，多数城市保守等待；(2) 2012—2015年，这一时期是智慧城市政策采纳的热潮期。因为前期实施取得显著成效，中央层面予以鼓励，此时期集中了国家三批试点城市，智慧城市采纳数量显著增多，进入热潮期；(3) 2015年至今，我国大多数地级市已经采纳政策，只有固定的少数城市正在缓慢开展，可以预期，今后智慧城市采纳的数量曲线会趋于平缓。

2. 空间特征

中国的行政区域可划分为七大部分，分别是华东地区、华南地区、华中地区、华北地区、西北地区、西南地区、东北地区。[①] 依此来统计我国地级市智慧城市政策创新扩散的分布情况，建立政策随年份扩散的分布表。可以发现，我国智慧城市政策在空间上具有一定的区域聚集性。在区域分布上，华东地区的智慧城市建设扩散情况较好，采纳较为普遍，这是因为该地区集中了东部的山东、浙江、江苏、福建等省份，它们有着良好的地理位置优势，经济发展水平高，信息化基础设施和公共平台完善，接受新事物能力强，处于领跑位置。华南等六个地区的区域扩散，就数量上而言相差不大，跟进建设步伐并呈加快趋势。总体来看，中国

---

① 我国七大区域划分，见第四章。

智慧城市政策扩散具有一定的区域聚集性，各地级市根据城市整体战略需要，既可以全面采纳政策，也可以先突破重点再全面采纳。

三 中国智慧城市扩散影响因素的事件史分析

（一）研究假设

依据第二章构建的中国公共政策创新扩散的分析框架，中国公共政策创新扩散不仅受城市自身经济水平、财政能力等内部因素的影响，还受府际关系、区域位置等外部因素的影响。据此我们从内部因素和外部因素两个方面提出研究假设。

1. 内部因素

人口规模。智慧城市建设旨在为人们创造美好生活，促进城市和谐持续发展。伴随着人类社会的发展进步，城市的功能产生变化，未来将会承载更多的人口。城镇化加速发展时期的中国，有些城市的"城市病"问题正在加重，为解决城市发展问题，适宜更多人口生活居住，要加强智慧城市建设。政策的服务对象为大规模的人口，政策没有人口基数的支持则可能因使用率的不足导致没有利润，并最终可能影响其可持续发展。[1]人口规模与城市的地理位置、区域经济和基础设施等有密切关系，人口规模大的城市，环境多样且复杂，政策需求大，对政府政策创新和管理改革的愿望强烈，城市也更加容易采纳智慧城市创新政策。

> H1：地级市的人口规模越大，就越可能开展智慧城市建设工作。

经济发展水平。经济基础决定上层建筑，经济发展是影响政策采纳的重要因素，促使公众追求更好的公共服务。经济发达的地区，更加容

---

[1] Parkes, Marsden, Shaheen and Cohen, "Understanding the Diffusion of Public Bikesharing Systems: Evidence from Europe and North America", *Journal of Transport Geography*, Vol. 31, No. 7, 2013, pp. 94–103.

易接纳新事物,政策创新的倾向性越高[1];政府开展创新政策的采纳,需要有一定的平台设施、技术水平,这些都离不开经济基础[2],特别是智慧城市这种持续时间长、建设规模广的政策,经济基础就显得尤为重要。

H2:一个地级市的经济发展水平越高,就越有可能采纳智慧城市政策。

财政资源。尽管许多城市的智慧城市运营模式出现运营商参与或独资建设,但是也不能缺少政府的监管和支持,特别是政策发展初期的财政补贴。与智慧城市政策紧密相关的财政资源要素,例如人均一般财政预算收入等,可能直接决定创新政策的扩散和政府的采纳能力。没有丰富的财政资源做支撑,政府则可能不会也没有能力实施创新的政策。[3]

H3:一个地级市的财政资源越丰富,就越有可能采纳智慧城市建设。

城市行政区划级别。根据本文的实际观测对象,我们考察某一地级市是否为计划单列市、省会城市来展开变量的测量和研究。这类城市的政策空间广,资源调配能力强,创新政策的包容性大,更可能拥有采纳创新政策的意愿和能力。此外,这类城市的模范带头作用容易让其他地级市加以模仿或效仿,也就容易采纳创新政策。

H4:地级市是计划单列市、省会城市的,更容易采纳智慧城市政策。

---

[1] Tolbert C. J., Mossberger K., Mcneal R. S.,"Institutions, Policy Innovation, and E-Government in the American States", *Public Administration Review*, Vol. 68, No. 3, 2008, pp. 549 – 563.
[2] 杨雪冬:《简论中国地方政府创新研究的十个问题》,《公共管理学报》2008 年第 1 期。
[3] 朱多刚、郭俊华:《专利资助政策的创新与扩散:面向中国省份的事件史分析》,《公共行政评论》2016 年第 5 期。

区域位置。根据自然资源分布情况和社会经济发展水平,中国可分为东部沿海地区、中部内陆地区、西部边远地区三部分。理论而言,智慧城市建设需要较为完善的基础设施和较为先进的信息通信技术,而较之中西部地区,东部地区经济发展水平高,发展速度快,产业结构较优;开放程度高,对外交流密切,对待新事物有良好的接受性和包容性;城市的发展基础好,吸引和留住了大批人才,城市化水平高;交通设施齐全,网络密集。由此推测,区域位置对智慧城市建设会产生影响,东部地区更容易进行智慧城市建设。

H5:区域位置于东部地区的地级市更容易采纳智慧城市建设,中部地区、西部地区次之。

2. 外部因素

邻近地区。这个变量是说城市是否采纳创新政策的行为,会受到周边相邻或相近的城市影响。贝瑞(Berry)的区域扩散模式强调邻州的作用,认为各州在面临政策问题时会效仿邻州。[1] 马亮认同区域扩散的假设,认为相邻或相近地区的政策会影响所在地区的政策水平。[2] 首先,在政策创新扩散的过程中,相同级别的城市之间会有一些类似的经济社会问题,这时的政策决策者时常会借鉴、学习周边城市的做法和经验,观察这些城市在政策作用下产生的实际效果,并通过信息的沟通和知识的转换来开放政策思维。其次,相邻或相近同级政府共同面临省级政府的绩效考核,在经济、资源、政治职位等方面存在着竞争关系,政策制定者为了提升政绩、获取政策资本,容易推动创新政策的扩散。在中国,同属一个省级政府的两个城市,即使地理位置上不共享边界(地理相邻),也认为它们是存在竞争关系的相邻城市。[3]

也就是说,如果周边相邻或相近的地区智慧城市建设水平较高,那

---

[1] France Stokes Berry, William D., Berry, "State Lottery Adoption as Policy Innovation: An Event History Analysis", *The American Political Science Review*, Vol. 84, No. 2, 1990, pp. 95–415.

[2] 马亮:《政府创新扩散视角下的电子政务发展——基于中国省级政府的实证研究》,《图书情报工作》2012 年第 7 期。

[3] 朱旭峰、张友浪:《创新与扩散:新型行政审批制度在中国城市的兴起》,《管理世界》2015 年第 10 期。

么该地区出于学习动机、竞争压力的考虑，会容易采纳智慧城市政策或提高建设水平。

H6：对于一个地级市而言，其采纳政策的邻近地级市数量越多，就越容易采纳智慧城市政策。

上级压力。在中国，地级市智慧城市政策的开展可能还受到省级命令和开展政策试点等来自上级压力的影响，上级压力既可能是行政指令的形式，也可能是上级政府的协调和指导。一方面，在国家结构形式上，中国是单一制国家，中央集权，由中央政府统一领导，整个政府实行层级控制。也就是说，我国各级政府通过经济、财政、人事等控制手段对下级政府产生较强的约束力。这时，下级政府就必须听命于上级政府，服从上级政府的安排和要求。① 所以，当省级政府有关于智慧城市实施的规范性文件推广时，地级市就有较强的政策实施动力，积极实施省级政府鼓励的政策，提高城市发展水平。另一方面，政策试点是中国特色的政策工具，通过试验性探索来渐进地推动政策调整和体制改革，为政策全面实施提供了宝贵的经验。对于一个地级市而言，当它或它的下属辖区被确定在政策试点名单中时，这个地级市更容易采纳此项政策。

H7：有省级政府规范性文件要求的地级市，更容易采纳智慧城市政策。

H8：作为智慧城市建设试点城市的地级市，更可能采纳智慧城市政策。

（二）变量测量和数据收集

1. 模型设定

本部分研究的是 2010 年至 2016 年我国智慧城市政策的创新扩散情况，并尝试构建一个解释智慧城市政策开展情况的理论分析框架，用来

---

① 周雪光：《"逆向软预算约束"：一个政府行为的组织分析》，《中国社会科学》2005 年第 2 期。

考察经济发展、财政资源、上级压力、邻近效应等影响因素对地级市采纳智慧城市政策的影响。在特定时间段内，我国254个地级市采纳了创新政策，还有一些未开展，存在右删失。为了验证前面提出的研究假设，我们采用事件史分析法（EHA）来进行考察，分析单位为地级市—年份，数据库是由横截面数据和纵向的时间序列数据组成的面板数据。

鉴于本书中的因变量为二分变量，结合之前的修正模型，我们采用事件史分析法中的离散时间风险模型来分析，并将模型的基本形式设定为：

$$logith(t·j) = ln\frac{P(t)}{1-P(t)} = \alpha D + \beta X + \mu \quad (式1)$$

其中，协变量X是解释变量的集合，包括前面分析影响我国地级市智慧城市政策采纳的各项因素，$h(t·j)$和$P(t)$表示在协变量的影响下，特定地级市采纳创新政策的风险率，β是有待估计的各个协变量的回归系数，αD是随时间变化的基准风险函数，常数μ为误差。$P(t)/1-P(t)$是优势，$logith(t·j)$是取对数后的优势。

2. 变量设置与测量

被解释变量

我们按照"地级市—年份"的形式，整理全国254个城市的政策采纳时间。研究的被解释变量是某个地级市在时间 t 时采纳智慧城市政策的概率，"城市政策的采纳"是用来直观观测的被解释变量，即某年某地级市是否采纳智慧城市政策。这是个虚拟变量，只有0和1两个取值，t年时该城市没有采纳创新政策，取值为0；采纳了创新政策，取值为1；采纳政策后该城市没有了事件发生的概率故不再继续观察。

解释变量

人口规模。指一个城市中生活的实际人口数量的多少，与城市的地理位置、经济基础等紧密联系。该变量使用地级市内常住人口规模（单位：万人）来衡量，分析样本为一个地级市所在年份前一年的常住人口规模。为控制可能存在的多重共线性对变量的影响，在此数据取自然对数。

经济发展水平。本部分用人均GDP（单位：元）来衡量影响智慧城市建设的经济发展水平因素，分析样本为一个地级市所在年份前一年的人均 GDP。同样取自然对数。

财政资源。本部分用人均地方财政一般预算收入（单位：元）衡量。人均财政一般预算收入也按滞后一期纳入模型，即分析样本取地级市所在年份前一年的数据，也取自然对数。

城市行政级别。该变量体现城市的行政级别差异。如果一个城市是普通地级市，则变量取值为 0；若是其他类型的城市，如计划单列市、省会城市，则取值为 1。

区域位置。该变量依据我国所处的东部、中部和西部三个地理区域来考察，如果一个地级市位于东部地区，赋值为 1；位于中部地区，赋值为 2；西部地区赋值为 3。

邻近地区。该变量考察一个城市受与其地理位置接壤的其他城市采纳创新政策的影响情况，即邻区采纳数量。具体做法是：对于某市而言，统计在其采纳前与其地理位置接壤的其他采纳政策的地级市的数量。数据由笔者根据各省份、各地级市政策的开展状况统计所得。

上级压力。这一变量考察的是上级政府对智慧城市政策的纵向影响。用省级命令和政策进行衡量。具体方法：省级命令看省级政府在某市采纳前是否出台关于智慧城市建设的规范性文件，这一形式为 0、1 的虚拟变量，出台了的赋值为 1，没有的赋值为 0；政策试点看地级市城市在其采纳前是否为国家试点，是国家试点的地级市赋值为 1，否则为 0。

运用上述离散时间风险模型来分析以上 8 个变量构成的数据集，模型表达式为：

$$Logit(y_{ij}) = ln\frac{y_{ij}}{1-y_{ij}} = \alpha D + \beta_1 lnPopu_{ij-1} + \beta_2 lnGDP_{ij-1}$$
$$+ \beta_3 lnFinance_{ij-1} + \beta_4 Pres_{ij} + \beta_5 Rank_{ij} + \beta_6 Region_{ij}$$
$$+ \beta_7 Neigh_{ij} + \beta_8 Pilot_{ij} + \mu_{ij} \quad \text{（式2）}$$

模型中，y_{ij} 是观测地级市 i 在时间 j 时发生的概率，变量 $Popu_{ij-1}$ 指地级市所在年份前一年的常住人口规模；GDP_{ij-1} 指地级市所在年份前一年的人均 GDP；$Finance_{ij-1}$ 指地级市所在年份前一年的人均地方财政一般预算收入；$Pres_{ij}$ 指上级压力下的省级命令，即智慧城市建设的规范性文件；$Rank_{ij}$ 指城市行政级别，普通地级市记为 0，省会城市或副省级城市记为 1；$Region_{ij}$ 指东部、中部和西部三个地理区域位置；$Neigh_{ij}$ 指邻近效应；$Pilot_{ij}$指政策试点。

3. 数据收集

符合本部分研究标准的地级市共计为284个。其中，最初采纳的城市为2010年的宁波市，2016年数据目前难以获得，不纳入考查范围，故样本观测时间为2010年至2015年，共6年。观测期内，211个地级市采纳了智慧城市政策，73个地级市未采纳智慧城市政策。

数据收集方法有两种。首先是利用既有统计资料，例如中国城市统计年鉴、地方政府网站、中国经济与社会发展统计数据库等，查找已有的统计数据和统计资料，获取人口规模、人均GDP、财政资源的数据。其次，由网络抽样方法获得上级压力、采纳政策的邻近地级市个数、政策试点等变量的数据。变量与测量的具体情况见表5-1。

表5-1　　　　　　　　　变量与测量

变量		测量	方向
因变量			
政策采纳（ADOPT）		二分变量，地级市是否采纳智慧城市建设，采纳为1，不采纳为0	
自变量			
人口规模（POPU）*		地级市内常住人口规模	+
变量		测量	方向
经济发展水平（GDP）*		用人均GDP进行反映	+
财政资源（FINANCE）*		人均地方财政一般预算收入	+
上级压力	省级政府（PRES）	省级政府是否出台开展智慧城市建设的规范性文件，有的取值为1，没有的则取值为0	+
	政策试点（PILOT）	该地级市是否为政策试点城市，是的赋值为1，不是的赋值为0	+
邻近地区（NEIGH）		采纳政策的邻近地级市的数量	+
城市行政级别（RANK）		若城市为普通地级市，则变量记为0；其他类型的城市，如计划单列市、省会城市，则变量记为1	+
地理位置（REGION）		地级市所处的地理区域，东部地区为1，中部地区为2，西部地区为3	+

注：* 表示该变量取自然对数。

资料来源：笔者根据《中国城市统计年鉴》等整理而得。

(三) 结果与讨论

1. 结果

(1) 描述性统计分析

表 5-2 是各地级市样本变量的描述性统计分析结果。表中使用的样本变量为非均衡的面板数据，考虑到数据存在的滞后性，故自变量常住人口规模、人均 GDP 和财政资源的数据选择提前一年，也就是说从 2009 年开始统计数据。鉴于部分变量的数值过大，为方便观察，我们进行了取对数的变化运算，即人口规模、人均 GDP 和财政资源进行了对数运算。分析结果显示，各变量之间存在差异，其中邻近效应变化差异比较大，这就为政策采纳提供了可以解释的空间。

表 5-2　　　　　　　　　描述性统计分析结果

Variable	Obs	Mean	Std. Dev.	Min	Max
政策采纳	1431	0.147	0.355	0	1
人口规模*	1660	5.801	0.658	3.049	7.265
人均 GDP*	1667	10.346	0.586	7.602	12.456
财政资源*	1651	7.623	0.776	5.134	9.990
省级政府	1705	0.359	0.480	0	1
邻近地区	1119	0.849	1.223	0	8
行政级别	1705	0.083	0.276	0	1
地理位置	1705	2.008	0.809	1	3
政策	1412	0.019	0.137	0	1

注：*表示对变量人口规模、人均 GDP、财政资源取对数的结果；分析使用 STATA14。

(2) 相关分析

表 5-3 为各个变量彼此之间的相关性分析结果。从结果可以发现政策采纳的各个自变量均存在显著相关性，说明中国地级市智慧城市的建设存在显著的空间相关性。除了区域位置变量外，其他变量均为正相关，初步验证了前面的假设。政策采纳的区域位置相关系数 r = -0.049，在 10% 的水平上呈负相关关系，也就是说并非是东部的地级市更容易采纳智慧城市政策。人均 GDP 与人均地方财政一般预算收入之间的相关系数 r = 0.867，在 1% 的置信水平上呈显著正相关关系。

表 5–3　相关性分析结果

	政策采纳	人口规模	人均 GDP	财政资源	省级政府	邻近地区	行政级别	地理位置	政策试点
政策采纳	1								
人口规模	0.066**	1							
人均 GDP	0.199***	−0.093***	1						
财政资源	0.227***	−0.108***	0.867***	1					
省级政府	0.264***	0.0300	0.274***	0.281***	1				
邻近地区	0.215***	0.105***	0.117***	0.160***	0.437***	1			
行政级别	0.109***	0.224***	0.261***	0.295***	−0.069***	−0.108***	1		
地理位置	−0.049*	−0.287***	−0.316***	−0.299***	−0.130***	−0.121***	0.0340	1	
政策试点	0.159***	−0.0220	0.087***	0.091***	0.139***	0.186***	0.0180	0.068**	1

注：***、**、*分别表示该变量在1%、5%、10%的显著水平，相关性分析使用 STATA14。

(3) 多重共线性检验

为了保持自变量彼此间的独立性，我们进行了多重共线性检验，通过检验方差膨胀因子（VIF）是否超过警戒值10来判断。各个变量间的多重共线性检验显示，VIF 的均值 Mean VIF = 1.86，其中人均 GDP 和人均地方财政一般预算收入 Fin 的 VIF 值分别为 3.45、3.66，其余数值均为 1—2 之间。各个自变量的 VIF 均远远小于 10，说明变量之间多重共线性问题不严重。

(4) 回归分析

本书使用统计分析软件 Stata14 进行分析，表 5 – 4 是 Logit 回归分析的结果。本文在对随机效应、固定效应模型效果的比较基础上，通过 Hausman 检验，选择了随机效应模型来进行面板数据的统计分析。

表 5 – 4　　　　　　　　回归分析结果

政策采纳	Coef.	Std. Err.	z	P > |z|	[95% Conf. Interval]
人口规模	0.253 *	0.149	1.70	0.089	– 0.039
人均 GDP	– 0.011	0.2999	– 0.04	0.970	– 0.598
财政资源	0.665 ***	0.249	2.68	0.007	0.178
省级政府	0.811 ***	0.203	4.00	0	0.414
邻近地区	0.216 ***	0.066	3.25	0.001	0.086
行政级别	0.558 *	0.327	1.71	0.088	– 0.083
地理位置	0.156	0.119	1.31	0.189	– 0.077
政策试点	1.105 **	0.441	2.51	0.012	0.241
_ cons	– 9.214	2.429	– 3.79	0	– 13.975

注：*** 、** 、* 分别表示 1%、5%、10% 的显著水平。

分析结果显示，常住人口规模、人均地方财政一般预算收入、省级政府命令、邻近地区效应、城市行政区划级别以及政策试点都与智慧城市的创新扩散呈显著正相关，H1、H3、H4、H6、H7、H8 得到支持。而人均 GDP 和区域位置的相关系数估计值不显著，并且人均 GDP 的值为负，即 H2、H5 没有得到支持。

2. 讨论

本文使用中国大陆地级市的不均衡面板数据对智慧城市政策创新扩

散的影响因素进行实证研究,研究结果显示,地级市的常住人口规模、财政资源、上级压力、邻近地区和城市行政区划级别与智慧城市的扩散呈显著正相关关系,这些变量显著影响了我国智慧城市政策的创新扩散;而经济发展水平和地级市的区域位置对智慧城市的创新扩散呈统计学意义上的不显著。

(1)根据前面的Logit随机效应模型可知,如果一个自变量的相关系数的数值为正值,那么此正值越大,则地级市采纳创新政策的可能性就越大。由对常住人口规模、财政资源、省级政府、邻近地区、城市行政区划级别和政策试点这六个影响智慧城市的因素进行回归分析可以看出,变量的相关系数值都为正,且政策试点的系数值最大,其次是省级命令和财政资源,由此可知政策试点对地级市可能采纳智慧城市政策的影响最大,之后是省级命令、财政资源和其他因素。所以,我们认为,上述六个变量中的政策试点因素是我国智慧城市政策创新扩散的主要因素,起主导作用。

(2)内部影响因素

首先,常住人口规模通过了10%水平下的显著性检验,并且系数值为正,说明常住人口规模会推动智慧城市政策的采纳进程,验证了假设1,这与以往实证研究的结果相一致。归根结底,智慧城市的服务对象是公众,它旨在完善城市功能,为人们创造更为美好的生活。人口规模大的城市,公众需求相应的较多,对城市政府行政改革的愿望也更强烈,这便会推动政府加快采纳智慧城市政策;另外,实施智慧城市建设,可以带动地区经济发展水平和发展效率,为城市提供更多的就业机会,尤其是对专业技能要求较低的仓储、手工等劳动密集型行业,从而促进城市人口的增加,并提升地方政府的竞争力和影响力,保证智慧城市建设效果。

其次,经济发展水平的衡量指标人均GDP没有通过显著性检验,甚至相关系数数值为负,与原假设H2不相符。究其原因主要有:第一,经济发展水平较高却未采纳智慧城市政策的城市,可能出于地方地理位置、经济结构、城乡布局、民族构成、发展规划等因素的综合考虑,决定暂缓实施创新政策;也可能政策领导者尚未识别创新政策可否解决地方发展问题,且没有认识到转型期的政策创新问题的重要性。第二,经济发展水平低又较早开展智慧城市的城市，可能出于政绩追求、形象工程、上级财政和资源的支持等一系列原因考虑，又或看到其他实施政策的城市取得的优异成绩，通过学习、模仿等途径跟随着采纳，从而产生城市不具备条件也要实施创新政策的非理性做法；当然也可能是政策领导者的特征因素，如果决策者勇于创新和接纳新事物，或有较超前的政策意识，认识到智慧城市建设对其城市发展的不可忽视的作用，以求借此提升城市经济产值，那么也会导致地方积极地采纳新政策。

再次，财政资源因素通过了1%水平的显著性检验，并且相关系数为正值，说明人均地方财政一般预算收入与智慧城市政策的采纳呈显著正相关的关系，验证了假设H3。显然，一个财政资源丰富的城市，便会有足够的能力提供智慧城市建设所需要的公共服务、城市建设设备等基础性设施，也能够充分发挥政府的监管和支持作用，推动政府做决策，带动城市政策的采纳与扩散，促进产业结构的优化，吸引更多企业共同参与到城市的智慧化建设中来，实现城市的良性循环与可持续发展。

复次，城市行政级别通过了10%水平下的显著性检验，并且系数值为正，说明其与智慧城市政策的扩散呈显著正相关的关系，验证了假设H4。我国行政区划呈现出扁平化结构，计划单列市、省会城市作为一个省级行政区的"门户"，通常在政治地位上具备一定的优势，更容易受到关注，获得上级资源支持的倾向力度也更大。另外，此类城市自身的经济基础雄厚，资源分配能力灵活，对创新政策采纳的包容性和行动力也更强。因此，较之普通地级市，这一类型的城市更容易开展智慧城市工作。

最后，区域位置没有通过显著性检验，统计学意义上意味着该变量对智慧城市政策采纳的影响不显著，则假设H5不成立。原因可能存在这样两方面：第一，当今社会科技水平较高，网络信息和通信的发展日新月异，加之多样的传播媒体的作用，很大程度上实现了东、中、西部地区城市信息的快速传播与共享；第二，国家政策的鼓励与支持，在前期开展的新型城镇化、工业化、数字化城市的建设基础上，国家层面不再主要选取东部发达地区开展尝试工作，而是综观全国城市，结合地方实际积极予以推动，直至智慧城市建设工作上，中央政府加大推广力度，城市名单涵盖东、中、西三部分，这一定程度上也减弱了区域位置的影响。

(3) 外部影响因素

首先，上级压力的两个变量省级政府和政策试点，均通过了显著性检验，且都与智慧城市的采纳呈正相关关系。其中，省级政府通过了1%水平的显著性检验，政策试点通过了5%的显著性检验，分别验证了假设H7和假设H8。一方面，我国单一制的国家结构形式，层级分明，地方政府接受中央政府的统一领导，所以地级市政策的采纳很大程度上会受到省级命令的影响。如果一个城市的省级层面以文件、会议报告等形式发布了实施创新政策的相关行政指令，那么该城市就越可能采纳政策，以期提高自身的政绩水平。另一方面，一个被确定为政策试点的城市，会积极响应上级决定，着手开展创新政策的实施工作。试点城市，会受到上级和同级政府更多的关注，也会获得来自上级的政治资源等方面的支持，由此也更愿意开展智慧城市建设尝试。

其次，邻近地区通过了1%水平下的显著性检验，并且相关系数为正值，说明邻近效应与智慧城市政策的采纳呈显著正相关的关系，验证了假设H6。也就是说，一个城市是否采纳创新政策，会受到周围相邻的城市的影响。首先，城市受到最直接的影响是来自与它相邻的周边城市，地理位置的便捷使它们之间可以经常开展政治交往，进行信息的交流与共享，这就为彼此间的学习和模仿提供了渠道。其次，采纳邻近城市已开展的创新政策，可以直接借鉴已积累的宝贵经验和可行做法，为本地级市进行政策采纳节约了尝试和摸索的时间，降低政府政策创新的风险。最后，水平方向的府际关系中，各邻近地级市之间还存在竞争关系，例如政绩、政治地位、公共服务、基础设施、劳动力资源、投资等方面的竞争，决策者们为了争取本城市的资本机会、提升政绩，也容易推动城市采纳创新的政策。

综合上述研究结果可以看出，我国智慧城市建设的扩散表现出以下几个特点。其一，上级压力对我国智慧城市建设的影响相当显著，这意味着上级政府对地方政府的政策决策有较强的作用力，中国智慧城市的扩散具有上级（国家试点和省级压力）主导的特点。其二，地级市对智慧城市的采纳要依赖政府资源（权力资源和财政资源）的支持，说明我国智慧城市扩散体现出资源约束性。其三，中国智慧城市的扩散与财政资源、权力资源显著正相关，说明地级市采纳时会考虑自身的资源，因此是理性的；但是又与经济发展水平负相关，说明不考虑自己经济发展状态，因此有时是非理性的。所以总的来看，表现出有限的理性。其四，人口规模与智慧城市的扩散显著正相关，人口规模越大，对智慧城市的需求越大，推动政府加快建设智慧城市，说明我国智慧城市的扩散一定程度上回应了公众需求。其五，存在着"邻近效应"，向邻近地区学习是一种重要渠道。其六，区域位置对于我国智慧城市的扩散没有显著影响。

四 结论与启示

（一）结论

本文将智慧城市的建设看作我国一项重要的社会治理创新，并以此为例对中国社会治理创新扩散进行实证研究。研究主要获得以下结论。

首先，中国智慧城市创新扩散的现状与特征。从2010年至2016年共七年的时间里，我国已经有254个地级市正式启动了智慧城市建设，采纳率达86.69%。以此为观察时间和观察数据，绘制智慧城市扩散曲线图和空间扩散表，发现在时间上，我国智慧城市扩散呈现"S型"曲线特征，符合扩散的一般特征；空间上，呈现一定程度的区域聚集性和渐进性。另外，在模式上，智慧城市有三大建设模式和五种运营模式。

其次，运用事件史分析法对我国影响智慧城市建设的因素进行实证分析。本章提出8个变量并做了研究假设，实证结果证实，人口规模、财政资源、城市行政级别、省级政府、政策试点和邻近地区对智慧城市政策扩散影响呈显著正相关；经济发展水平和区域位置对智慧城市政策扩散影响不显著。说明我国智慧城市的扩散具有上级（国家试点和省级压力）主导、受资源约束、有限理性、一定程度上回应公众需求、具有"邻近效应"的特点，区域位置没有显著影响。

（二）启示

以上研究结果对于促进中国社会治理创新更快、更广和更有效的扩散提供了重要启示。

1. 继续开展政策试点工作，实现由先行试验到全面扩散

政策试点作为中国特色本土化的政策实践，是政策理论在中国不断发展与完善的过程中探索出来的。中国政策试点表现形式多样，例如试验点、试验区、试验项目等，一般而言，它是一定时期内政策的尝试性试验到全面推广的过程。中国国土面积大，行政层划分明，有条件、有能力的政府可以根据地方实情先行开展政策的创新尝试，这样做既符合中国各地方经济结构特点和区域实情，能充分发挥地方的自主决策权，也可以减少不必要的资源浪费，更利于为后续采纳的城市形成丰富的实践经验，增加创新政策采纳及扩散成功率。为此，政府一方面可以成立负责试点工作的组织性领导机制，以"工作领导小组"等形式来开展政策试点的组织协调与指导工作，定期召开总结性会议，以了解试点项目实施进展，及时发现问题，制定方案。另一方面，可以加强政策试点的宣传工作，推动政府与宣传部门的密切配合，宣传试点内容的同时，及时报道试点工作的阶段性成果，合理引导舆论，坚定社会各界对试点工作的信心。

2. 加大上级支持力度，优化扩散环境

中国是单一制国家，政策的创新与扩散离不开上级政府的支持，地方政府一旦得到资金、制度上的支持，政策实施起来便会格外得心应手。首先，对于政策研究，设立基金项目和保证资金到位，从经济基础上加以支持。一方面，学者们进行学术研究，尤其是对中国丰富实践背景下的政策扩散的实证研究，需要进行问卷调查、实地考察、访问调研等大量基础工作，仅凭借学者自身的资源来获得经济支持显然不现实，因此，离不开基金项目给予的支持。另外，基金项目也起到一定的激励作用，解除学者做研究的后顾之忧，使学者们专心于政策创新扩散的学术研究。另一方面，地方政府进行政策创新与扩散也离不开资金的支持，不同地区经济发展水平和获得的财政资源不同，就影响了其政府政策制定、采纳的进度，加大资金支持显然可以提高地方政府的治理能力和政策实施水平。其次，对于政策实施，为加快地方政府采纳创新政策，上级政府还应该完善制度支持，建立相关绩效考核机制，科学发挥制度的约束作用，促进政府间有序地交流与互动。同时，建立完善的利益分享补偿机制，兼顾各地方政府的利益，由制度引导与激励的方式使其政策扩散更

加方便。另外，尽可能的简化程序，精简创新流程，减少不必要的时间和人力浪费。以此实现良好公共政策的积极交流与扩散。

3. 增强城市间的互动，畅通传播渠道

中国各地级市采纳创新政策时很大程度上会受到周围邻近城市的影响，这就要求地方政府在政策决策过程中，要注意与周边地区的互动，交流彼此间政策实施的经验和做法，进行信息的共享，增强城市间合作，以促进政策合理有序地开展进行。另外，重视人才，构建城市政策实施的智囊团。当前，竞争的实质是人才的竞争，中国政策创新扩散过程及其研究也离不开人才。政策创新与政策扩散通常是一个较为长期的工作，这一过程需要专业人员的实践支持与操作，也需要专家学者的理论指导，共同发挥智囊团的作用，为政府决策出谋划策。信息化时代拉近了人们彼此间的距离，同时也使信息传播更加通畅。政府进行政策建设，也要充分重视传播媒体的作用，拓展沟通方式，为政策的传播提供便捷的渠道。一方面，政府进行创新政策信息的获取、扩散、采纳时，不能单纯依靠报纸、杂志、新闻广播等方式，要积极推广互联网的优势，发挥政府电子政务和效能建设的成效，开展微博、微信、官方网站等平台的建设完善工作，实现政务信息化，以便多渠道、全方位借助传播媒体进行宣传，做到网络与纸质相结合、线上与线下相结合。另一方面，多种方式的传播媒体能很快地将最新的政策消息呈现给人们，加快公众的了解程度与接受速度；也能及时地将政策实施后的效果反馈给政府，保证公众与政府间对话的畅通性。

4. 完善创新机制，加快扩散进程

发展离不开创新，政府政策的扩散也离不开创新。政府应该加大政策创新力度，拓宽创新领域，增强创新扩散自主性。第一，基于我国政策创新扩散的实际，政府要注重理论与实践相结合，全面加强扩散研究内容和研究主题的创新，扩大社会力量的参与，增强彼此间的交流，形成新的理论视角。第二，在充实研究内容的基础上，注意细分研究领域，深入挖掘研究的范围和深度，丰富研究方法并加强实证研究，形成全面系统的理论框架。第三，地方政府的政策创新不能仅停留在模仿他人经验的层面上，需要提升创新意识，培养创新能力，结合本地实际形成自己敢想敢做的起源性创新。第四，地方创新性实践中不可避免地存在着一定的失败，中央政府应给予地方政府足够的空间进行自我总结，并适时地予以鼓励和支持，使采纳主体能够结合地方特点进行自我总结与不断完善，以实现再创新。此外，中央政府有必要制定一系列政策法规，通过完善创新机制，推动地方政策改革在既定道路上前行，营造良好的创新氛围，鼓励创新行为，实现政府的持续创新。

本研究尚存一些不足之处：第一，影响因素的研究不够全面。智慧城市建设的影响因素有很多，除去本文选择的 8 个变量外，还有其他众多要素。第二，从地级市层面进行研究，缺乏从省级层面的分析。未来可以从以下两方面进一步研究：一是深入挖掘影响政策扩散的多重因素，并增加相关变量设置，如电子政务发展水平、外商直接投资、第三产业占 GDP 比重等，以对影响因素有更全面系统的分析。二是在省级层面开展实证分析，探索中国省级层面社会治理创新扩散的规律。

第六章　中国社会稳定风险评估机制扩散实证研究

一　导言

社会稳定风险评估是指对与民生密切相关的重大决策、重大项目等，在出台或审批前，对可能影响社会稳定的因素进行科学、系统的预测、分析和评估，制定风险应对策略和预案，以有效地规避、预防、降低、控制和应对可能产生的威胁社会稳定的风险。[①] 该机制从事后控制转向事前预防，从以政府为政策主体转向多元化政策参与主体，建立起政府和公众之间的沟通机制，减少政府和公众之间的矛盾冲突。因此成为当前我国社会治理的一项重要创新。社会稳定风险评估机制2006年起源于四川遂宁，于2008年获得第六届"中国地方政府创新奖"，其后得到广泛传播并且逐渐在全国各地发展起来。本章研究中国社会稳定风险评估机制扩散的现状、影响因素，并提出促进其扩散的建议。

二　中国社会稳定风险评估机制扩散的现状

（一）中国社会稳定风险评估机制扩散的总体情况

本章同样从地级市层面来研究中国社会稳定风险评估机制的扩散。本研究初始，采取"网络抽样"方式（见第三章）获得有关数据，通过反复搜索和查询，截至2016年12月31日中国284个地级市已经全部采

[①] 杨雄、刘程：《加强重大项目社会稳定风险评估刻不容缓》，《探索与争鸣》2010年第10期。

纳社会稳定风险评估机制。

2006年2月，遂宁市制定出台了《重大事项社会稳定风险评估化解制度》，要求在作决策、上项目、搞改革以及其他事关群众利益的重大事项出台前，都必须组织开展社会稳定风险评估，这是中国地方政府正式启动"稳评"的开创性标志。① 其后，地方政府开始学习比照，延伸出了若干独具特色的实践模式，如"四川模式""江苏模式""上海模式""哈尔滨模式"等，逐步形成了"稳评"地方实践的多元局面。② 2007年5月，中央"维稳"工作领导小组转发了中央"维稳办"《风险评估消除隐患，从保到创谱就和谐——关于四川遂宁推行社会稳定风险评估机制，做好维护稳定工作的调研报告》，向全国推广遂宁市社会稳定风险评估机制的做法及经验。2009年9月，党的十七届四中全会公报明确要求"建立健全重大社会决策、重大工程社会稳定风险评估机制"。在此指引下，各地"稳评"实践创新形式及探索领域也进一步得到延伸，"稳评"在全国中心城市及省级行政区域得以快速扩展。③ 2012年1月，中共中央办公厅、国务院办公厅发布《关于建立健全重大决策社会稳定风险评估机制的指导意见》，明确了"稳评"工作的指导思想和基本要求，确立了评估范围、评估主体、评估程序、风险等级认定、评估结果运用等基本内容，提出了加强组织领导、综合保障、责任追究等具体要求，成为中国"稳评"迈入制度化轨道的标志性文件，其后，"稳评"在全国范围内迅速推进，应用范围由省市层级逐步向区县、乡镇、社区机构部门延伸。④

（二）中国社会稳定风险评估机制扩散的特征

1. 中国社会稳定风险评估机制扩散的时间特征

本文采取以"年"为单位对社会稳定风险评估机制扩散的时间特征进行分析，我们以"年份"作为横轴，以"累积采纳的地级市数量"作为纵轴，绘制中国社会稳定风险评估机制的扩散曲线，见图6-1。

---

① 刘泽照、朱正威：《掣肘与矫正：中国社会稳定风险评估制度十年发展省思》，《政治学研究》2015年第4期。

② 同上。

③ 同上。

④ 同上。

(累积采纳个数)

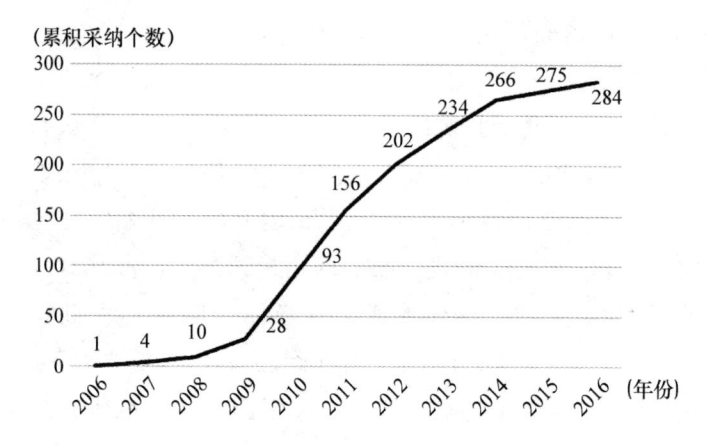

图 6-1　中国社会稳定风险评估机制扩散曲线

从图 6-1 中可以看出，中国社会稳定评估机制扩散在时间上表现出典型的"S型"曲线特征。最初仅有少数地级市扩散，其后快速增加，之后又趋于平缓。据此，我们也可以将中国社会稳定风险评估机制扩散分为三个阶段：即第一阶段为 2006 年至 2009 年，这一阶段自遂宁市首创开始，四年时间共有 28 个地级市采纳。这段时间地级市采纳的个数增加较为缓慢，社会稳定风险评估机制在小范围内进行探索发展，并未得到广泛的传播。第二阶段为 2010 年至 2014 年，自 2010 年开始，该机制在全国获得了广泛的传播。2010 年采纳"稳评"机制的地级市有 65 个，2011 年有 63 个，2012 年有 46 个，2013 年、2014 年也各有 32 个地级市采纳，出现了一个采纳的高峰期，扩散的速度明显增快。第三阶段为 2015 年至 2016 年，该阶段社会稳定风险评估机制在地级市传播接近尾声，每年仅有 9 个地级市采纳，扩散速度有所减缓。经过 11 年的扩散，中国 284 个地级市均采纳了社会稳定风险评估机制。

2. 中国社会稳定风险评估机制扩散的空间特征

为了考察中国"稳评"机制扩散的空间特征，笔者从七大区域来进行分析。① 各区域采纳社会稳定风险评估机制的地级市的数量及其占该区域地级市总数的比重如表 6-1 所示。表 6-1 表明，社会稳定风险评估机制在西南地区得以首创，随后逐渐发展。在社会稳定风险评估机制

---

① 我国七大区域划分见第四章。

扩散的第一阶段（2006年至2009年），采纳"稳评"机制的地级市主要分布在西南地区、西北地区。概言之，在"稳评"机制扩散的第一阶段，可能由于受到创新者的影响，扩散的区域主要在西部地区。在社会稳定风险评估机制扩散的第二阶段（2010年至2014年），全国各地区都开始广泛采纳，2010年，采纳比重较高的地区除了西北地区外，主要是华东地区和东北地区。2011年，采纳比重较高的地区是中南地区、华南地区和西南地区。2013年采纳比重较高的地区是华北地区，2014年东北地区采纳比重较高。结合这两个阶段的扩散情况，大体上呈现出一种由西向东、再向南，继而向北的轨迹。

表6-1　各区域各年采纳"稳评"机制的地级市的数量和比重

年份	东北地区	华北地区	华东地区	中南地区	华南地区	西南地区	西北地区
2006						1（3%）	
2007						2（6%）	
2008			1（1%）	1（2%）	1（3%）	2（6%）	
2009	2（6%）	1（3%）	5（7%）	2（5%）	1（3%）	3（9%）	5（17%）
2010	8（24%）	3（10%）	22（29%）	1（2%）	6（16%）	4（12%）	8（27%）
2011	1（3%）	6（19%）	13（17%）	14（33%）	12（32%）	12（36%）	7（23%）
2012	10（29%）	6（19%）	12（16%）	12（29%）	9（24%）	4（12%）	3（10%）
2013	4（12%）	5（16%）	11（14%）	2（5%）	4（11%）	2（6%）	3（10%）
2014	7（21%）	4（13%）	9（12%）	3（7%）	2（5%）	3（9%）	3（10%）
2015	0（0%）	4（13%）	2（3%）	4（10%）	1（3%）		1（3%）
2016	2（6%）	2（7%）	2（3%）	1（2%）	1（3%）		

三　中国社会稳定风险评估机制扩散影响因素的事件史分析

（一）研究假设

本文基于第二章构建的中国政策创新扩散基本分析框架分析中国政策创新扩散的影响因素。考虑到数据的可及性，本文选取了动机因素、资源/障碍因素和外部影响因素进行研究。

1. 动机因素

如第三章所述,政策采纳是政府对公众需求的回应。戴维·伊斯顿的系统模型和回应型政府理论都认为公共政策是政府对公众所提出的要求的反应。公众需求的输入或者公众的试压是政府官员政策决策的动机。对于不同的政策,公众的需求是不一样的。本文研究社会稳定风险评估机制,主要考虑公众对"社会稳定"的需求。公众对"社会稳定"的需求可以体现在人口、治安、失业、贫富差距等方面。因此我们从以下四个方面具体衡量公众对"社会稳定风险评估机制"的需求。

(1) 人口密度。人口密度代表的是城市每平方公里中所辖人口数量。人口密度越大,意味着特点场所聚集的人群更多,人口的流动量更大,因此潜在的社会风险就更大。对此,群众对社会稳定风险评估机制采纳的呼声就会越强烈,因此地级市政府采纳的可能性越高。

H1:城市人口密度越大,地级行政单位采纳社会稳定风险评估机制的可能性越高。

(2) 治安状况。一个城市的治安越好,社会秩序越安宁,则当地的社会稳定风险越小,公众对社会稳定风险评估的需求越小,因此政府对采纳社会稳定风险评估机制的可能性因公众的关注度降低而降低。我们采取两个具体指标来加以衡量治安情况:刑事案件发生率和城市民众安全满意指数。刑事案件发生率越高,社会治安越恶化,当地的社会稳定风险越大;城市安全满意程度越低,对安全的需求越大。因此,可以假设:

H2:城市的刑事案件发生率越高,该城市采纳社会稳定风险评估机制的可能性越大。

H3:城市民众安全满意指数越低,该城市采纳社会稳定风险评估机制的可能性越大。

(3) 失业状况。失业问题不仅是一个经济问题,而且是关系到社会稳定的社会问题。失业状况越严重，社会稳定风险越高，社会不安定因素增加，因此，城镇失业状况越严重，公众对社会稳定风险评估的需求越大，地级市政府采纳的可能性愈高。

H4：城市失业状况越严重，该城市采纳社会稳定风险评估机制的可能性越高。

（4）贫富差距。贫富差距会影响社会心理，影响社会秩序，影响社会结构，影响社会制度的公正和权威，进而影响社会稳定。如果贫富差距过大，社会失去奋斗动力，群众对未来感到迷茫，对现状感到不满，当强者恒强弱者愈弱的"马太效应"日益显著时，民众必将通过各方面向社会表达自己的不满，必将导致社会的不安定。因此，城市基尼系数越高，社会愈不安定，公众对社会稳定风险评估的需求愈大，地级市采纳的可能性愈高。

H5：城市居民贫富差距越大，该城市采纳社会稳定风险评估机制的可能性越高。

2. 资源/障碍因素

资源/障碍因素是指政府采纳新政策面临的障碍及克服障碍可用的资源。地方政府辖区内的媒体报道、学术研究群体、经济发展水平、财政资源、政策主导者的特征都是资源/障碍因素的构成部分。

（1）媒体报道。媒体的相关报道往往是社会风向的引领者。大量的新闻媒体的报道会促进地方决策者对政策创新的关注，促进领导者的注意力变迁。因此，地方政府辖区内新闻媒体报道的数量越多，可能越会刺激地级市采纳社会稳定风险评估机制。

H6：城市辖区内社会稳定风险评估机制新闻报道越多，该城市采纳社会稳定风险评估机制的可能性越高。

（2）学术研究群体。学术、专家长期处于政策研究的前沿，能把握政策创新发展的最新动态,是政府采纳政策的智囊团。① 大量的有关社会稳定风险评估机制的论文发表,会提高政府官员对政策的认知和理解。另外,一些地区的社会稳定风险评估也往往委托给专家学者来开展,专家学者为社会稳定风险评估的开展提供了人才资源。地级市辖区范围内相关学术论文越多,采纳的可能性越大。

> H7:城市辖区内社会稳定风险评估机制学术论文越多,该城市采纳社会稳定风险评估机制的可能性越高。

(3) 经济发展水平。经济发展水平一直是城市政府采纳创新的决定性因素。② 城市创新水平与城市经济发展水平紧密相关。已有多项研究表明,经济发展水平越高,往往其创新水平越高。经济发展水平越高的地方不仅可以为实施"稳评"机制提供更好的经济基础条件,而且也更乐于接受新事物。因此,经济发展水平越高的地级市采纳社会稳定风险评估机制的可能性越高。

> H8:城市经济发展水平越高,该城市采纳社会稳定风险评估机制可能性越高。

(4) 财政资源。政府财政资源是政府组织资源能力的象征。研究表明,政府或组织资源越丰富,政府采纳创新的可能性越高。③ 创新的采纳往往需要有政府丰富的组织资源作为基础,需要投入较多的人力、物力等。在社会稳定风险机制采纳和实施过程中,不仅需要对该机制有充分的认识和把握,而且在实施过程中,还需要相关部门、社会各方代表和专家学者的参与,按照一定程序对风险进行全面预测并形成评估报告,因此对政府的资源能力具有一定要求。基于此,提出假设:

---

① 马亮:《公共服务创新的扩散:中国城市公共自行车计划的实证分析》,《公共行政评论》2015年第3期。
② Lawrence B., Mhor, "Determinants of Innovation in Organization", *The American Political Science Review*, Vol. 63, No. 1, 1969, p. 111.
③ 马亮:《公安微博的扩散研究:中国地级市的实证研究》,《甘肃行政学院学报》2012年第6期。

H9：政府财政资源越丰富，该城市采纳社会稳定风险评估机制的可能性越高。

（5）政策主导者。政策主导者主要是指政府内部起决策作用的政府官员，其特征会影响其对社会治理创新的采纳。本文选择地级市市委书记年龄、学历和最高学历专业进行量化，研究政策主导者对政策创新采纳的影响。

其一是市委书记年龄。市委书记年龄越年轻，更加容易采纳新的政策创新。一是从个人政绩角度分析，市委书记越年轻，对通过新的政策行为提升自己的能力和知名度的欲望越强；二是从政策采纳本身而言，年轻的官员对创新的了解程度更高，能够较快地掌握新的理念、方法和手段。因此，年龄较小的主导者决策会更加积极，也更具创新思维和能力，基于此，提出以下假设：

H10：城市市委书记年龄越小，该城市采纳社会稳定风险评估机制的可能性越大。

其二是市委书记的学历。政策创新的采纳需要专业的知识和技能。政策主导者的学历越高，意味着其具备更好的专业知识基础和更为严谨的思维逻辑，也意味着其具有更强地获取和处理信息的能力。进而更有利于其克服政策创新采纳中的复杂性和不确定性。[①] 因此学历越高，政策采纳的可能性也就越高。

H11：城市市委书记学历越高，该城市采纳社会稳定风险评估机制的可能性越高。

3. 外部因素

政策创新扩散还包括政策创新扩散的府际间传播，因此除了受到政

[①] 吴建南、张攀、刘张立：《"效能建设"十年扩散：面向中国省份的事件史分析》，《中国行政管理》2014 年第 1 期。

府内部影响因素的影响，还会受到府际关系等外部因素的影响，包括上级政府和邻近地区的政府。

（1）上级政府。相对于地级市而言，上级政府包括中央政府和省级政府。上级政府发布有关社会稳定风险评估机制的文件会直接影响下级政府采纳该机制的可能性。中国是典型的单一制国家，上级政府与下级政府之间是上下从属关系。上级政府的政策会指导下级政府采纳或者实施某项政策。上级政府在很大程度上影响了地方政府的权力、资源分配，下级政府也期待通过上级政府来实现组织内部整体价值的统一，统筹经验并整合碎片。[①] 上级政府出台了相关文件或召开推行"稳评"机制的会议，下级政府会随之遵照上级政府的要求，采纳新的政策。据此提出如下两个假设：

H12：中央政府推行社会稳定风险评估机制的要求会增加地级市采纳的可能性。

H13：省级政府推行社会稳定风险评估机制的要求会增加地级市采纳的可能性。

（2）邻近地区政府。地理相邻地区采纳的可能性相对较高，提出假设主要基于以下两个原因：一是地理上相邻的城市在政治、经济、社会环境较为相似，能降低城市采纳新政策的风险；二是决策者在政策采纳的同时，需要对其他城市政策采纳效果进行评估，邻近地方政府采纳了该项政策，政策采纳的潜在者能更加直观地对该政策的实施效果进行观察；三是邻近地区由于地缘上处于相邻位置，二者之间更加容易形成竞争关系，[②] 因而邻近地区采纳可能会提高政策采纳的可能性。

H14：邻近城市政府对社会稳定风险评估机制的采纳行为会增加该城市对政策创新采纳可能性。

[①] 赵慧：《中国社会政策创新及扩散：以养老保险政策为例》，《国家行政学院学报》2013年第6期。

[②] 王浦劬、赖先进：《中国公共政策扩散的模式与机制分析》，《北京大学学报》（哲学社会科学版）2013年第6期。

(二) 方法与数据

1. 分析样本。基于数据的可及性，本文选取了中国 283 个地级市作为研究对象（其中拉萨市的数据难以收集）。由于社会稳定风险评估机制首创于 2006 年四川遂宁市，因此研究时间跨度为 2006—2016 年，共 11 年。在此观测期内，共有 283 个地级市全部采纳了社会稳定风险评估机制。本章沿用第三至五章的方法，采取事件历史方法来进行分析影响中国社会稳定风险评估机制的因素。

2. 变量设置、测量与数据来源

（1）变量设置

其一，因变量

本文研究影响中国地级市采纳社会稳定风险评估机制的因素。因此，因变量为"地级市对社会稳定风险评估机制的采纳"。笔者设置为二分变量。地级市每一个年度的数据作为一个观测值。依据前述网络抽样获得的数据，若一个地级市采纳了社会稳定风险评估机制则编码为"1"，反之则编码为"0"。

其二，自变量

自变量包括人口密度，刑事案件侦破率，社会安全指数，失业率，基尼指数，新闻报道，政策研究群体，经济发展水平，财政资源，市委书记年龄、学历和专业以及中央政府和邻近地区。其中：失业状况用失业率来衡量，贫富差距用基尼指数来衡量，新闻报道运用地级市内地方报纸对社会稳定风险评估机制报道的篇数来衡量，政策研究群体的影响采用地级市辖区内研究者发表的学术论文篇数来衡量。市委书记的专业用市委书记的最高学历所学专业来衡量。中央政府的影响以 2012 年 1 月中共中央办公厅、国务院办公厅联合下发《关于建立健全重大决策社会稳定风险评估机制的指导意见（试行）》为依据，该文件明确指出要建立社会稳定风险评估工作机制。2012 年以前所有年份编码为 0，2013 年及以后年份均编码为 1。对于 2012 年，将地级市采纳"稳评"机制的时间与"1 月"相比较，采纳时间在 1 月以前，编码为"0"，采纳时间在 1 月以后，编码为"1"。省级政府的影响以相关省级政府出台规范性文件或召开会议为依据，其编码方法见本书第三至五章。邻近地区的影响设置为虚拟变量，如果某市采纳"稳评"机制之前周边地区有地级市先于该市采纳，则编码为"1"，否则编码为"0"。

通过以下方式收集以上自变量的数据。一是查询历年来政府发布的各种统计年鉴、统计公报和研究机构等发布的研究报告收集人口密度、刑事案件侦破率、社会安全指数、地级市失业率、基尼指数、人均GDP、财政资源等数据。二是通过中国知网搜集媒体报道和学术论文数据。三是通过人民网、地方领导资料库等收集市委书记年龄、学历和专业的数据。四是通过网络抽样的方式，获取中央政府、省级政府、邻近地区的数据。表6-2对以上变量设置、测量与数据来源进行了总结。

表6-2　　变量设置、测量与数据来源

变量名	缩写	测量	方向
因变量			
是否采纳	adopt	指地级市是否采纳社会稳定风险评估机制，"1"为采纳，"0"为未采纳	
自变量			
人口密度*	popu	每平方公里所辖人口	+
刑事案件侦破率*	crim	刑事案件侦破率（逆）①	-
社会安全指数*	sati	市民对社会安全的满意程度	-
失业状况*	unem	失业率（逆）	-
贫富差距*	gini	基尼指数（逆）	-
新闻报道量	news	地级市辖区范围内地方报纸对社会稳定风险评估机制报道数量（篇）	+
政策研究群体	thes	地级市辖区内研究者发表的学术论文数量（篇）	+
经济发展水平*	gdp	人均GDP（元/人）	+
财政资源*	fin	地方财政人均一般预算收入的实际值，单位"元/人"	+

---

① "逆"表示该项指标实际资料越高，其对系统具有副作用，因而采用对"刑事案件侦破率"求倒数的方式获得"刑事案件侦破率（逆）"，并且本研究中其他"逆"指标与上述指标方式一样，通过调整使具有"逆"作用指标和其他指标一样表示。见中国城市竞争力研究会编《中国城市竞争力年鉴2008》，中国城市竞争力年鉴出版社2008年版，第420页。

第六章 中国社会稳定风险评估机制扩散实证研究

续表

变量名	缩写	测量	方向
市委书记年龄	age	分类变量，地级市市委书记年龄在40岁及以下，编码为"0"，41岁至45岁编码为"1"，46岁至50岁编码为"2"，51岁至55岁编码为"3"，56岁及以上编码为"4"	-
市委书记学历	dipl	地级市市委书记最高学历，设定本科及以下记为"0"，硕士研究生及以上学历记为"1"	+
中央政府	cen	二分变量，以2012年1月中共中央办公厅、国务院办公厅联合下发《关于建立健全重大决策社会稳定风险评估机制的指导意见（试行）》为依据。施加压力为1，否则为0	+
省级政府	pro	二分变量，以相关省级政府出台规范性文件或召开会议为依据。施加压力为1，否则为0	+
邻近地区	neig	二分变量，如果某市采纳"稳评"机制之前周边地区有地级市先于该市采纳，则编码为"1"，否则编码为"0"	+

注：带"*"为滞后变量，分析中采用滞后一年数据；影响方向中"+""-"分别表示自变量与因变量正向关和负相关。

资料来源：《中国城市统计年鉴》、《中国城市竞争力年鉴》、中国知网、人民网、地方领导资料库等。

由于人口密度、刑事案件侦破率、社会安全满意度、失业率、基尼指数、经济发展水平、财政资源对采纳的影响存在滞后性，在进行数据分析时这些自变量均滞后一年。对人口密度、人均GDP和财政资源三个变量进行取对数运算。

（三）结果

1. 描述性统计分析

本文数据使用的是非均衡面板数据，表6-3为主要变量的描述性统计结果。可以发现人口密度、财政资源、市委书记年龄、人均GDP差异较大，基尼指数和公众社会安全满意度差异相对较小。综合分析变量情况，各地级市在动机因素、资源/障碍因素和外部因素方面都存在差异，这为因变量提供了可解释空间。

表 6-3　　　　　　　　　　　描述统计结果

变量	观测	均值	标准差	最小值	最大值
政策采纳	2129	0.133	0.340	0	1
人口密度*	2123	8.041	1.111	3.296	14.307
刑事案件侦破率（逆）	2102	0.586	0.223	0.013	1
社会安全满意度	2103	0.376	0.132	0.009	1
失业率（逆）	2103	0.664	0.330	0.012	1
基尼指数（逆）	2102	0.873	0.127	0.079	1
新闻报道量	2128	0.034	0.214	0	3
学术论文量	2128	0.034	0.273	0	5
人均 GDP*	2116	9.963	0.715	7.782	12.241
财政资源*	2118	7.040	1.026	3.047	10.447
市委书记年龄	2121	2.794	0.807	0	4
市委书记学历	2113	0.741	0.438	0	1
中央政府	2129	0.131	0.338	0	1
省级政府	2129	0.207	0.405	0	1
邻近地区	2129	0.370	0.483	0	1

注："*"表示对该变量进行取对数处理。

2. 相关性分析与共线性检验

本文在进行分析前期对选取的变量进行了变量多重共线性检验和相关性检验，得出如下结果。

如表 6-4 所示，相关性分析发现，地级市对社会稳定风险评估的采纳除与人口密度和公众社会安全满意度的相关性不显著外，与其他自变量均显著相关。除了财政资源与人均 GDP、中央政府与省级政府、省级政府与邻近地区的相关系数大于 0.5 外，其他自变量之间的相关系数都低于 0.5。地级市对社会稳定风险评估的采纳与新闻报道、学术论文、人均 GDP、财政资源、市委书记学历、中央政府、省级政府、邻近地区正相关，而与刑事案件侦破率（逆）、基尼指数（逆）负相关，初步支持本文提出的基本假设。

如表 6-5 所示，通过对所选取的变量进行多重共线性检验，一般认为 Mean VIF 小于 10，则不存在共线性问题。在本次检验中，变量中财政

第六章　中国社会稳定风险评估机制扩散实证研究

表6-4 相关性分析结果

	政策采纳	人口密度	刑事案件侦破率	社会安全满意度	失业率	基尼指数	新闻报道量	学术论文量	人均GDP	财政资源	市委书记年龄	市委书记学历	中央政府	省级政府	邻近地区
政策采纳	1														
人口密度	0.02	1													
刑事案件侦破率(逆)	-0.146***	-0.253***	1												
社会安全满意度	0.01	-0.059***	0.249***	1											
失业率(逆)	0.129***	0.004	0.063***	0.125***	1										
基尼指数(逆)	-0.244***	-0.015	0.195***	0.219***	-0.090***	1									
新闻报道量	0.191***	0.035	-0.057***	0.033	0.037*	-0.037*	1								
学术论文量	0.093***	0.067***	0.01	0.134***	0.056**	-0.076***	0.061***	1							
人均GDP	0.232***	-0.002	0.060***	0.344***	0.027	-0.190***	0.111***	0.181***	1						
财政资源	0.226***	0.009	0.082***	0.383***	0.048**	-0.192***	0.103***	0.194***	0.910***	1					
市委书记年龄	0.048**	0.040*	0.014	0.050**	0.019	-0.051**	0.049**	0.056**	0.161***	0.158***	1				
市委书记学历	0.056***	0.033	-0.034	0.02	-0.043**	-0.083***	-0.002	0.023	0.039*	0.031	-0.258***	1			
中央政府	0.373***	0.019	-0.109***	-0.052***	0.170***	-0.572***	0.043**	0.140***	0.311***	0.337***	0.061***	0.064***	1		
省级政府	0.387***	0.005	-0.090***	-0.035	0.201***	-0.420***	0.114***	0.097***	0.328***	0.336***	0.108***	0.048***	0.619***	1	
邻近地区	0.339***	0.113***	-0.224***	0	0.195***	-0.338***	0.120***	0.132***	0.343***	0.317***	0.080***	0.049***	0.475***	0.578***	1

注：*、**、***分别表示该变量在10%、5%、1%水平上显著相关。

资源和人均 GDP 值较大，分别为 6.36、6.13。总体其他自变量的 VIF 值（方差膨胀因子）都小于 2.1，均值 Mean VIF 为 2.08，远小于 10，符合共线性检验结果，表明变量间不存在多重共线性问题。

表 6-5　　　　　　　　　　多重共线性检验结果

变量	VIF	1/VIF
财政资源	6.36	0.157318
人均 GDP	6.13	0.163248
中央政府	2.09	0.478506
省级政府	2.01	0.498742
邻近地级市	1.74	0.574828
基尼指数	1.64	0.60958
社会安全满意度	1.42	0.703375
刑事案件侦破率	1.23	0.814309
市委书记年龄	1.12	0.894381
失业率	1.11	0.902454
市委书记学历	1.1	0.912763
人口密度	1.09	0.917072
学术论文量	1.07	0.93855
新闻报道量	1.03	0.969337
Mean VIF	2.08	

3. 回归分析

本文采用 Stata12 进行分析。经过 Hausman 检验，发现采用固定效应模型不收敛，于是采取 logit 随机效应模型对面板数据进行分析，分析结果见表 6-6。模型 1—模型 3 是分别选取三类变量的一类变量进行分析，模型 4—模型 6 选取变量中的某两类变量进行分析，模型 7 是全因素模型。表 6-6 也报告了模型 1—模型 7 的 Wald 统计量及其显著性、观测数等。本研究中所提出的 7 个模型的 Wald 检验都在 0.01 水平上显著，因此模型通过检验。基于此，认为本文提出的 7 个模型都较好地拟合了数据。

表 6-6　　　　　　　　　　　logit 回归分析结果

政策采纳	模型 1	模型 2	模型 3	模型 4	模型 5	模型 6	模型 7
人口密度	0.158***			0.129**	0.154**		0.137**
刑事案件侦破率（逆）	-1.806***			-1.951***	-1.256***		-1.468***
社会安全满意度	2.146***			-0.219	1.554***		0.444
失业状况（逆）	1.09***			1.398***	0.303		0.540*
基尼指数（逆）	-3.322***			-1.967***	-0.431		-0.098
新闻报道量		1.232***		1.193***		1.221***	1.161***
学术论文量		0.154		0.136		0.057	0.049
人均 GDP		0.869		0.977		0.570**	0.696***
财政资源		0.022		0.003		-0.117	-0.111
市委书记年龄		0.066		-0.026		-0.0004	-0.040
市委书记学历		0.386**		0.327*		0.256	0.242
中央政府			0.887***		0.918***	0.800***	0.761***
省级政府			1.014***		0.941***	0.880***	0.837***
邻近地级市			1.244***		0.817***	0.922***	0.681***
_cons	-0.644	-11.181***	-3.128***	-10.942***	-3.741***	-7.958***	-9.723***
lnsig2u	-13.736	-22.782	-13.449	-12.703	-12.703	-12.132	-11.856
Wald chi2（）	113.44***	120.67***	292.32***	185.61***	251.45***	258.32***	258.99***
N	1820	1833	2129	1812	1820	1833	1812

注：***、**、*分别表示回归系数通过0.01、0.05、0.10水平上显著性检验。

在动机因素方面，在模型 1、模型 4、模型 5 和模型 7 中，人口密度与社会稳定风险评估机制的采纳都显著正相关，因此假设 H1 得到支持。同样在模型 1、模型 4、模型 5 和模型 7 中刑事案件侦破率（逆）与社会稳定风险评估机制的采纳均显著负相关，因此假设 H2 未得到支持。虽然公众社会安全满意度在模型 4 中，与地级市对"稳评"机制的采纳负相关，但不显著；在模型 1、模型 5 中，其虽与"稳评"机制的采纳关系显著,但呈现正相关关系,在模型7中,也呈现正相关关系,因此假设H3没有得到支持。

失业率(逆)虽然在模型1、模型4、模型7中与地级市对"稳评"机制的采纳关系显著,但是在模型1、模型4、模型5和模型7中,其与"稳评"机制的采纳均呈正相关关系,因此假设H4未得到支持。基尼指数(逆)在模型1、模型4、模型5和模型7中均与"稳评"机制的采纳负相关,但仅在模型1、模型4中关系显著,因此假设H5并没有得到支持。

在资源/障碍因素中,在模型2、模型4、模型6和模型7中,首先,新闻报道量与地级市对"稳评"机制的采纳均正相关,且都在0.01水平上显著,因此,假设H6得到支持。学术论文量在模型2、模型4、模型6和模型7中均与"稳评"机制的采纳正相关,但都不显著,因此假设H7没有得到支持。在模型2、模型4、模型6和模型7中,人均GDP与地级市对"稳评"机制的采纳均显著正相关,因此假设H8得到支持。财政资源在模型2和模型4中,与"稳评"机制的采纳呈正相关关系,但在模型6和模型7中,呈现负相关关系,而且在上述四个模型中与"稳评"机制的采纳关系均不显著,因此假设H9没有得到支持。其次,市委书记的年龄在模型4、模型6、模型7中与"稳评"机制的采纳均呈负相关关系,但在模型2中,呈现正相关关系,且在所有四个模型中与"稳评"机制的采纳关系均不显著,因此假设H10未得到支持。最后,市委书记的学历在模型2、模型4、模型6和模型7中与地级市对"稳评"机制的采纳均正相关,但仅在模型2和模型4中与"稳评"机制采纳的关系显著,因此假设H11也未得到支持。

在外部因素中,在模型3、模型5、模型6和模型7中,首先,中央政府与地级市对"稳评"机制的采纳均正相关,且都在0.01水平上显著,因此,假设H12得到支持。其次,在模型3、模型5、模型6和模型7中,省级政府亦与地级市对"稳评"机制的采纳均正相关,且都在0.01水平上显著,因此,假设H13得到支持。最后,邻近地级市与中央政府、省级政府变量一样,均在0.01水平上与"稳评"机制采纳显著正相关,因此,假设H14也得到证实。

(四)讨论

本文以动机因素、资源/障碍因素和外部因素作为自变量,探究其对

第六章　中国社会稳定风险评估机制扩散实证研究

中国社会稳定风险评估机制扩散中的影响。分析结果表明：人口密度、新闻报道量、人均GDP、中央政府、省级政府和邻近地级市均与社会稳定风险评估机制采纳呈现显著正相关关系；刑事案件侦破率（逆）与社会稳定风险评估机制的采纳呈现显著的负相关关系；学术论文量与"稳评"机制的采纳正相关，但是不显著。而失业率（逆）、市委书记学历、基尼指数、财政资源、市委书记的年龄、公众社会安全满意度与"稳评"机制采纳的关系不稳定（在方向上或者显著性上）。以下进行讨论。

1. 动机因素

关于地级市社会稳定风险评估机制的采纳动机因素，有两个假设得到支持，三个假设没有得到支持。人口密度、刑事案件侦破率驱动了地级市政府对社会稳定风险评估机制的采纳，而公众社会安全满意度、失业状况、贫富差距并未对地级市政府对社会稳定风险评估机制的采纳形成刺激。这至少说明了两种情况：一是就地级市政府而言，人口密度、刑事案件侦破率更为直接地驱动了地级市政府对社会稳定风险机制的采纳。二是地级市政府在采纳社会稳定风险机制时，并没有全面地考察当地的社会稳定形势，没有全面地回应公众需求，存在"非理性"现象。

对于第一种情况，其原因可能在于人口密度、刑事案件侦破率能够比较明确地表征社会稳定情况或更容易形成社会不稳定事件，而且相对于另外三个因素，地级市政府能够比较直观或相对容易地识别和体察，因此，这两个因素更为直接地驱动了地级市政府对社会稳定风险评估机制的采纳。

对于第二种情况，其原因可能是多方面的。除了地级市政府对这些因素不易识别、体察和确认以及公众未能充分参与地级市政府的社会政策制定中、未能进行充分的民意表达（第三章对此进行了详细论述）以及政策模仿、政策跟风（本书第八章进行了详细论述）之外，也许与地级市政府的"内部动机"有关。相对而言，公众的需求只是一种驱动力量，可以将其称为"外部动机"因素，这种"外部动机"因素要真正起作用，还需要经过政府的"内部动机"的过滤。然而，在"稳评"机制的采纳中，政府的"内部动机"常常出现异化。例如，"稳评"要求地方政府在做出涉及群众利益的重大项目之前必须充分估量社会不稳定后果。若一项项目引发不稳定因素，应该终止该项目。如果地方政府实行

"稳评"政策，尊重评估结果，那么拟决策事项和项目将会被取消。这意味着地方政府前期花费"九牛二虎之力"招徕的项目将要化为泡影。这不仅给地方政府带来损失，而且将阻滞地方经济发展。① 调查发现，"稳评"贻误地区发展、阻碍项目推进等认知观在一些政府部门中广泛存在。② 又如，"稳评"是一个很烦琐的工作，要通过各种信息公开方式，利用各种渠道充分了解群众诉求与各种利益主体充分沟通做综合判断，这需要耐心、需要时间。而很多项目上马时总是匆匆忙忙，领导总希望跃进快上，不愿意"瞎耽误工夫"。③ 从正确的政府"内部动机"而言，地级市政府应该着眼于地区"维稳"的整体形势和公众的全面需求，做出政策采纳的决策。然而，经过以上的政府"异化的内部动机"的过滤，地级市政府就只关注影响其自身切身利益的社会形势或者部分地、有选择地回应公众的需求。

2. 资源/障碍因素

第一是新闻报道。地级市辖区内地方报纸的新闻报道数量与"稳评"机制显著正相关，说明新闻媒体促进了"稳评"机制的扩散，这从实证上印证了一些学者关于媒体与政策创新扩散关系的观点。④ 新闻媒体不仅可以为政府提供政策创新的信息，还可以通过影响公众舆论，促进政府对政策创新的采纳。

第二是学术论文。学术论文与"稳评"机制的采纳正相关，但是不显著。这说明我国学术研究群体对我国"稳评"机制的扩散影响有限。其原因在于，其一，正如"社群不和谐理论"（Community Dissonance Theory）所揭示的那样，学术研究者关注知识的增长，其直接的目的不

---

① 田先红、罗兴佐：《官僚组织间关系与政策的象征性执行——以重大决策社会稳定风险评估制度为讨论中心》，《江苏行政学院学报》2016年第5期。
② 刘泽照、朱正威：《掣肘与矫正：中国社会稳定风险评估制度十年发展省思》，《政治学研究》2015年第4期。
③ 普沙岭：《江苏"稳评"经验应向全国推广》，《新华每日电讯》2012年9月14日第003版。
④ 郑丽兰：《大众媒体在公共政策扩散中的作用：以徐州〈都市晨报〉为例》，硕士学位论文，同济大学，2007年；王建：《大众媒体与公共政策创新的扩散》，《徐州师范大学学报》（哲学社会科学版）2009年第3期。

一定是政策的制定。① 其二，我国的学术研究者由于自身的能力和素质，还没有很好地扮演"政策企业家"的角色。其三，"基于证据的政策制定"在我国还未引起重视，学术研究者与政府之间缺乏交流沟通途径，学术研究者难以参与政府决策中，决策者的"循证"意识也比较缺乏。这些都会导致我国学术研究群体对我国"稳评"机制的扩散影响有限。

第三是经济发展水平。人均GDP与地级市采纳社会稳定风险评估机制显著正相关。这与本书第四章和其他一些学者的研究结果一致。一个地区的经济发展水平越高，其创新性越强，因此采纳新政策的可能性越大，这一观点再次得到证实。另外，由于已经有了较好的经济基础，会更注重社会建设，改善社会治理，因此也会比较倾向于采纳"稳评"机制。

第四是财政资源。财政资源与"稳评"机制采纳关系不显著，且方向上有的正向，有的负向，说明财政资源社会稳定风险评估机制采纳没有明显的影响。实践表明，实施"稳评"机制虽然需要一定的财政投入，但是其投入并不大，编制一份10亿元至50亿元的建设项目的"稳评"报告，其基准收费约为50万元。② 因此，财政资源对"稳评"机制的实施约束不大。

第五是市委书记的年龄。结果显示，市委书记的年龄与"稳评"机制的采纳关系不显著，且方向上有的正向，有的负向，说明政策主导者的年龄没有对"稳评"机制的采纳产生明显影响。这或许与"稳评"机制的属性有关，因为其本身并非那种典型的、打上鲜明时代特色的创新，因此，"稳评"机制的采纳受政策主导者的年龄影响不大。

第六是市委书记的学历。市委书记的学历与"稳评"机制采纳正相关，但在部分模型中不显著。其原因与"年龄"有相似之处，即从一般角度来看，学历越高，受教育程度越高，其认知能力和理解能力越强，因此越容易采纳创新，特别是对于一些复杂的、技术和知识含量都很高的政策创新，因具有认知和理解能力优势，他们较早采纳的可能性更大。但从"稳评"机制的属性来看，该创新并不是一个技术含量和知识含量

---

① Karen Bogenschneider and Thomas J., Corbett, *Evidence – Based Policymaking: Insights from Policy – Minded Researchers and Research – Minded Policymakers*, Routledge, 2011, pp. 99 – 128.

② 社会稳定风险评估报告收费标准，https://www.sohu.com/a/250144644_100227258。

都很高的、非常复杂的创新,因此,政策主导者的学历对"稳评"机制采纳的影响是有限的。

3. 外部因素

首先是中央政府的影响。中央政府的压力与地级市采纳社会稳定风险评估机制显著正相关。这与理论观察和现实观察都具有一致性。从理论上而言,中国的单一制国家形式以及中央地方关系都会导致中央政府对地方政府的政策采纳具有强大的影响力;从现实上看,自2007年以来,中央层面就进行号召、出台多种指示和文件、召开相关会议,显然也会对地级市的采纳产生促进作用。

其次是省级政府的影响。省级的压力与地级市采纳社会稳定风险评估机制显著正相关。其基本的机制与中央政府的影响相同,都是"强制"。不同之处可能在于,一是省级政府先于中央政府推动,充当"第一行动集团"的角色;二是中央政府先行推动,充当"中介"的角色,促进地级市的采纳。

最后是邻近地级市。邻近地级市与"稳评"机制的采纳显著正相关,说明地理上邻近的地级市先行采纳推动了"稳评"机制的扩散。这与本书第三章、第五章结果一致。其原因在于"学习、竞争和公众压力"[①],第三章、第五章已有论述,在此不再赘述。

四 结论与启示

(一) 结论

本文选择以社会稳定风险评估机制为案例,探究中国社会治理创新扩散的现状和影响因素。

首先对中国社会稳定风险评估机制的现状进行分析。自2006年在四川遂宁市首创该机制以来,截至2016年12月31日共有284个地级市采

[①] [美] 弗朗西斯·斯克图里斯·贝瑞、威廉·D. 贝瑞:《政策研究中的创新和传播模型》,载 [美] 保罗·A. 萨巴蒂尔《政策过程理论》,彭宗超、钟开斌等译,生活·读书·新知三联书店2004年版,第225—267页。

纳。在时间上该机制的扩散呈现出"S型"曲线特征,在空间大体呈现出一种由西向东、再向南,继而向北的轨迹。

其次对社会稳定风险评估机制扩散的影响因素进行分析。运用事件史分析方法和2006年至2016年的面板数据进行分析,结果表明人口密度、新闻报道、人均GDP、中央政府、省级政府和邻近地级市均与社会稳定风险评估机制采纳呈现显著正相关关系;刑事案件侦破率(逆)与社会稳定风险评估机制的采纳呈现显著的负相关关系;学术论文与"稳评"机制的采纳正相关,但是不显著。而失业率(逆)、市委书记学历、基尼指数、财政资源、市委书记的年龄、公众社会安全满意度与"稳评"机制采纳的关系不稳定(在方向上或者显著性上)。从中可以发现,中国"稳评"机制在地级市中的扩散主要基于学习和强制的机理,但也存在模仿机制的作用。新闻媒体对于"稳评"机制的扩散起到了促进作用,但地级市政府"异化的内部动机"也导致了"稳评"机制的非理性扩散。

(二)启示

以上研究结果对于进一步推动"稳评"机制的扩散或者促进类似社会治理创新的推广具有若干启示。

一是鉴于在中国社会治理创新扩散中存在明显的"邻近效应"——由于地理上的接近性、社会环境的相似性,与遥远的地区相比,地方政府更倾向于向邻近的地区学习,因此建议中国各级地方政府应广泛建立区域性的社会治理创新信息交流平台,建立常态化的区域沟通机制,强化区域性的学习。

二是鉴于中央政府和省级政府等上级政府对下级政府的社会治理创新的采纳具有强大的推动作用,建议建立明确的、常态的"吸纳—辐射"机制。一方面加强对地方社会治理创新的识别、跟踪和监测,对于其中具有全国推广价值的社会治理创新进行及时的总结、提炼和修正,形成全国性的制度性规范。另一方面,运用号召、命令等多种手段进行政策推广。

三是鉴于新闻媒体对于社会治理创新扩散的促进作用,建议采取一些激励措施,鼓励新闻媒体对社会治理创新进行广泛报道。同时,不仅重视传统媒体的作用,也注意发挥新媒体的作用,通过新旧媒体的结合,促进社会治理创新信息的传播和形成有益的公众舆论。

四是鉴于地方政府"异化的内部动机"会导致社会治理创新的非理性扩散，在推广社会治理创新的过程中，要采取有效措施矫正地方政府内部动机的"异化"。一方面，要建立健全科学的政绩评价方式和成果检验机制，使官员从片面的、短视的政绩观中解放出来，牢固树立"四个全面""五位一体"以及有利于长远发展的政绩观念。另一方面，要探索、完善相应的干部任用激励机制，注重选拔那些群众路线执行扎实、善用科学决策推动发展的优秀干部，在用人导向层面形成良好激励。

五是鉴于中国学术研究群体在社会治理创新扩散中发挥的作用不显著，建议尽早借鉴西方发达国家的做法，建立"基于证据的政策制定"机制。该机制由相互联系的三个部分（证据生产者、中介、证据使用者）构成。证据生产者（包括学术研究群体）生产证据，并运用一些手段和技能有意识地传播证据。证据使用者（主要是政策制定者）使用证据，也具备一些手段和技能有意识地获取、运用证据。中介一方面收集、整理证据；另一方面传播证据。另外，还注重在三个部分之间建立互动、交流机制。显然，这种做法将对中国社会治理创新的推广起到重要的作用。

本研究尚存在一些不足，如研究变量选择不全。本研究仅选择了14个变量对"稳评"机制的扩散进行研究，事实上除了这些变量外还存在其他的变量。而且，对公众需求的衡量还不够科学，如能查找到"群体性事件数""上访数"等数据，则更为合理。另外本研究仅用标准事件史方法进行分析，但目前国际上已经发展出了新的研究方法——二元事件史方法，本文没有运用该方法。未来研究可从以下几个方面进行深入：一是扩大变量的选择，如其他政策等；二是对公众需求进行更科学的衡量；三是引入二元事件史方法开展研究。

第七章　中国政府购买公共服务扩散实证研究

一　导言

政府购买公共服务是指政府通过发挥市场机制的作用,将原来由自己为社会发展和居民生活直接提供的一部分公共服务事项,通过"购买"服务的方式交由具备资质、条件的社会组织(包括从事社会公共服务的非营利性部门和社会服务组织等)提供,并根据社会组织提供服务的数量和质量,按照一定的标准进行评估以后支付服务费用的一种公共服务供给机制。推进政府购买公共服务,既是创新公共服务供给方式、提高公共服务供给质量和供给效率的重大举措,同时也是政府简政放权的重要组成部分。

在中国,上海率先尝试开展政府购买公共服务。1995年,浦东新区开始实施政府购买公共服务,2000年,上海市在改革社会管理体制时开始推行政府购买服务,卢湾等六个区的12个街道开始依托养老机构开展居家养老试点,[1] 由此拉开了中国政府向社会组织购买公共服务的序幕。此后,全国一些城市也纷纷进行了这方面的探索和实践,如南京、深圳、天津、北京等市政府先后培育并依托社会工作机构,通过购买服务、合同外包、项目委托等多种形式,提供政府公共服务和行使部分公共管理职能。2013年9月,国务院出台了《关于政府向社会力量购买服务的指导意见》,要求到2020年,在全国基本建立比较完善的政府向社会力量购买服务制度。党的十八届三中全会《决定》也指出,"推广政府购买

---

[1] 王浦劬、萨拉蒙等:《政府向社会组织购买公共服务研究——中国与全球经验分析》,北京大学出版社2010年版,第4页。

公共服务，凡属事务性管理服务，原则上都要引入竞争机制，通过合同、委托等方式向社会购买"。这标志着中国政府购买公共服务进入了一个新的阶段。以上充分表明，中国政府购买公共服务已出现典型的"创新扩散"现象。

鉴于此，本章探讨中国政府购买公共服务扩散的现状和影响因素，并提出促进其扩散的建议。

二 中国政府购买公共服务扩散的现状

（一）中国政府购买公共服务扩散的总体情况

本章亦选择从地级市层面来研究中国政府购买公共服务的扩散。为了掌握地级市对政府购买公共服务的采纳状况，我们采取"网络抽样"方法（见第三章）获取数据。统计结果显示，从地级市层面来看，江苏省无锡市最早实施政府购买公共服务，实施时间为2008年2月。而截至2016年12月31日，我国已有282个地级市采纳了政府购买公共服务，采纳率达96.25%。

（二）中国政府购买公共服务扩散的特征

1. 中国政府购买公共服务扩散的时间特征

从江苏省无锡市2008年2月采纳政府购买公共服务开始，截至2016年12月31日，政府购买公共服务创新扩散的时间是8年，因此以年为时间单位来考察其扩散特征。以时间t为横坐标，相对应的时间段总的采纳政府购买公共服务的地级行政单位累积数目为纵坐标，绘制出创新扩散的曲线。

从图7-1可以发现，中国地级市行政单位政府购买公共服务创新扩散曲线同样呈陡峭的"S型"，具有创新扩散的一般特征。根据该曲线，可以将我国政府购买公共服务扩散分为三个阶段：（1）第一阶段：2008年2月至2012年12月31日，采纳的数量相对很少，仅仅只有18个；（2）第二个阶段：2013年1月1日至2014年12月31日，采纳数量急剧上升，成为爆发式的阶段；（3）第三个阶段：2015年1月1日至2016年12月31日，采纳的势头有所减缓，扩散趋势变缓。

第七章 中国政府购买公共服务扩散实证研究

表7-1 地级市采纳政府购买公共服务的空间分布

年份	区域划分					
	华东地区	华南地区	华中地区	西北地区	华北地区	西南地区	东北地区
2008	江苏:1(无锡)						
2009						四川:1(成都)	
2010	浙江:1(杭州)						
2011		广东:2(珠海,中山)					
2012		广东:4(汕头等)		内蒙古:1(巴彦淖尔市)		四川:1(遂宁)	
2013	山东:1(滨州) 江苏:2(常州,泰州) 安徽:1(蚌埠市)	广东:1(清远)	河南:1(周口)				黑龙江:1(佳木斯)
2014	山东:11(济南等) 江苏:10(南京等) 安徽:14(芜湖等) 浙江:6(温州等) 江西:7(九江等) 福建:8(福州等)	广东:5(韶关等) 广西:7(南宁等)	湖北:7(武汉等) 湖南:2(长沙,邵阳)	河北:12(石家庄等) 山西:10 内蒙古:2(乌兰察布市,呼伦贝尔市)	宁夏:1(石嘴山) 青海:1(西宁) 陕西:3(铜川等) 甘肃:5(兰州等)	辽宁:4(沈阳,大连,鞍山,葫芦岛) 吉林:5(长春等)	
2015	山东:6(淄博等) 安徽:1(合肥) 浙江:4(宁波等) 江西:4(南昌等) 福建:1(南平)	广东:7(广州等) 广西:4(柳州等) 海南:2(海口,三沙)	湖北:5(黄石等) 湖南:9(株洲等) 河南:15(郑州等)	山西:1(大同) 内蒙古:6(包头等)	宁夏:1(银川) 新疆:2(乌鲁木齐,拉玛依) 陕西:5(西安等) 甘肃:2(天水,张掖)	四川:9(自贡等) 云南:1(玉溪); 贵州:5(六盘水等)	辽宁:10 吉林:3(辽源,白山,白城) 黑龙江:5(哈尔滨等)
2016	山东:2(聊城)	广东:2(梅州,潮州) 广西:3(防城港等)	湖南:2(湘潭,岳阳)		陕西:1(安康) 甘肃:5(平凉等)	贵州:6(昆明等)	黑龙江:4(鹤岗等)

(累积采纳个数)

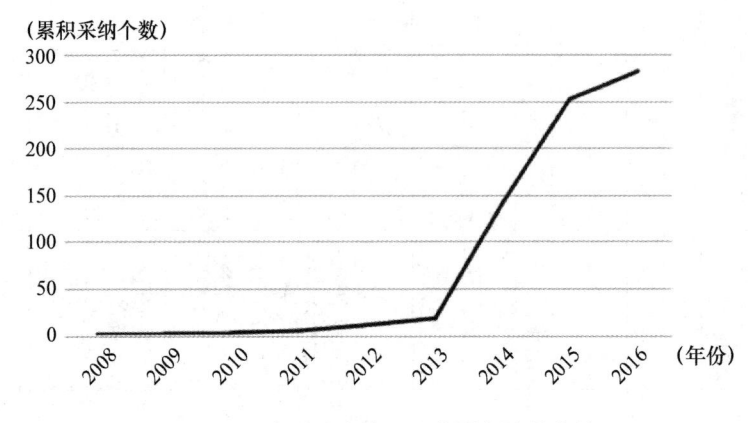

图7-1 我国政府购买公共服务扩散曲线

2. 中国政府购买公共服务创新扩散的空间特征

本章从中国地理上的七大区域来考察中国政府购买公共服务创新扩散的空间特征。① 从表7-1可以发现，中国地级市采纳政府购买公共服务主要集中在华东、华中、华南地区。其中华东地区采纳的最多，华北地区采纳的最少。因此，从空间上来看，中国政府购买公共服务的扩散呈现了一定的区域聚集效应。

三 中国政府购买公共服务扩散影响因素的事件史分析

（一）研究假设

根据第二章建立的我国政策创新扩散的基本分析框架，影响政策创新扩散的因素主要有动机因素、资源/障碍因素和外部因素等。动机因素是反映当地公共官员在时间 t 时采纳政策的动机，其包括该地方的公众需求、选举竞争性、财政压力以及其他的特殊的动机因素；资源/障碍因素主要指创新的障碍及克服障碍可用的资源，包括采纳创新政策的经济发展水平、行政地位、区域位置等。外部因素即政府采纳创新与否可能受到邻近

---

① 我国七大区域的划分见第四章。

地区的影响或者是上级政府的压力。综上所述，提出以下研究假设。

1. 动机因素

（1）公众需求假设

沃克尔（Walker）认为公共需求是政府创新的主要动力，因为政府官员为了赢得公众的社会支持和职业发展会对公共需求做出积极回应，根据对中国政府购买公共服务项目的了解，主要购买内容有：教育、就业、社保、养老、社区卫生、社区服务、住房保障、文化体育及残疾人服务等基本公共服务领域。常住人口的规模会产生对公共服务的需求，在这个过程中产生的公共服务需求是政府购买公共服务的主要动力。因此，我们提出以下假设：

H1：地级市的常住人口规模越大，其采纳政府购买公共服务这一政策的可能性越大。

（2）财政压力假设

一个创新政策的采纳需要大量的政府财政支持，因此拥有丰富的财政资源是政府采纳的先决条件。拥有相当可观的财政资源对该地方采纳新政策的意愿有积极的影响。强大的财政资源有充裕的资金预算进行基本需求以外的满足更多居民需求的政策采纳。但是需要注意的是，从各国的实践来看，政府购买公共服务往往是一种缓解财政压力的手段，政府购买公共服务能够凝聚社会力量，吸收有资质的社会力量来解决公共问题，因此能降低政府的财政成本，节约财政支出。政府购买公共服务创新本身并不需要投入较多的财政资源。因此，我们提出以下假设：

H2：财政资源越少，其更可能采纳政府购买公共服务这一政策。

2. 资源/障碍因素

（1）经济发展水平假设

经济状况往往是创新政策采纳与否的决定性因素，沃克尔（Walker）在研究中表明，经济发展水平高的州更可能采纳那些甚至不需要大量预算的政策,因为经济发展水平高的地区具有更强的容忍性和强大的弹性,可以消化资金的运转。[①] 本章的目的在于研究政府购买公共服务这一创新性政策,不可否认的是,经济发展刺激政府服务需求的增加,一个地方居民的高收入促使他们要求在低收入者看来有些奢侈的政府服务,从而推动政府通过购买公共服务来满足居民日益增长的公共服务需求。因此,我们提出以下假设:

> H3:经济发展水平越高,其更可能采纳政府购买公共服务这一政策。

(2) 社会力量假设

政府购买公共服务是指通过发挥市场机制作用,把政府直接提供的一部分公共服务事项以及政府履职所需的服务事项,按照一定的方式和程序,交由具备条件的社会力量承担,并由政府根据合同约定向其支付费用。因此社会力量的发育程度和承接能力是实行政府购买公共服务的一个重要条件。因此,我们提出以下假设:

> H4:第三产业占 GDP 的比重越高,其采纳政府购买公共服务的可能性越大。

(3) 行政级别假设

行政级别可能会影响地方政府采纳一项新的政策,是地方政府创新的一个重要的政治因素。不同层级的地方政府代表不同的政治和行政地位,在我国这种单一制国家政府层级中,行政地位越高的地方政府往往在自主创新方面拥有更多的自主权,行政地位越高拥有的资源越多,也越容易创新。因此,提出以下假设:

> H5:地级市行政级别越高,越可能采纳政府购买公共服务这一

---

① Walker J. L., "The Diffusion of Innovation among the American States", *The American Political Science Review*, Vol. 63, No. 3, 1969, pp. 880 – 899.

政策。

（4）区域位置假设

区域位置因素可能影响地方政府公共政策创新的扩散。已有研究表明，我国地方政府创新奖获奖数目情况是东部地区获奖最多，其次是西部地区，获奖数量最少的是中部地区。[1] 本文上述的研究也表明政府购买公共服务政策东部地区采纳比例高于中部和西部地区。由此可推测我国东部地区采纳政府购买公共服务的可能性大于中部和西部地区。因此，提出如下假设：

H6：东部地区比中、西部地区更可能采纳政府购买公共服务这一政策。

3. 外部因素

（1）上级压力假设

根据"垂直影响模型"得出：上级政府的鼓励措施会增加下级政府采纳创新政策的概率。[2] 中国是典型的中央集权国家，上级政府对下级政府的财政鼓励以及政策支持会增加下级政府采纳该政策的概率。所以，提出以下假设：

H7：上级出台的指导政策和要求，会增加各个地级市采纳政府购买公共服务这一创新政策的可能性。

（2）邻近效应假设

区域传播模型指出，各州主要受地理上相邻州的影响，其中区域传播模型具体分为：邻州模型和固定地区模型。[3] 根据"邻州模型"得出：

---

[1] Zhao Q., "The Regional Disparities in Chinese Provincial Government Innovation", *Innovation: Management, Policy and Practice*, No.4, 2012, pp. 595–604.

[2] [美]保罗·萨巴蒂尔：《政策过程理论》，彭宗超、钟开斌等译，生活·读书·新知三联书店2004年版，第239—240页。

[3] 同上书，第235—237页。

相比距离远的地区，各个地级市更倾向于向邻近的地级市学习，因为它们更加容易与邻近的地级市相比较，它们可能存在类似的经济、社会问题，而且地理环境相似，容易产生相同的政策效果。同时，如果相邻的地级市都采纳某一创新政策，该地级市会有较大的压力。此外，根据"固定地区模型"得出：一个地级市采纳项目的概率直接与该地区中已经采纳该项目的地级市的数量有关。因此，提出以下假设：

H8：邻近地级市对政府购买公共服务这一创新政策的采纳，会增加该地级市采纳政府购买公共服务的可能性。

（二）数据与方法

1. 样本与数据来源

本研究从中国地级市层面来探讨中国政府购买公共服务的创新扩散问题。中国大陆共有284个地级市，因此一共有284个观测个体。所有观测个体都在不同时期，先后采纳政府购买公共服务这一创新政策。其中最早采纳政府购买公共服务政策的是无锡市，时间是2008年2月1日，由于2016年数据目前不易获得，因此我们将观测期确定为2008年至2015年，2016年采纳政府购买公共服务的地级市不纳入观察。在此期间，采纳政府购买公共服务的地级市有252个，未采纳政府购买公共服务的地级市有32个。

考虑样本部分自变量滞后一年的问题（即有些自变量是前一年发生影响），故本次研究将收集284个观测个体的2007年至2015年的相关数据（其中，滞后变量的数据为2007年至2015年，非滞后变量的数据为2008年至2015年）。本研究因变量信息主要通过互联网上各地级市开展政府购买公共服务的文件、网络媒体的报道等获得。自变量信息主要来源于中国经济社会统计数据库、国家统计局网站、各省份国民经济与社会发展统计公报等。另外，通过网络抽样的方法，获得有关上级压力、邻近效应等数据。

2. 模型设定

对于政策创新扩散的研究，基本方法是定性分析和定量分析，国外研究的主要方法是定量分析，定量分析中最有影响力占据主流位置的是

第七章 中国政府购买公共服务扩散实证研究

事件史分析。穆利曾经指出，当前研究政策创新扩散的标准方法是将政策采纳作为混合时间序列、离散的、非重复"事件"，运用事件史方法加以分析。[①] 为了确定一个问题是否需要使用事件史分析，其最简单的判断是"是否和何时检验"。当我们研究的兴趣是事件是否发生或何时发生时，或许需要使用事件史分析方法。事件史分析专门研究"事件发生的方式及其相关因素"。[②] 事件史分析方法，是运用离散状态、连续时间的随机模型，来分析纵贯性数据的统计分析方法的集合。事件史分析的优点在于，它利用"删失"把尚未发生的某个事件的案例纳入分析的过程中，同时也可以包含一些随着时间变化的解释变量。不得否认"事件史分析"存在缺陷：在事件史分析的基础上进行的政策创新的现有的最大弱点在于，他们随着时间而进行的观察独立性的假定。采纳一项新政策的压力以及由此产生的采纳政策的可能性，能随着时间的推移而逐步提高；相似地，当一年内为保障一项政府采纳的集中努力遭遇失败时，政策采纳的可能性在来年中可能会遭到削弱。本研究涉及"政府购买公共服务"这一政策创新是否被地级市政府采纳以及影响当地政府采纳这一政策创新的相关因素，从 2007 年至 2015 年中国地级市行政单位政府购买公共服务存在未采纳，即政府购买公共服务创新扩散存在有删失的情况，故本研究可以采用"事件史分析"。

本章研究中国政府购买公共服务的创新扩散，研究的基本问题是：在特定的时期，是什么因素决定了地级市级别的行政单位采纳政府购买公共服务这一创新政策的概率。综上所述，我们采取事件史分析。COX 模型、参数模型和离散时间模型都是事件史分析的模型，考虑到研究问题的时间单位是年，所以选择离散时间模型进行分析。离散时间模型的基本定式为：

$$ln[h(j,X)] = r(j) + \beta X + u$$

其中，协变量 X 是解释变量的集合，包括本文分析的影响地级市行政单位政府购买公共服务的各项因素，$h(j,X)$ 表示在协变量的影响下，特定的地级市行政单位采纳政府购买公共服务的风险率，β 是待估

[①] Christopher Z., Mooney, "Modeling Regional Effects on State Policy Diffusion", *Political Research Quarterly*, Vol. 54, No. 1, 2001, pp. 103 – 124.

[②] 杜本峰：《事件史分析及其应用》，经济科学出版社 2008 年版，第 2 页。

计的各个协变量的回归系数，$r(j)$是随时间变化的基准风险函数，u为误差项。

表7-2　　　　　　　　　　　变量的设置概况

变量名称	英文缩写	变量定义
因变量		
政策采纳	Adopt	虚拟变量，采纳政府购买公共服务的地级市是1，未采纳是0
自变量		
经济发展水平*	GDP	人均GDP（元/人）
财政资源*	Lnfinance	人均一般财政预算（元/人）
人口规模*	Popu	地级市常住人口规模（万人）
社会力量	Industry_3rd	地级市第三产业增加值占GDP的比重（%）
邻近地区	Neigh	邻近地级市早于地级市采纳政府购买公共服务的个数（个）
行政级别	Level	地级市是否是副省级城市，1是副省级城市，0是一般地级市
上级压力	Pres	上级政府是否采纳政府购买公共服务，1是已采纳，0是未采纳
区域位置	Reg	地级市所处的地区，1是东部，2是中部，3是西部

注：*表示变量取对数。

3. 变量设置

（1）因变量

本研究的因变量为地级市采纳政府购买公共服务创新，我们设置为虚拟变量，只有两个情况：采纳和未采纳。若地级市采纳了政府购买公共服务创新，则该变量取值为1，若未采纳，则取值为0。

（2）自变量

①公众需求：衡量公众需求的标准有很多，如人口规模（常住人口数）、人口老龄化、失业率、残疾人数量等，本研究以该地级市常住人口数通过查阅当年该地级市国民经济与社会发展统计公报以及搜索中国经济社会统计数据库获得。

②财政资源：财政从现实角度来讲，是指政府的一个经济部门即财政部门，它是政府的一个综合性部门，通过其收支活动筹集和供给经费和资金，保证实现政府的职能。本研究通过人均地方财政的一般预算收入来衡量财政资源。该数据通过该地级市地方政府的网站以及中国统计

年鉴等进行收集。其中分析样本所在年份的该变量值为分析年份的前一年的人均地方财政的一般预算收入的对数值。

③经济发展水平：其中一个变量采用人均 GDP 来测量，地级市的人均 GDP 水平主要通过该地级市的 GDP 总额与年末常住人口数的比值来衡量。各地级市各年度 GDP 总额和年末常住人口数通过中国统计年鉴获得。其中分析样本所在年份的该变量值为分析年份的前一年的人均 GDP 的对数值。另外一个变量采用第三产业增加值占 GDP 的比重测量，分析样本所在年份的该变量值为分析年份的前一年第三产业增加值占 GDP 比重的对数值。

④社会力量：我们用第三产业占 GDP 的比重来衡量社会力量。第三产业包含了服务业，服务业发展水平高的地区更能为政府购买公共服务提供企业和组织支持。

⑤行政级别：行政级别采用虚拟变量的方式来考察。在我们考察的 284 个城市中，存在副省级城市和一般地级市的区分。若该地级市所在该省属于副省级城市，记为 1，若不属于则记为 0。

⑥区域位置：区域位置则通过该地级市所在的地区决定。即东部、中部和西部。若地级市处于东部，则记为 1，中部记为 2，西部记为 3。

⑦上级压力：该变量我们考察省级政府的影响，采用虚拟变量的方式来考察，若某地级市采纳政府购买公共服务之前，省级政府进行政策鼓励或出台指导意见，则表示该地级市受到上级压力。省级政府在辖区内地级市采纳政府购买公共服务之前进行政策鼓励或出台指导意见，记为 1，反之或没有进行政策鼓励或出台指导意见则记为 0。省级政府进行激励或出台指导意见的情况，通过网络抽样的方法进行收集。

⑧邻近地区：若该地级市在采纳政府购买公共服务之前周边地级市有采纳该创新政策，统计该地级市采纳前地域接壤的地级市采纳数目。

以上 8 个自变量均为时变变量，将该具有时变变量的离散时间数据集构成人年数据集，运用时变变量的离散时间风险模型进行分析，模型表示为：

$$Logith(yij) = ln\frac{yi_j}{1-y_{ij}} = r(j) + \beta 1 lnGDP_{ij-1} + \beta 2 lnFin_{ij-1} + \beta 3 lnPopu_{ij-1}$$

$$+ \beta_4 Near_{ij} + \beta_5 Pre_{ij} + \beta_6 Reg_{ij} + \beta_7 Level_{ij} + \beta_8 Pres_{ij-1} + u_{ij}$$

其中 $h(\cdot)$ 是一个观测个体在时间 j 经历的目标时间的概率，$r(j)$ 是随着时间变化的基准风险函数，$\beta_1 \sim \beta_8$ 是每个解释函数对应的回归系数，u_{ij} 为随机干扰项。考虑到各地级市要应对采纳政府购买公共服务的各种障碍主要是基于前一年的经济社会状况，故模型中涉及的自变量主要有：前一年各地级市的人均 GDP（GDP_{ij-1}）、前一年各地级市的人均地方财政一般预算收入（Fin_{ij-1}）、前一年各地级市的常住人口数（$Popu_{ij-1}$）、临近地级市采纳数量（$Near_{ij}$）、各地级市的区域位置（Reg_{ij}）、地级市行政单位行政级别（$Level_{ij}$）、上级压力（$Pres_{ij}$），其中，人均 GDP、人均地方财政一般预算收入及地级市常住人口数取对数。

（三）结果与讨论

1. 结果

（1）描述性统计分析

如表 7-3 所示，使用的是非均衡的面板数据，直观地反映了各地级市解释变量之间的关系，为中国政府购买公共服务创新扩散的影响因素提供了数据支撑。

表 7-3　　　　　　　　　变量的描述统计

Variable	Obs	Mean	Std. Dev.	Min	Max
政策采纳	2375	0.112	0.320	0	1
人均 GDP*	2366	10.274	0.663	7.602	12.456
财政资源*	2317	7.508	0.897	4.572	10.343
常住人口*	2343	5.813	0.663	2.898	7.777
第三产业比重	2066	35.697	13.552	8.56	75.7
邻近地区	2091	0.235	0.435	0	4
行政级别	2091	0.108	0.3099	0	1
上级压力	2090	0.039	0.194	0	1
区域位置	2091	1.979	0.801	1	3

注：在人均 GDP、财政资源、常住人口后面有一个 *，表示变量取对数。

（2）相关分析

表 7-4 报告了各个变量之间的相关性分析结果。初步分析显示，除

表7-4 变量的相关性分析

	政策采纳	人均GDP	财政资源	常住人口	第三产业比重	邻近地区	行政级别	上级压力	区域位置
政策采纳	1								
人均GDP	0.2332***	1							
财政资源	0.2389***	0.8882***	1						
常住人口	0.0288	-0.0651***	-0.1049***	1					
第三产业比重	0.0700***	0.0067	0.1846***	0.1574***	1				
邻近地区	0.7255***	0.2006***	0.2239***	0.0766***	0.0370*	1			
行政级别	0.0056	0.3106***	0.3482***	0.2492***	0.3620***	-0.0766***	1		
上级压力	0.7665***	0.2181***	0.2354***	-0.0016	0.0861***	0.6678***	-0.0076	1	
区域位置	-0.0341*	-0.3329***	-0.2885***	-0.2934	-0.1312***	-0.0318	-0.0151	-0.0100	1

注：*、**、***分别表示该变量在0.01、0.05、0.1水平上显著相关。

了区域位置，政府购买公共服务采纳的其他自变量均存在正相关关系，表明了本文的绝大部分假设获得了初步支持。

(3) 多重共线性检验

通过检验方差膨胀因子（VIF）判断多重共线性，这样可以确定自变量是否保持独立性。表7-5结果显示Mean VIF是2.44，远远低于警戒线10，因此可以确定变量之间没有严重的多重共线性问题。

表7-5　　　　　　　　　　多重共线性检验

Variable	VIF	1/VIF
财政资源	5.03	0.199
人均GDP	4.93	0.203
邻近地区	1.90	0.527
上级压力	1.84	0.544
行政级别	1.62	0.616
常住人口	1.43	0.702
区域位置	1.41	0.710
第三产业比重	1.37	0.731
Mean VIF	2.44	

(4) 回归分析。本文运用Stata12进行分析，经过hausman检验和模型效果比较，使用固定效应模型数据不收敛，故使用随机效应模型的面板数据估计方法对模型进行估计，表7-6给出了分析结果。

结果显示：常住人口、区域位置、上级政府压力、邻近地级市采纳数的回归系数为正，且P值均小于0.1，表明它们与政府购买公共服务创新扩散显著正相关，原假设H1、H6、H7、H8得到支持。财政资源的P值均小于0.1，但回归系数为正，说明财政资源与政府购买公共服务创新扩散显著正相关，原假设H2没有得到支持。行政级别的P值均小于0.1，但回归系数为负，说明行政级别与政府购买公共服务创新扩散显著负相关，原假设H5没有得到支持。人均GDP和第三产业比重的回归系数均为正，但是二者的P值都大于0.1，说明人均GDP、第三产业比重都与政府购买公共服务创新扩散的关系不显著。原假设H3、H4都未得到支持。

表 7–6　　　　　　　　　Logit 回归分析结果

政策采纳	Coef.	Std. Err.	z	P>|z|	[95% Conf. Interval]
常住人口	0.400**	0.159	2.52	0.012	0.089　0.711
财政资源	0.993***	0.249	3.99	0.000	0.505　1.481
人均 GDP	0.336	0.301	1.12	0.265	-0.255　0.927
第三产业比重	0.006	0.005	1.10	0.271	-0.005　0.017
行政级别	-0.714**	0.332	-2.15	0.031	-1.364　-0.064
区域位置	0.308**	0.1249	2.48	0.013	0.065　0.551
上级压力	3.323***	0.355	9.35	0.000	2.627　4.019
邻近地区	2.017***	0.173	11.65	0.000	1.678　2.357
_cons	-17.423***	2.508	-6.95	0.000	-22.339　-12.508

注：** 表示 0.05 水平上显著，*** 表示 0.01 水平上显著。

2. 讨论

本书采用中国地级市行政单位面板数据对中国地级市政府购买公共服务创新扩散的影响因素进行研究。结果表明，常住人口、区域位置、上级政府压力、邻近地级市采纳数、财政资源与政府购买公共服务创新扩散显著正相关，行政级别与政府购买公共服务创新扩散显著负相关，人均 GDP、第三产业比重都与政府购买公共服务创新扩散的关系不显著。

（1）常住人口与政府购买公共服务创新扩散显著正相关。说明公众影响了政府购买公共服务的采纳，公共需求成为地方政府采纳政府购买公共服务的动机。政府在提供购买公共服务时，会考量本省或本市常住人口的规模。由于公众生活水平的提高，社会人口的增多，大众需要政府提供更多的公共服务，同时政府为了向"以人为本"的服务型政府转型，会加大政府购买公共服务的力度。因此，常住人口规模大的城市会优先采纳政府购买公共服务。

（2）财政资源与政府购买公共服务创新扩散显著正相关。这与预期相反，或许在中国，政府采纳政府购买公共服务创新与西方国家存在不同之处，地方政府采纳这一创新并非基于财政压力的考量，而是基于财政资源越多，创新能力、创新性越强的逻辑。或者说，地方政府不是把政府购买公共服务创新看作缓解财政压力的手段，更多的是将其视为一项提高公共服务供给效率、质量的政府管理创新。①

（3）人均 GDP 与政府购买公共服务创新扩散的关系不显著。这也与预期相反。"肯辛斜坡"理论指出，在特定的环境或者阶段下，边缘地区与群体反而比中心群体更具有较强的意愿去接受新的技术和观念。由此可见，创新性与社会经济发展水平呈非线性关系，至少在创新的初始阶段，中低层群体比上层群体具有更强的创新和冒险精神。② 所以，这一结果也许证实了这一理论。

（4）第三产业比重都与政府购买公共服务创新扩散的关系不显著，这与我们的预期相反。地方政府采纳政府购买公共服务不考虑当地的社会力量发育程度或承受能力。这说明在我国政府购买公共服务的扩散中，也许存在着"政策跟风"的现象，或是为了显示政绩，或是为了表明自己也是创新者，一些地方政府不考虑当地实际，盲目跟随。本研究从定量角度证实了这一现象的存在。③

（5）行政级别与政府购买公共服务的扩散显著负相关。其可能的原因在于：一方面由于信息化时代的来临，信息世界扁平化的发展，行政级别对信息的传播限制越来越小。另一方面，由于下级政府更接近群众，更容易受到公众的直接推动，因此可能更有动力采纳政府购买公共服务创新。

（6）区域位置与政府购买公共服务创新扩散显著正相关。越是东部的城市越倾向于采纳政府购买公共服务。中国东部、中部、西部发展的不平衡，也导致政府创新性的不平衡。相比较而言，东部的城市创新性更强，所以它们会更主动地采纳政府购买公共服务创新。

（7）上级压力与政府购买公共服务创新扩散显著正相关。中国是单一制国家，上级政府与下级政府的关系是行政隶属关系，下级政府需要服从上级政府的领导，这种关系使得上级政府对下级政府政策创新的采纳具有现实而又强大的影响。相关省份逐步出台相关政策，推动了政府

---

① 项显生：《我国政府购买公共服务边界问题研究》，《中国行政管理》2015 年第 6 期。
② ［美］埃弗雷特·M. 罗杰斯：《创新的扩散》，辛欣等译，中央编译出版社 2002 年版，第 253—255 页。
③ 刘伟：《学习借鉴与跟风模仿——基于政策扩散理论的地方政府行为辨析》，《国家行政学院学报》2014 年第 1 期。

购买公共服务的发展。

（8）邻近地级市采纳数与政府购买公共服务创新扩散显著正相关。相较于遥远的地区，各地级市更倾向于向邻近地区学习。这一结果表明，地区创新政策的采纳会受到临近地区政府的影响，临近地区政府采纳该政策的数量越多，该地级市采纳的概率就越大，可见，各地级市处于"学习、竞争、压力"的影响，相比较其他地区，更趋向于向临近的地级市学习。这一研究结果与马亮对政府创新扩散视角下的电子政务发展研究以及杨代福等对我国城市社区网格化管理创新扩散的事件史分析中所涉及的临近效应所得到的统计结果相同，说明在中国的各类政策创新扩散中，临近效应的影响显著。[①] 地级市政府会根据地理临近原则来确定竞争对手或学习榜样。

综上所述，我国政府购买公共服务的创新扩散具有以下特点：公众需求成为地方政府采纳政府购买公共服务的动机，上级政府促进了政府购买公共服务的扩散，政府购买公共服务扩散"梯度效应"、"肯辛斜坡效应"和"邻近效应"。行政级别对政策创新的传播限制较小，地方政府不是把政府购买公共服务创新看作缓解财政压力的手段，更多的是将其视为一项提高公共服务供给效率、质量的政府管理创新。但是，在我国政府购买公共服务的扩散中，也存在着"政策跟风"等非理性现象。

四 结论与启示

（一）结论

本章研究中国政府购买公共服务创新扩散——基于地级市时间史的分析。分别从中国政府购买公共服务创新扩散的现状和特征，以及通过定量方法（事件史分析）实证政府购买公共服务创新扩散假设的影响

[①] 马亮：《政府创新扩散视角下的电子政务发展——基于中国省级政府的实证研究》，《图书情报工作》2012年第7期；杨代福、董利红：《我国城市社区网格化管理创新扩散的事件史分析》，《重庆行政（公共论坛）》2014年第4期。

因素。

从中国政府购买公共服务扩散的过程来看，截至 2015 年 12 月 31 日，我国已经有 31 个省份采纳政府购买公共服务创新，252 个地级市也采纳了政府购买公共服务。中国政府购买公共服务创新扩散曲线时间上呈现陡峭的"S型"，具有创新扩散的一般特征，也呈现出一定的时间聚集效应。在扩散的模式上，政府购买公共服务扩散呈现出一定的复杂性，包含了临近效应的同级行政单位之间的扩散、地方探索被中央借鉴和统筹协调自下而上的扩散以及上级压力主导下自上而下的扩散。

最后对政府购买公共服务的影响因素进行了实证分析。结果表明：常住人口、区域位置、上级政府压力、邻近地级市采纳数、财政资源与政府购买公共服务创新扩散显著正相关，行政级别与政府购买公共服务创新扩散显著负相关，人均 GDP、第三产业比重都与政府购买公共服务创新扩散的关系不显著。说明中国政府购买公共服务的创新扩散具有以下特点：公众需求成为地方政府采纳政府购买公共服务的动机，上级政府促进了政府购买公共服务的扩散，政府购买公共服务扩散"梯度效应"、"肯辛斜坡效应"和"邻近效应"。行政级别对政策创新的传播限制较小，地方政府不是把政府购买公共服务创新看作缓解财政压力的手段，而更多地将其视为一项提高公共服务供给效率、质量的政府管理创新。但是，在中国政府购买公共服务的扩散中，也存在着"政策跟风"等非理性现象。

（二）启示

1. 优化上级压力的主导作用，鼓励下级自主创新。根据众多学者对中国政策创新扩散的研究，上级压力在各个政策创新扩散中都是非常重要的影响因素。优化上级政府压力可通过转变政府职能和政府管理方式完成，通过下放政策创新的自主权给地方政府，减低上级政府对地方政府的政策创新管控力度，从而达到鼓励地方政府进行自主政策创新选择。地方政府政策创新自主性增强有利于政策创新的传播和推广，自主性增强后能有更多的政策选择机会。与时俱进的、社会发展有利的政策创新项目能够更好地在全国范围内扩散。这对于进一步推动服务型政府改革具有重大意义，是进一步提供更多更好的服务、惠及人民群众的重大举措。我国自 2000 年起，每两年都会举办"中国地方政府创新奖"评选活动，评选中会有很多地方政府在制度创新、机构改革以及公共服务中的先进事迹，但是被全国推广，广泛采用的却很少。上级政府要进一步总结并弘扬地方创新与改革的先进经验，推动创新政策的扩散，推动中国社会治理水平的提高。

2. 搭建地方政府间的交流平台，实现政策创新信息及时有效传播。基于邻近地区对地方政府采纳创新政策的显著影响，地方政府之间可以建立信息共享平台，实现政策信息及时交流和传播，还有官员交互参观访问，实地深入了解相关政策效果。通过建立创新信息共享网站、微博、微信公众号等来实现。一方面创新信息共享平台给地方政府官员提供了了解新政策的机会，可促进某个地方政府典型的政策创新在全国范围内扩散，同时某个政策创新扩散的失败也可以总结失败的经验和教训，对以后新的政策创新扩散提供了借鉴和参考。另一方面，公众可以通过创新信息共享平台了解政策创新的动态信息，可以就自身的公共政策需求以及不足进行表达，也可促进优秀公共政策的扩散。因此，搭建地方政府间的政策创新扩散交流和沟通平台很有必要，有利于地方政府及时反馈实现政策信息中的问题和经验，促进地方政府间的合作和交流。

3. 进行"梯度推进"和防患"马太效应"。鉴于在中国政策创新扩散中存在着从东部地区、中部地区向西部地区的"梯度转移效应"，在政策推广时，可以先鼓励东部地区的城市首先采纳，然后向中部地区和西部地区"梯度推进"。但是也要注意东部地区、中部地区越来越具有创新性，而西部地区相对越来越落后，政府创新性差距越来越大，存在形成"马太效应"的可能。因此，应注重各地区的发展平衡，加强西部地区的经济、社会发展。

4. 制止和杜绝"政策跟风"。一方面，在理念上，领导干部要进一步加强党性修养，增强党性观念，勇于向"功利主义"开刀。不能搞一些轰轰烈烈的"大动作"，出一些华而不实的"花点子"，喊一些不切实际的"空口号"。各级领导干部必须脚踏实地、求真务实，要从实际出发。[1] 另一方面，在方法上，一是关注真问题与真需求。无论"他山之石"具有怎样的吸引力，在其被引入之前必须对本地的实际情况进行分

---

[1] 杜文凯：《"跟风"也是形式主义》，《海东时报》2018年5月3日第A02版。

析。二是需要对这些外部经验进行分析处理与过滤，关注外部经验与本地区的"可比性"，选择那些相似的案例进行借鉴。实现外部经验与本地现实的良好对接。①

本研究尚存在一些不足之处：虽然本书从地级市角度对我国政府购买公共服务创新扩散进行了研究，对影响公共政策创新扩散的影响因素进行了分析，表明了中国地级市层面公共政策创新扩散的特点。但是未对基于省级层面的影响因素进行分析，不能回答影响省级和地级市公共政策创新扩散影响因素的异同，以及两者特点的差别。另外变量不全面。虽然探讨了我国政府购买公共服务创新扩散的 8 个影响因素，但对于地方领导人变更、年龄及任职经历、政策企业家、媒体宣传等因素还未探讨。未来可在以下两方面努力：一是探索省级层面影响政策创新扩散的因素，总结省级层面政策创新扩散的特点。并将其与地级市层面进行比较研究。二是考察其他的因素，如地方领导人变更、年龄及任职经历、政策企业家、媒体宣传等，以更全面地研究政府购买公共服务扩散的影响因素。

---

① 刘伟：《学习借鉴与跟风模仿——基于政策扩散理论的地方政府行为辨析》，《国家行政学院学报》2014 年第 1 期。

第三部分

比较研究

第八章 中国社会治理创新扩散的 Meta 分析

要把握中国社会治理创新扩散的规律，光进行本国的研究是不够的，还需要开展与他国的比较研究。只有通过比较，才能充分把握社会治理创新扩散的特殊性和普遍性，以此才能更好地认识中国社会治理创新扩散的规律。因此，本书的第三部分（第八章至第十章）将开展社会治理创新扩散的比较研究，选择的比较对象是美国。因为一则美国的社会治理创新扩散研究已经比较成熟，成果相对较多；二则美国的政治、经济、社会、文化均与我国有一定的差异，与美国的比较更有利于把握我国社会治理创新扩散的特殊性。开展比较研究的思路是：首先，得出中美两国各自社会治理创新扩散的综合认识；其次，从多个角度加以比较两国的异同。

本章将开展对中国社会治理创新扩散的归纳分析。虽然第三章至第七章已开展了五个中国社会治理创新扩散的案例研究，得出了一些有意义的结论，但是这些单个案例研究结论多元，无法把握中国社会治理创新扩散的概貌。另外，在本项目开展过程中，国内学者也陆续进行了一些中国社会治理创新扩散的个案研究。为了更好地把握中国社会治理创新扩散的总体状况，本研究也将国内其他学者开展的个案研究纳入分析之中。因此，本文试图对已有的个案研究（本项目的五个案例研究加上国内其他学者开展的案例研究）进行综合、归纳分析，以期得出我国社会治理创新扩散的总体认识。

社会治理创新扩散的研究一般分为两个方面，即社会治理创新扩散的特征和社会治理创新扩散的影响因素，因此本书从这两个方面加以归纳。由于 Meta 分析是目前汇总多个定量研究结果的良好方法，故本文采用 Meta 分析方法对我国社会治理创新扩散进行综合分析（美国社会治理创新扩散综合分析亦采用这一方法）。

一　中国社会治理创新扩散特征的归纳分析

　　Meta 分析（荟萃分析）是运用定量方法汇总多个研究结果的系统评价，指全面收集所有相关研究并逐个进行严格评价和分析，再用定量合成的方法对资料进行统计学处理得出综合结论的过程。[①] 本文采用 Meta 分析方法来检索与选取文献。

　　首先，我们使用了包括中国期刊全文数据库（CNKI）、Web of Science 等在内的数据库。为了最大限度地将国内社会治理创新扩散的研究文献检索出来，本文进行了多种检索方案的尝试，最终确定以"社会治理创新""社会治理创新扩散""政策创新""政策创新扩散""创新扩散"为主题词、关键词，反复在数据库检索，加上本书研究的 5 个案例，共检索到 64 篇文献，然后我们按照以下纳入与排除标准来选择文献。

　　纳入标准：1. 界定研究问题：国内外已发表、未发表的论文、论著等形式的研究中国社会治理创新扩散影响因素的文献；2. 研究方法为定量研究；3. 研究对象为中国各地级市；4. 研究数据类型是对政策采纳结果进行二分类编码（采纳设置为 1，否则设置为 0）的数据。

　　排除标准：对符合以下任何一条或多条标准的文献进行剔除：1. 研究问题不是中国社会治理创新扩散的影响因素；2. 研究方法是定性研究；3. 研究对象不是中国各地级市；4. 研究的变量类型不是测量政策采纳结果的二分类数据；5. 研究没有报告相关系数或路径系数等数据。由此，我们共挑选出 11 篇文献，见表 8-1。

[①] 张天嵩等：《高级 Meta 分析方法：基于 Stata 实现》，复旦大学出版社 2015 年版，第 2—3 页。

第八章 中国社会治理创新扩散的 Meta 分析

表 8-1　　　　　　　　　研究文献基本情况

文献	作者、年份	社会治理创新名称	影响因素（自变量）	样本量（个）	采纳数（个）
1	本书第三章	城市社区网格化管理	公众需求、资源/障碍因素、外部因素	283	158
2	本书第四章	居住证制度	动机因素、资源/障碍因素、外部因素	283	189
3	本书第五章	智慧城市	内部因素、外部因素	284	211
4	本书第六章	社会稳定风险评估机制	公众需求、资源/障碍因素、外部因素	283	283
5	本书第七章	政府购买公共服务	动机因素、资源/障碍因素、外部因素：上级压力、邻近地区	284	252
6	马亮（2012）[1]	公安微博扩散	组织创新、政策扩散、创新特征	282	148
7	Liang Ma（2014）[2]	政务微博扩散	上级要求、内部因素、竞争、学习	282	282
8	朱旭峰、张友浪（2015）[3]	新型行政审批制度	内部经济与行政因素、纵向与横向扩散效应、地方官员政治流动	281	268
9	朱旭峰、赵慧（2016）[4]	城市低保制度	自上而下的政治信号、内部因素	217	217
10	Xufeng Zhu, Hui Zhao（2018）[5]	城市最低生活保障制度	自上而下的政治信号、内部因素、邻近效应	217	217

---

[1] 马亮：《公安微博的扩散研究：中国地级市的实证研究》，《甘肃行政学院学报》2012 年第 6 期。

[2] Ma L., "Diffusion and Assimilation of Government Microblogging: Evidence from Chinese cities", *Public Management Review*, Vol. 16, 2014, pp. 274-295.

[3] 朱旭峰、张友浪：《创新与扩散：新型行政审批制度在中国城市的兴起》，《管理世界》2015 年第 10 期。

[4] 朱旭峰、赵慧：《政府间关系视角下的社会政策扩散——以城市低保制度为例（1993—1999）》，《中国社会科学》2016 年第 8 期。

[5] Zhu X., Zhao H., "Recognition of Innovation and Diffusion of Welfare Policy: Alleviating Urban Poverty in Chinese Cities During Fiscal Recentralization", *Governance*, Vol. 31, 2018, pp. 721-739.

续表

文献	作者、年份	社会治理创新名称	影响因素（自变量）	样本量（个）	采纳数（个）
11	Xufeng Zhu, YouLang Zhang (2018)①	行政许可中心	自上而下的政治信号、相邻扩散：邻近城市的创新、局部影响因素、政治流动性	281	268

注：由于各个研究的影响因素涉及的具体变量较多，文中不逐一列举。

基于以上文献，我们首先归纳中国社会治理创新扩散的特征。

按照罗杰斯的观点，创新的扩散会呈现出"S型"特征。即如果把时间因素作为横坐标，相应时点的总的采纳者人数作为纵坐标，创新的采纳过程呈S型曲线。这意味着在创新扩散的早期，因为只有很少的创新采纳者，S型曲线上升得很慢。S型曲线加速上升，到系统内的半数成员都已经采纳时，达到最大值。然后，S型曲线又以相对缓慢的速度上升，因为系统里剩下越来越少的成员加入采纳者的行列中来。② 因此，本文首先从S型曲线角度归纳我国社会治理创新扩散的特征。

我们从11篇中国社会治理创新扩散文献来分析中国社会治理创新扩散的特征（具体文献见中国社会治理创新扩散的荟萃分析部分）。其中8篇绘制了相应社会治理创新的扩散曲线（见图8-1至图8-8）。

从图中可以看出，总的来说，中国社会治理创新扩散的曲线基本上都呈S型曲线。但也存在一定的差异，即，一是稍显平缓的扩散曲线，如居住证制度、智慧城市和公安微博的扩散曲线。二是扩散曲线都呈现非常标准的S型，如城市社区网格化管理、社会稳定风险评估和城市低保制度的扩散。三是比较陡峭的S型曲线，如政府购买公共服务和行政审批中心的扩散曲线。按照学者布什伊的观点，标准的S型曲线和平缓的S型曲线反映了创新扩散的过程是边际的、渐进的，而陡峭的S型曲线反映了创新扩散的过程是快速的、爆发式的、间断—均衡的。因此，

---

① Zhu X., Zhang Y., "Diffusion of Marketization Innovation with Administrative Centralization in a Multilevel System: Evidence from China", *Journal of Public Administration Research and Theory*, 2018 (issue date).

② [美] 埃弗雷特·M. 罗杰斯：《创新的扩散》，唐兴通等译，中央编译出版社2002年版，第240页。

第八章 中国社会治理创新扩散的 Meta 分析

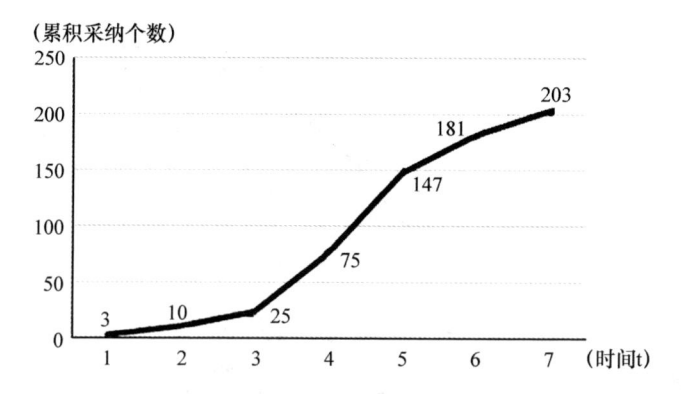

图 8-1　中国城市社区网格化管理创新扩散曲线（文献1）

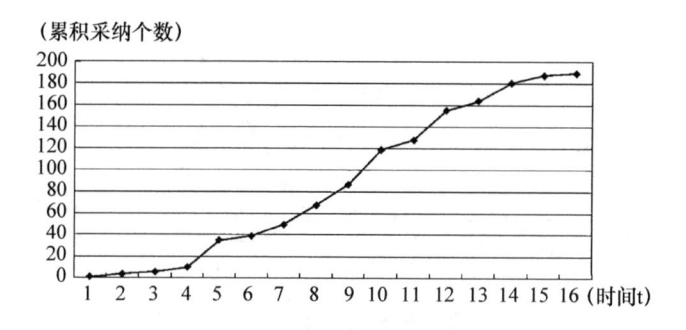

图 8-2　中国居住证制度创新扩散曲线（文献2）

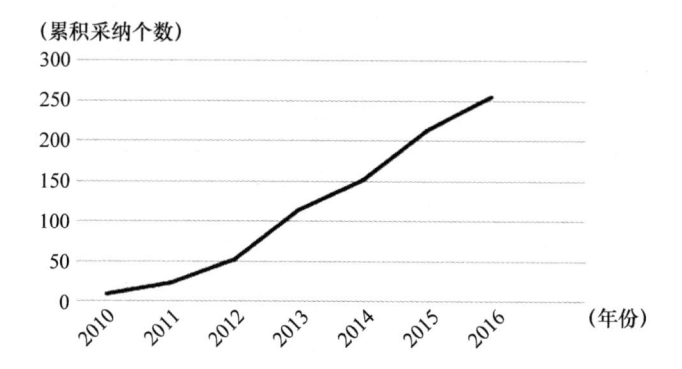

图 8-3　中国智慧城市创新扩散曲线（文献3）

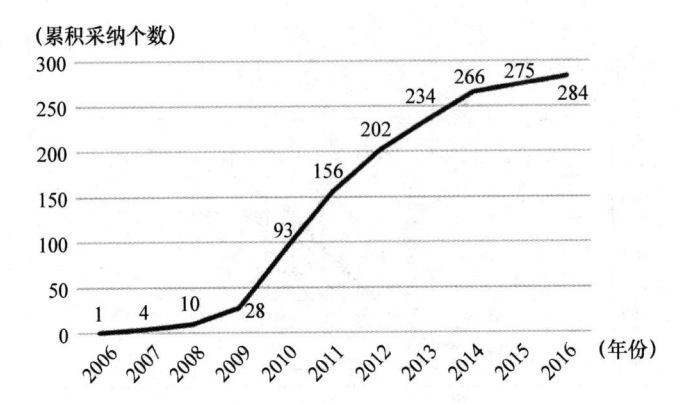

图 8-4 中国社会稳定风险评估机制扩散曲线（文献 4）

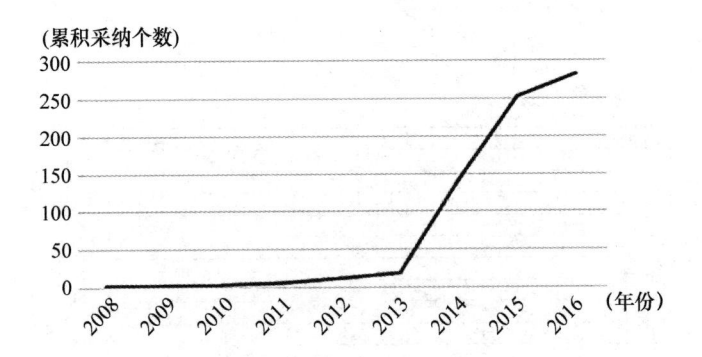

图 8-5 中国政府购买公共服务扩散曲线（文献 5）

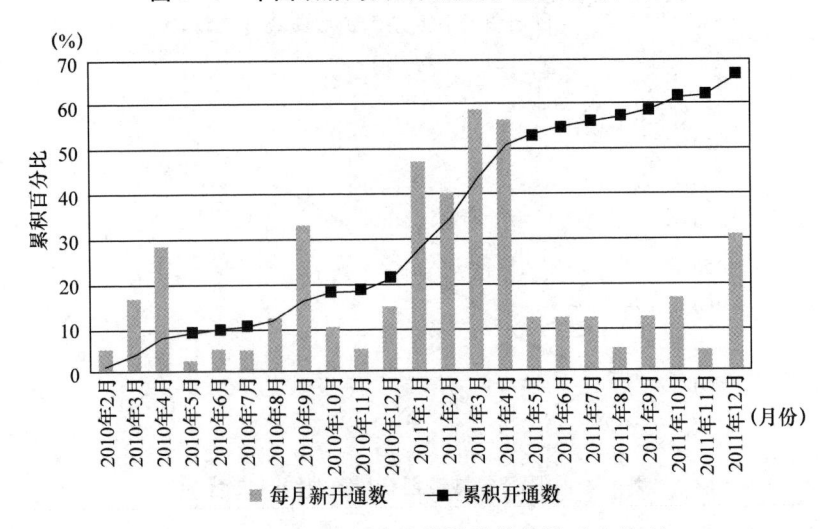

图 8-6 中国市级公安微博扩散曲线（文献 6）

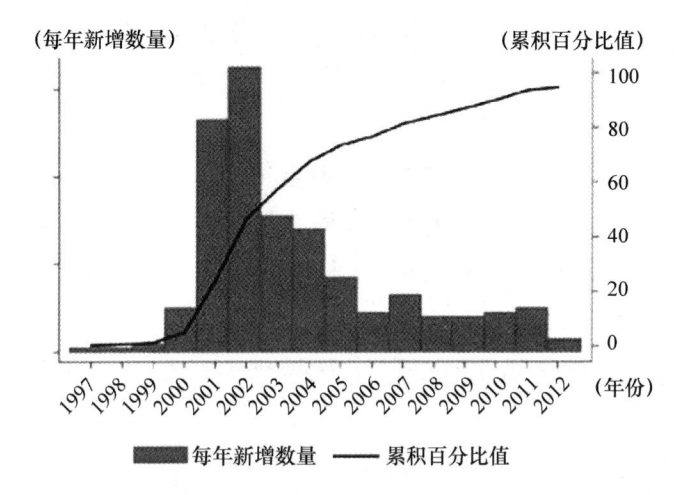

图 8-7　中国市级行政审批中心创新扩散曲线（文献 8）

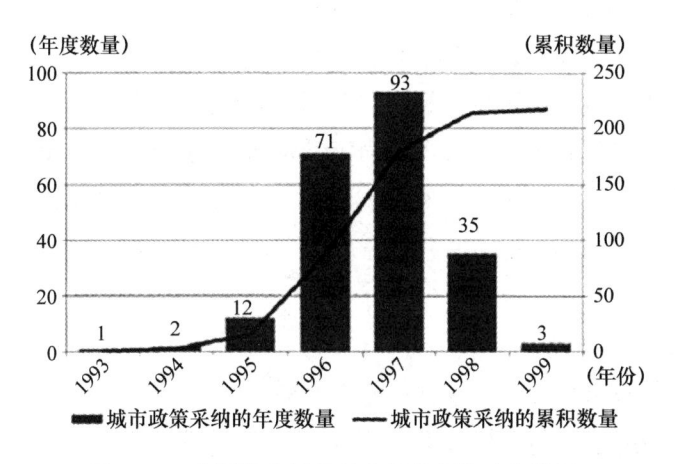

图 8-8　中国城市低保制度扩散曲线（文献 9）

这也说明在中国社会治理创新扩散存在两种模式：渐进的政策扩散和间断—均衡的政策扩散。

二　中国社会治理创新扩散影响因素的 Meta 分析

（一）提取数据

在前述筛选出来的 11 篇文献中，运用以下方法提取数据。

1. 提取研究的特征（作者、年份）、干预措施（具体的社会治理创新名称）、研究设计（所选择的影响因素、样本规模）、研究结果（采纳数）等内容进行编码（见表 8 – 1）。

2. 对筛选出来的所有文献的影响因素进行排序，按照从高到低的频次选择研究较多的自变量（至少有 2 篇文献进行了同一自变量的研究），以此确定为本文研究的影响因素。

（二）统计方法

将符合标准的文献整理并录入计算机中，运用 Stata13 软件进行分析。

1. 效应值计算：计数资料用率 P（propotion）表示，P = 采纳数/样本量。针对 P 为 1 的情况，参照 Bartlett 等建议，将其进行校正（P = 1 – 1/4n，n 为样本量）；如果 0 < P < 0.3 或 0.7 < P < 1，则需要对其进行数据转换，本文采用双反正弦转换（Freeman – Tukey 转换）。[①]

2. 异质性检验：研究间的异质性用 I^2 评价，当试验结果存在异质性时用随机效应模型分析，反之用固定效应模型分析。$p < 0.05$ 视为有统计学差异。当 $I^2 = 0$ 时研究间无异质性，数值越大，异质性可能性增加；$I^2 = 50\%$ 时，表明存在中度异质性；$I^2 = 75\%$ 时，表明存在高度异质性。

（三）研究结果

1. 影响因素的确定及各路径的基本情况

（1）影响因素的统计结果

针对符合标准的 11 个样本进行全文阅读。由表 8 – 1 可知，这 11 个样本综合了不同社会政策创新的内容，是整合研究中国社会治理创新扩散影响因素的文献来源。研究出版的年限介于 2012—2018 年。研究对象是中国各地级市，样本量范围在 217—284 个；采纳数范围是 148—283 个，采纳率范围是 0.53—1。影响因素可以归纳为三类：动机因素、资源/障碍因素、外部因素。[②]

[①] 张天嵩等：《高级 Meta 分析方法：基于 Stata 实现》，复旦大学出版社 2015 年版，第 142—143 页。

[②] 杨代福：《中国政策创新扩散：一个基本分析框架》，《地方治理研究》2016 年第 2 期。

进一步对影响因素进行排序,最终确定 10 个影响因素,分别是:

• 公众需求(Demand)。指公众基于对客观条件的认识向政府提出的改进社会治理的要求。衡量公众需求的标准有很多,如人口规模、人口密度、城镇化率、社会安全满意度等。

• 人均 GDP(GDP)。人均 GDP 是衡量地区经济发展水平的指标之一。实行政策创新需要一定的经济基础条件。

• 地区财政资源(Finance)。地区的财政资源是政府组织资源能力的象征,政策创新被采纳往往需要政府丰富的资源作为基础。

• 行政级别(Rank)。不同的行政级别代表不同的政治和行政地位,行政级别是地方政府创新的一个重要政治因素。

• 区域位置(Region)。根据自然资源分布情况和社会经济发展水平,由高到低,我国可分为东部、中部、西部三个梯度。梯度越高,城市的发展基础越好,对待新事物有良好的接受性和包容性。

• 政策主导者年龄(Party chief age,Age_ PC)。政策主导者主要是指政府内部起决策作用的政府官员。

• 中央政府压力(Press_ 1)。中央政府以命令、精神、创新认可等形式自上而下影响下级政府对社会政策创新的采纳。

• 省级政府压力(Press_ 2)。省级政府在行政系统内自上而下地规划、组织和实施政策创新,促进下级政府采纳一项新的政策。

• 政策试点(Pilot)。指中国政策实施过程中所特有的一种方式,通过试探性探索渐进推动政策调整和体制改革,为政策全面实施提供宝贵经验。

• 邻近政府(Neigh)。地理上相邻地区(共享边界的地区、同一地域的地区)对政策创新的采纳,可能会对政府的创新采纳行为产生重要影响。

(2)中国社会治理创新扩散的影响路径分析

本文的重点是研究各个自变量对因变量(政策创新采纳)的影响,因此仅报告自变量与因变量的关系。政策创新采纳的因变量是二分变量,包括采纳与不采纳。由于各自变量与政策创新采纳的关系在每篇文献中都报告了显著性、相关系数、样本量,因此首先将各路径的基本情况汇总。各个路径的描述性统计如表 8-2 所示:

表 8-2　　各路径的基本情况汇总

影响因素	路径个数	相关系数 最小	相关系数 最大	相关性 显著	相关性 不显著	相关性 显著率	样本量（个）最小	样本量（个）最大	累积样本（个）	平均样本（个）
公众需求	20	-1.835	5.224	11	9	55	217	284	5590	280
人均 GDP	8	0.02	1.114	5	3	62.5	281	284	2261	283
财政资源	7	-0.585	1.028	5	2	71	282	284	1978	283
行政级别	5	-0.714	1.236	5	0	100	217	284	1282	257
区域位置	4	0.14	0.308	1	3	25	282	284	1133	283
政策主导者的年龄	3	-0.53	-0.040	2	1	67	281	283	845	282
中央政府压力	5	0.026	1.07	5	0	100	217	283	1279	256
省级政府压力	7	0.264	3.395	7	0	100	217	284	1916	273
政策试点	3	0.159	3.57	3	0	100	283	284	850	283
邻近政府采纳	9	-0.205	3.018	9	0	100	281	284	2478	275

由表 8-2 可知，邻近政府采纳、省级政府压力、行政级别、中央政府压力、政策试点对政策创新采纳的影响都是显著的，显著率均为 100%。人均 GDP、地区财政资源、政策主导者的年龄的影响显著率均超过 60%。虽然公众需求对政策创新采纳的研究最多，路径个数一共有 20 个，但显著率只达到 55%。区域位置对政策创新扩散的影响路径，显著率也仅有 25%，在所有路径显著率中位居最低。每项路径的平均样本都超过 250 个，最大累积样本量达到 5590 个，这表明中国社会治理创新扩散的影响因素研究中，样本量都比较大，不存在 Meta 分析提到的检索文献纳入"小样本"研究造成的异质性问题。

（3）Meta 分析结果及异质性检验

各研究的效应值，经过双反正弦转换，试验结果存在异质性时用随机效应模型分析，反之用固定效应模型分析，得出合并效应量和相应的 I^2 统计量和 P 值，如表 8-3 所示。

由表 8-3 可知，中央政府压力、政策主导者的年龄对政策创新采纳的影响分析中，$I^2 = 0$，$p > 0.05$，只有两个影响因素的各研究间无异质性。其余的影响因素，I^2 都大于 90%，另有一个大于 80%，说明各研究间存在高度异质性。如果各研究间异质性过于明显，则只对研究结果进行一般性的统计描述。①

表 8-3　中国社会治理创新扩散影响因素的 Meta 分析结果

影响因素	Q	df	p（Q）	D+L pooled ES	95% CI		I²	z	p（z）
公众需求	175.18	9	0	0.822	0.7	0.945	94.9%	13.19	0
人均 GDP	114.04	7	0	0.84	0.71	0.97	93.9%	12.64	0
地区财政资源	114.2	6	0	0.761	0.63	0.893	94.7%	11.37	0
行政级别	48.06	4	0	0.895	0.735	1.056	91.7%	10.91	0
区域位置	31.46	3	0	0.819	0.663	0.976	90.5%	10.25	0
政策主导者的年龄	0.42	2	0.812	0.968	0.901	1.035	0%	28.19	0
中央政府压力	0.69	2	0.952	0.978	0.924	1.033	0%	35.06	0
省级政府压力	106.77	6	0	0.760	0.632	0.888	94.4%	11.60	0
政策试点	11.31	2	0.004	0.647	0.55	0.744	82.3%	13.05	0
邻近政府	149.78	8	0	0.803	0.679	0.926	94.7%	12.74	0

2. 统计结果的描述性分析

（1）动机因素

H1：公众需求与政策创新采纳的关系

共有 10 篇文献研究了公众需求与政策创新采纳的关系（见表 8-4）。在 10 篇文献中，共有 20 个指标测量公众需求。从结果看，有 11 项结果（55%）报告公众需求与政策创新扩散显著相关，有 9 项结果（45%）表明公众需求与政策创新扩散不显著相关。在显著相关的研究中，有 9 项结果显示了相应指标与政策创新采纳之间存在正向相关关系，表明公众需求越大，政策创新采纳的可能性越大。概括而言，仅有 45% 的结果发现公众需求与政策创新扩散显著正相关。

---

① 张天嵩等：《高级 Meta 分析方法——基于 Stata 实现》，复旦大学出版社 2015 年版，第 5—6 页。

表 8-4　　公众需求与政策创新采纳的关系

文献	具体指标	相关系数	显著性	方向	样本量（个）
1	城镇化率	-1.835	**	-	283
	人口密度	0.171	不显著	+	283
	暂居人口	-0.887	不显著	-	283
	最低社保覆盖率	2.729	不显著		283
	刑事案件发生率	0.86	不显著	+	283
	刑事案件侦破率	-1.142	不显著		283
	民众安全满意度	-0.0393	不显著	-	283
2	流动人口规模	4.33	***	+	283
3	人口规模	0.25319	*	+	284
4	人口密度	0.137	**	+	283
	城市刑事案件侦破率（逆）	-1.468	***	-	283
	社会安全满意度	0.444	不显著	+	283
	城市失业状况（逆）	0.540	*	+	283
	城市基尼指数（逆）	-0.098	不显著	-	283
5	人口规模	0.399803	**	+	284
6	网民比例	5.224	***	+	282
7	The municipal Internet penetration rate	0.142	不显著	+	282
8	第三产业在经济中的占比	0.03	***	+	281
9	城市非农业人口	0.57	**	+	217
11	Service sector	0.016	*	+	281

总之，优势证据表明，公众需求对中国政策创新扩散不相关或令人意外地负相关。说明公众需求并不能影响中国政策创新的扩散，或者说，中国地方政府对政策的采纳一定程度不考虑公众的需求。

（2）资源/障碍因素

H2：人均 GDP 与政策创新采纳的关系

共有 8 篇文献研究了人均 GDP 与政策创新采纳的关系（见表 8-5）。在 8 篇文献中，共有 8 个指标测量人均 GDP。从结果看，有 5 项结果（63%）报告人均 GDP 与政策创新扩散显著相关，有 3 项结果（37%）表明人均 GDP 与政策创新扩散不显著相关。在显著相关的研究中，有 5 项结果显示了相应指标与政策创新采纳之间存在正向相关关系，表明人均 GDP 越大，政策创新采纳的可能性就越大。概括而言，有 63% 的结果发现人均 GDP 与政策创新扩散显著正相关。

表 8-5　　　　　　　人均 GDP 与政策创新采纳的关系

文献	具体指标	相关系数	显著性	方向	样本量（个）
1	人均 GDP	1.114	***	+	283
2	人均 GDP	1.046	**	+	283
3	人均 GDP	0.199	***	+	284
4	人均 GDP	0.696	***	+	283
5	人均 GDP	0.336	不显著	+	284
7	人均 GDP	0.0391	不显著	+	282
8	GDP_PC	0.02	不显著	+	281
11	人均 GDP	0.025	**	+	281

总之，优势证据表明，人均 GDP 对我国政策创新扩散显著正相关，说明人均 GDP 越高，政策创新被采纳的可能性越高。

H3：地区财政资源与政策创新采纳的关系

共有 7 篇文献研究了地区财政资源与政策创新采纳的关系（见表 8-6）。在 7 篇文献中，共有 7 个指标测量地区财政资源。从结果看，有 5 项结果（71%）报告地区财政资源与政策创新扩散显著相关，有 2 项结果（29%）表明地区财政资源与政策创新扩散不显著相关。在显著相关的研究中，有 4 项结果显示了相应指标与政策创新采纳之间存在正向相关关系，有 1 项是反向关系。因此，有 4 项结果表明地区财政资源越丰富，政策创新采纳的可能性就越大。概括而言，有 57% 的结果发现地区财政资源与政策创新扩散显著正相关。

表 8-6　　　　　　　地区财政资源与政策创新采纳的关系

文献	具体指标	相关系数	显著性	方向	样本量（个）
1	财政资源	0.517	*	+	283
2	财政资源	-0.585	**	-	283
3	财政资源	0.227	***	+	284
4	财政资源	-0.111	不显著	-	283

续表

文献	具体指标	相关系数	显著性	方向	样本量（个）
5	财政资源	0.993	***	+	284
6	财政资源	-0.0931	不显著	-	282
7	财政资源	1.028	***	+	282

总之，优势证据表明，地区财政资源对中国政策创新扩散呈显著正相关，说明地区财政资源会影响中国政策创新扩散，财政资源越丰富，政策创新被采纳的可能性越大。

H4：行政级别与政策创新采纳的关系

共有5篇文献研究了行政级别与政策创新采纳的关系（见表8-7）。在5篇文献中，共有5个指标测量行政级别。从结果看，有5项结果（100%）报告行政级别与政策创新扩散显著相关。在显著相关的研究中，有3项结果显示了相应指标与政策创新采纳之间存在正向相关关系，有2项是反向关系。因此，有3项结果表明行政级别越高，政策创新采纳的可能性就越大。概括而言，有60%的结果发现行政级别与政策创新扩散显著正相关。

表8-7　　　　　　行政级别与政策创新采纳的关系

文献	具体指标	相关系数	显著性	方向	样本量（个）
2	行政级别	1.236	**	+	283
5	行政级别	-0.714	**	-	284
8	城市的行政级别	-0.64	**	-	281
9	城市行政级别	0.726	*	+	217
10	Political status	1	**	+	217

总之，优势证据表明，行政级别对中国政策创新扩散显著正相关，说明行政级别会影响中国政策创新扩散，行政级别越高，政策创新被采纳的可能性越大。

H5：区域位置与政策创新采纳的关系

共有4篇文献研究了区域位置与政策创新采纳的关系（见表8-8）。

在 4 篇文献中，共有 4 个指标测量区域位置。从结果看，仅有 1 项结果（25%）报告区域位置与政策创新扩散显著相关，有 3 项结果（75%）表明区域位置与政策创新扩散不显著相关。在显著相关的研究中，有 1 项结果显示了相应指标与政策创新采纳之间存在正向相关关系。也就是说，处于较高梯度的城市（由东部往西部，城市梯度逐渐降低）更容易采纳政策创新。概括而言，仅有 25% 的结果发现区域位置与政策创新扩散显著正相关。

表 8-8　　　　　　　　区域位置与政策创新采纳的关系

文献	具体指标	相关系数	显著性	方向	样本量（个）
2	区域位置	0.184	不显著	+	283
3	区域位置	0.156	不显著	+	284
5	区域位置	0.308	**	+	284
7	Estern city	0.14	不显著	+	282

总之，优势证据表明，区域位置对中国政策创新扩散不相关。这说明区域位置并不能影响中国政策创新的扩散。中国政策创新采纳并非一定存在"梯度转移"，可能存在反梯度现象，处于低梯度的地区反而会先采纳政策创新，然后向高梯度扩散。也就是说，中国地方政府对政策的采纳不一定考虑区域位置。

H6：政策主导者的年龄与政策创新采纳的关系

共有 3 篇文献研究了政策主导者的年龄与政策创新采纳的关系（见表 8-9）。在 3 篇文献中，共有 3 个指标测量政策主导者的年龄。从结果看，有 2 项结果（67%）报告政策主导者的年龄与政策创新扩散显著相关，有 1 项结果（33%）表明政策主导者的年龄与政策创新扩散不显著相关。在显著相关的研究中，两项结果都显示了相应指标与政策创新采纳之间存在反向相关关系。也就是说，政策主导者的年龄越小，越可能采纳政策创新。概括而言，有 67% 的结果发现政策主导者的年龄与政策创新扩散显著负相关。

表8-9　　　政策主导者的年龄与政策创新采纳的关系

文献	具体指标	相关系数	显著性	方向	样本量（个）
4	书记年龄	-0.040	不显著	-	283
8	书记的年龄	-0.53	***	-	281
11	市委书记的年龄超过55岁	-0.499	**	-	281

总之，优势证据表明，政策主导者的年龄对我国政策创新扩散显著负相关，说明政策主导者的年龄越小，政策创新被采纳的可能性越大。

（3）外部因素

H7：中央政府压力与政策创新采纳的关系

共有5篇文献研究了中央政府压力与政策创新采纳的关系（见表8-10）。在5篇文献中，共有5个指标测量中央政府压力。从结果看，5项结果（100%）报告中央政府压力与政策创新扩散显著相关。在显著相关的研究中，5项结果均显示了相应指标与政策创新采纳之间存在正向相关关系。也就是说，中央政府施加的压力越大，越可能采纳政策创新。概括而言，100%的结果发现中央政府压力与政策创新扩散显著正相关。

表8-10　　　中央政府压力与政策创新采纳的关系

文献	具体指标	相关系数	显著性	方向	样本量（个）
4	中央政府	0.761	***	+	283
8	在中央设立国务院行政审批制度改革领导小组	1.07	***	+	281
9	中央命令	0.115	***	+	217
10	中央政府信号	0.59	*	+	217
11	中央政策	0.026	***	+	281

总之，优势证据表明，中央政府的压力对中国政策创新扩散显著正相关，说明中央政府施加压力，无论是以中央命令的下达还是中央信号的发出，或者其他形式，中央政府施加的压力越大，地方政府越可能采纳政策创新。

H8：省级政府压力与政策创新采纳的关系

共有7篇文献研究了省级政府压力与政策创新采纳的关系（见表

8-11）。在7篇文献中，共有7个指标测量省级政府压力。从结果看，有7项结果（100%）都报告省级政府压力与政策创新扩散显著相关。在显著相关的研究中，有7项结果显示了相应指标与政策创新采纳之间存在正向相关关系。因此，有7项结果表明省级政府施加的压力越大，政策创新采纳的可能性就越大。概括而言，100%的结果发现省级政府压力与政策创新扩散显著正相关。

表8-11　　　　　　　省级政府压力与政策创新采纳的关系

文献	具体指标	相关系数	显著性	方向	样本量（个）
1	上级压力	1.198	***	+	283
2	省级压力	3.395	***	+	283
3	上级压力	0.264	***	+	284
4	省级政府	0.837	***	+	283
5	上级压力	3.323	***	+	284
6	上级开通	2.430	***	+	282
9	省级命令	2.027	***	+	217

总之，优势证据表明，省级政府压力对中国政策创新扩散显著正相关。说明省级政府压力会影响中国政策创新扩散，省级政府施加的压力越大，地方政府越可能采纳政策创新。

H9：政策试点与政策创新采纳的关系

共有3篇文献研究了政策试点与政策创新采纳的关系（见表8-12）。在3篇文献中，共有3个指标测量政策试点。从结果看，3项结果（100%）都报告政策试点与政策创新扩散显著相关。在显著相关的研究中，3项结果均显示了相应指标与政策创新采纳之间存在正向相关关系。也就是说，开展政策试点的城市，越可能采纳政策创新。概括而言，100%的结果发现政策试点与政策创新扩散显著正相关。

总之，优势证据表明，政策试点对中国政策创新扩散显著正相关。开展政策试点的地级市，政策创新被采纳的可能性越大。

表8-12　　　　　　　政策试点与政策创新采纳的关系

文献	具体指标	相关系数	显著性	方向	样本量（个）
1	政策试点	1.185	***	+	283
2	政策试点	3.57	***	+	283
3	政策试点	0.159	***	+	284

H10：邻近政府采纳与政策创新采纳的关系

共有9篇文献研究了邻近政府采纳与政策创新采纳的关系（见表8-13）。在9篇文献中，共有9个指标测量邻近政府采纳。从结果看，有9项结果（100%）报告邻近政府采纳与政策创新扩散显著相关。在显著相关的研究中，有8项结果显示了相应指标与政策创新采纳之间存在正向相关关系，有1项是反向关系。因此，有8项结果表明邻近政府采纳越多，政策创新采纳的可能性就越大。概括而言，有89%的结果发现邻近政府采纳与政策创新扩散显著正相关。

表8-13　　　　　　邻近政府采纳与政策创新采纳的关系

文献	具体指标	相关系数	显著性	方向	样本量（个）
1	邻近地区	0.848	***	+	283
2	邻近地区	-0.205	*	-	283
3	邻近地区	0.215	***	+	284
4	邻近地级市	0.681	***	+	283
5	邻近地区	2.017	***	+	284
6	省内其他城市采纳	3.018	***	+	282
8	邻区采纳的比例	0.02	***	+	281
9	省内其他城市采纳	0.019	*	+	217
11	Neighboring City Yearly Innovation	0.022	***	+	281

总之，优势证据表明，邻近政府采纳对中国政策创新扩散显著正相关，说明邻近政府采纳会影响中国政策创新扩散，邻近政府采纳越多，政策创新被采纳的可能性越大。

三 结论与局限

(一) 研究结论

本文针对2012—2018年中国社会治理创新扩散的实证研究，对中国社会治理创新扩散的特征和影响因素进行综合分析。经过严格的文献筛选，本文采用了11个样本，均是以中国的各地级市为分析单位。主要获得以下结论。

一是对中国社会治理创新扩散的特征进行归纳。中国社会治理创新扩散基本上都呈S型曲线的特征。但是也存在一些差异，有的呈现稍显平缓的扩散曲线，有的呈现非常标准的S型，有的呈现比较陡峭的S型，这也表明中国社会治理分析扩散存在渐进的政策扩散和间断—均衡的政策扩散这两种不同的模式。

二是对中国社会治理创新扩散的影响因素进行了Meta分析。主要发现是：(1) 人均GDP、地区财政资源、行政级别、中央政府压力、省级政府压力、政策试点和邻近政府采纳能够正向促进中国社会治理创新扩散；(2) 政策主导者的年龄能够反向促进中国社会治理创新扩散；(3) 公众需求、区域位置并不能对中国社会治理创新扩散产生影响。

本文突破了政策创新扩散研究中单个案例传统的定量方法，得出了中国社会治理创新扩散的特征和影响因素的一般性结论，使我们对中国社会治理创新扩散的概貌有了较好的把握。

(二) 研究局限

首先，Meta分析作为循证医学重要的技术和工具，是以实验为基础的，[①] 将其运用到社会科学领域的研究，必须调整学科转换带来的思维转变，慎重对待社会科学荟萃分析方法的适用性问题；其次，Meta分析在医学上以实验和对照为数据基础。本文采用Meta分析的效应值是无

---

① 参见周波、陈欣等《率的Meta分析及软件实现》，《中国循证医学杂志》2014年第8期；曾宪涛、冷卫东等《Meta分析系列之一：Meta分析的类型》，《中国循证心血管医学杂志》2012年第1期；王佩鑫、李宏田等《无对照二分类资料的Meta分析方法及Stata实现》，《循证医学》2012年第1期。

对照二分类数据，相较于随机抽样和实验数据而言，本研究的数据质量较低；最后，我国社会治理创新扩散的实证研究文献数量较少，经过严格筛选，对纳入的 11 篇文献进行分析，数量上略显单薄。此外，有些文献未明确报告采纳数、样本量这两类关键数据，可能会出现由于数据的不精准导致异质性偏大、结论偏差的情况。本文严格遵循 Meta 分析的方法原则，对于研究间存在高度异质性的问题，处理方法是转向一般的描述性分析。随着未来中国社会治理创新研究的不断开展，未来的 Meta 分析可以选择更多的文献来加以研究，另外可以考虑能否选择更合适的 Meta 分析方法（如选择更合适的效应指标），使中国社会治理创新扩散的研究也得到更具有说服力的一般性结论。

第九章　美国社会治理创新扩散的 Meta 分析

在第八章中我们对中国社会治理创新扩散进行了 Meta 分析，归纳了中国社会治理创新的特征和影响因素，把握中国社会治理创新扩散的概貌。同样，本章对美国社会治理创新扩散进行 Meta 分析，归纳美国社会治理创新的特征和影响因素，以为后文中美社会治理创新扩散比较研究奠定基础。

一　美国社会治理创新扩散特征的归纳分析

按照罗杰斯的观点，创新的扩散会呈现出"S型"特征。因此，本文首先从 S 型曲线角度分析美国社会治理创新扩散的特征。

按照 Meta 分析的步骤，首先确定文献的纳入标准。参照已有研究，结合本研究的研究目的，本研究最终确定的文献纳入标准为：1. 研究美国社会治理创新扩散的影响因素的文献，对于研究对象不是美国社会治理创新扩散影响因素的，我们予以排除；2. 研究是实证型的定量研究，对于定性研究或非实证类文献，我们予以排除；3. 对政策采纳的编码为二分类数据；4. 分析的样本单位为美国州，对于分析单位为政府组织个数或县一级的，我们予以排除；5. 政策创新的典型性：对于不典型的社会治理创新或社会治理创新的组成部分的研究，我们予以排除。然后以"Social governance innovation diffusion"或"Policy diffusion"或"Social governance diffusion"为检索词在 Web of Science（综合性文摘索引数据库）、SpringerLink（综合性外文期刊）、Elsevier SciVerse Science Direct

(涉及四大学科领域的全文期刊数据库)中进行搜索,按照之前制定的纳入标准进行选择和排除,最终确定了71篇研究美国社会治理创新扩散的文献,阅读原文后,选择了23篇包括32项研究美国社会治理创新扩散的研究,各文献的作者、年代、具体的社会治理创新以及样本大小如表9-1所示。

我们从以上文献来分析美国社会治理创新扩散的特征。其中7个研究绘制了16个相应社会治理创新的扩散曲线(见图9-1至图9-15)。其中,图9-1是"罗伊"改革之前流产规制的政策1966年至1972年在美国各州的扩散状况(见文献2)。图9-2是携带隐藏武器许可法1961年至2009年在美国各州的扩散状况(见文献17)。图9-3和图9-4是性犯罪者登记和告知法在美国各州的扩散状况(见文献20)。图9-5至图9-12是八种不同类型的养老金政策1999年至2012年在美国各州的扩散情况(见文献24和文献25)。图9-13是婚姻政策在美国各州的扩散状况,其中,深色线条表示同性恋婚姻许可的扩散状况(见文献27),浅色线条反映界定一男一女婚姻的宪法修正案的扩散状况(见文献28)。图9-14中的实线部分是有机认证在美国各州的扩散状况(见文献31)。图9-15中的实线反映了医用大麻法在美国各州的扩散状况(见文献32)。

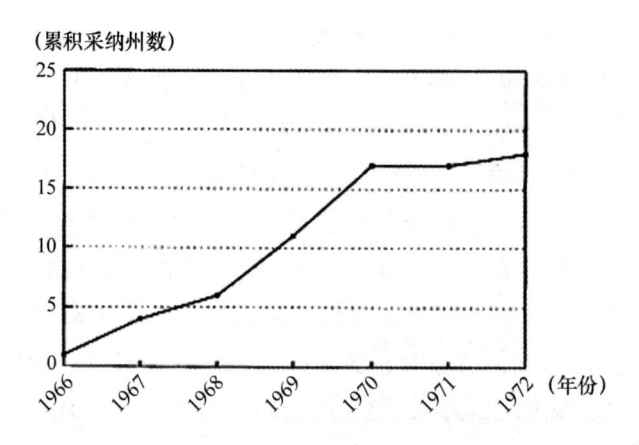

图9-1 "罗伊"改革之前流产规制的扩散曲线

从图中可以看出,总的来说,美国社会治理创新扩散的曲线基本上都呈S型曲线。但是也存在一些差异,呈现出三种模式。第一种模式,

第九章 美国社会治理创新扩散的 Meta 分析

表 9-1　文献纳入情况

序号	文献名称	作者	年份	社会治理创新名称	样本规模
1	State Lottery Adoptions As Policy Innovations: An Event History Analysis	Frances Stokes Berry and William D. Berry	1990	彩票	48
2	Legislative Morality In The American States: The Case Of Pre-Roe Abortion Regulation Reform	Christopher Z. Mooney and Mei-Hsien Lee	1995	"罗伊"流产规制改革之前的政策	50
3	Policy Entrepreneurs And The Diffusion Of Innovation	Michael Mintrom	1997	学校选择的立法考虑	48
4	The Role Of Agenda Setting In Policy Innovation An Event History Analysis Of Living-Will Laws	Scott P. Hays	1997	生前遗嘱法	50
5	Runaway Train? The diffusion Of State-Level Reform In ADC/AFDC Eligibility Requirements, 1950-1967	Soule, Sarah A.; Zylan, Yvonne	1997	援助受抚养子女项目和援助有受抚养子女的家庭项目的资格要求	50
6	Policy Networks And Innovation Diffusion: The Case Of State Education Reforms	Michael Mintrom, and Sandra Vergari	1998	学校选择的立法考虑	48
7	Policy Networks And Innovation Diffusion: The Case Of State Education Reforms	Mintrom, Michael Vergari, Sandra	1998	学校选择的立法考虑	48
8	The Homogenization And Differentiateon Of Hate Crime law In The United States, 1978 TO 1995: Innovation And Diffusion In The Criminalization Of Bigotry	Grattet, Ryken Jenness, Valerie Curry, Theodore R.	1998	仇视性犯罪法	50
9	Interstate Professional Associations And The Diffusion Of Policy Innovations	Steven J. Balla	2001	1989 年健康维护组织（HMO）示范法案的修订版	50
10	Modeling Regional Effects On State Policy Diffusion	Christopher Z. Mooney	2001	彩票	48

续表

序号	文献名称	作者	年份	社会治理创新名称	样本规模
11	Using Geographic Information Systems To Study Interstate Competition	William D. Berry, Brady Baybeck	2005	彩票	48
12	Promoting A "Good Death": Determinants Of Pain - Management Policies In The United States	Sara L. Imhof	2008	疼痛管理纳入医疗实践	50
13	Promoting A "Good Death": Determinants Of Pain - Management Policies In The United States	Sara L. Imhof	2008	阿片类药物合法化	50
14	Promoting A "Good Death": Determinants Of Pain - Management Policies In The United States	Sara L. Imhof	2008	单独使用剂量并不能确定处方的合法性	50
15	Promoting A "Good Death": Determinants Of Pain - Management Policies In The United States	Sara L. Imhof	2008	减少医生对监管审查的担忧	50
16	A Strategic Theory Of Policy Diffusion Via Intergovernmental Competition	Brady Baybeck, William D. Berry and David A. Siegel	2011	彩票	48
17	Geographic Proximity In The Diffusion Of Concealed Weapons Permit Laws	Justin A. Tucker	2012	携带隐藏武器许可法	48
18	Top-Down Federalism: State Policy Responses To National Government Discussions	Pamela J. Clouser McCann, Charles R. Shipan, Yand Craig Volden	2015	限制政府大楼吸烟法（1975—2000）	50
19	Top-Down Federalism: State Policy Responses To National Government Dis Cussions	Pamela J. Clouser McCann, Charles R. Shipan, Yand Craig Volden	2015	限制餐厅吸烟法（1975—2000）	50

续表

序号	文献名称	作者	年份	社会治理创新名称	样本规模
20	Playing Politics With Sex Offender Laws: An Event History Analysis Of The Initial Community Notification Laws Across American States	Bianca Easterly	2015	性犯罪者登记与告知（SORN）法	50
21	Policy Learning And The Diffusion Of Stand – Your – Ground Laws	Adam. Butz	2015	Stand – Your – Ground Laws（允许对家外使用致命武力并且没有进行肯定性法律辩护）退的行为并且没有进行肯定性法律辩护）	50
22	"Blue Ribbon" Commissions, Interest – Groups, And The Formulation Of Policy In The American States	Mark Ritchey and Sean Nicholson – Crotty	2015	专责研究自闭症保险小组的成立	50
23	"Blue Ribbon" Commissions, Interest – Groups, And The Formulation Of Policy In The American States	Mark Ritchey and Sean Nicholson – Crotty	2015	孤独症保险命令	49
24	The Drivers Of Public Sector Pension Reform Across The U. S. States	Michael Thom	2015	养老金治理	49
25	The Drivers Of Public Sector Pension Reform Across The U. S. States	Michael Thom	2015	年度生活津贴限额	49
26	Buzz Kill: State Adoption Of DUI Interlock Laws, 2005 – 11	Steven M. Sylvester and Donald P. Haider – Markel	2016	首次酒驾犯罪者安装联锁装置法	50
27	The March Toward Marriage Equality: Reexamining The Diffusion Of Samesex Marriage Among States	Joshua L. Mitchell	2016	同性婚姻认可	50

续表

序号	文献名称	作者	年份	社会治理创新名称	样本规模
28	The March Toward Marriage Equality: Reexamining The Diffusion Of Samesex Marriage Among States	Joshua L. Mitchell	2016	仅许可异性婚姻宪法修正案	50
29	The Political Structure Of Policy Diffusion	Daniel L. Fay and Jeffrey B. Wenger	2016	彩票的宪法修正案	50
30	The Political Structure Of Policy Diffusion	Daniel L. Fay and Jeffrey B. Wenger	2016	彩票(1961—2009)	50
31	Diffusion Of Food Policy In The U. S. : The Case Of Organic Certification	Samantha L. Mosier, Dawn Thilmany	2016	有机认证	50
32	Defiant Innovation: The Adoption Of Medical Marijuana Laws In The American States	A. Lee Hannah and Daniel J. Mallinson	2018	医用大麻法	50

第九章　美国社会治理创新扩散的 Meta 分析　　183

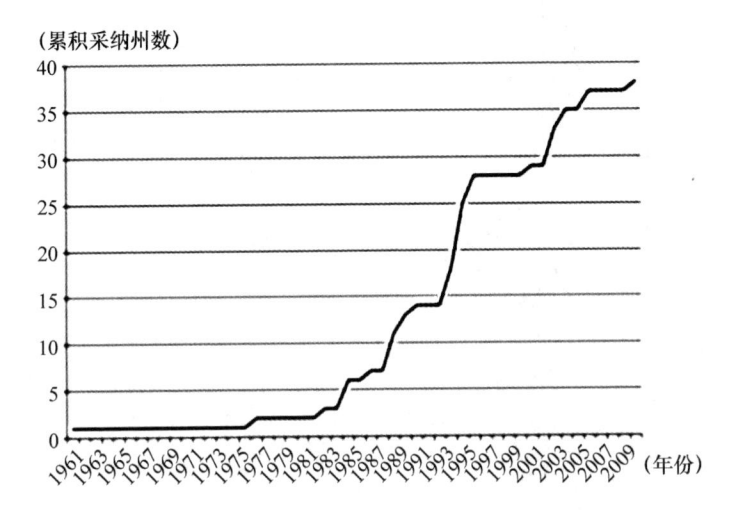

（累积采纳州数）

图 9-2　携带隐藏武器许可法的扩散曲线

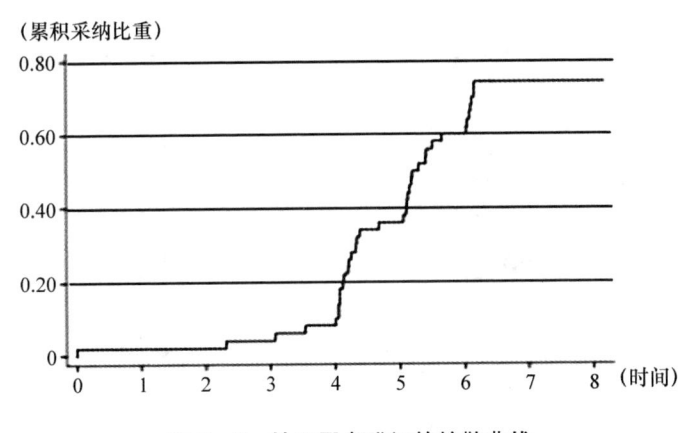

（累积采纳比重）

图 9-3　性犯罪者登记的扩散曲线

扩散曲线是一种标准的 S 型曲线，如图 9-1、图 9-2、图 9-3、图 9-4、图 9-5、图 9-8、图 9-13 的一男一女婚姻的宪法修正案的扩散曲线和图 9-14 的有机认证的扩散曲线①。第二种模式，扩散曲线呈现一种陡峭的 S 型甚至是 R 型的曲线，如图 9-9 和图 9-13 中的同性婚姻许

---

① Graeme Boushey 在《美国政策扩散的动力》一书中绘制的彩票、特许学校的扩散曲线也属于此种模式。见 Graeme Boushey, *Policy Diffusion Dynamics in America*, Cambridge: Cambridge University Press, 2010, p. 27.

(累积采纳州数)

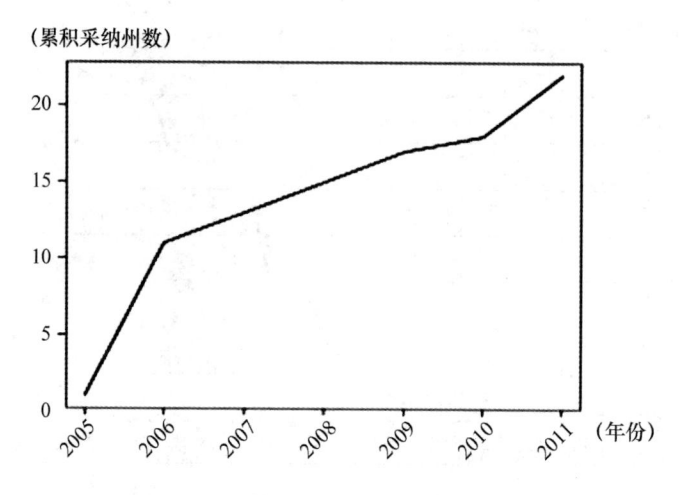

图 9-4　性犯罪者告知法的扩散曲线

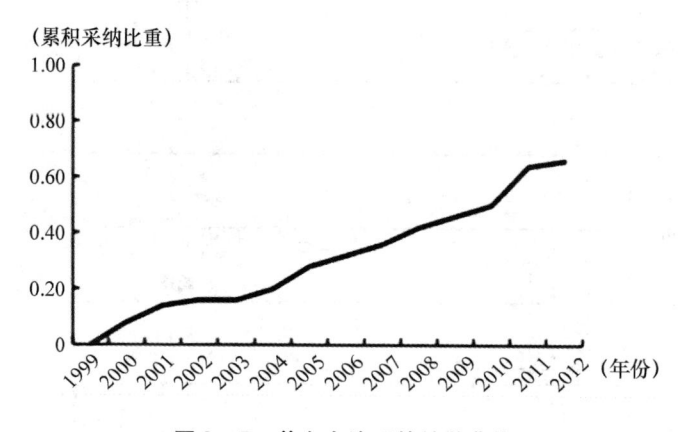

(累积采纳比重)

图 9-5　养老金治理的扩散曲线

可的扩散曲线。① 第三种模式，平缓的扩散曲线，如图 9-6、图 9-7、图 9-10、图 9-11、图 9-12 和图 9-15。按照学者布什伊的观点，标准的 S 型曲线和平缓的 S 型曲线反映了创新扩散的过程是边际的、渐进的，而陡峭的 S 型曲线反映了创新扩散的过程是快速的、爆发式的、间

---

① Graeme Boushey 绘制的死刑政策、安珀紧急通告、英语作为官方语言法的扩散曲线也属于此种模式。见 Graeme Boushey, *Policy Diffusion Dynamics in America*, Cambridge: Cambridge University Press, 2010, pp. 27-28.

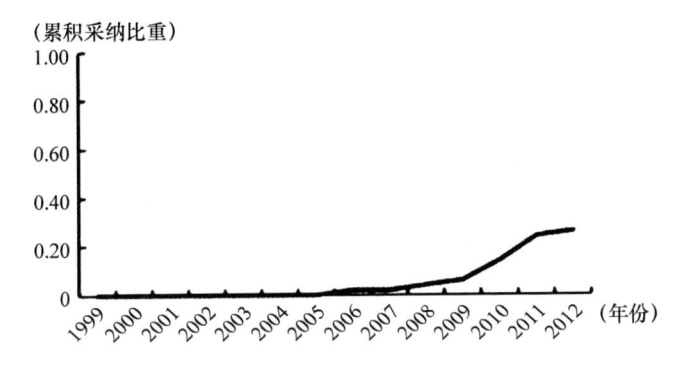

图 9-6　年度生活津贴限额的扩散曲线

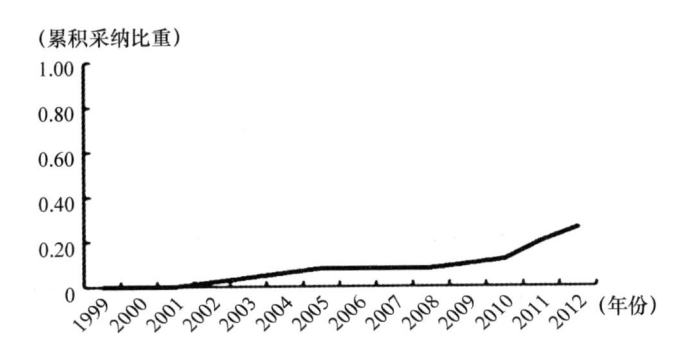

图 9-7　禁止同时领取养老金和工资的扩散曲线

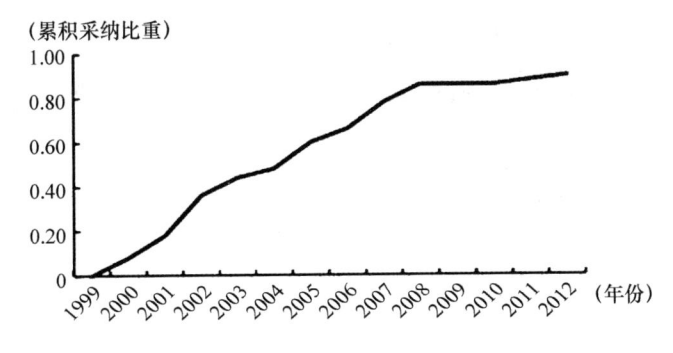

图 9-8　增加养老金缴纳的扩散曲线

断—均衡的。因此,这也说明美国社会治理创新扩散都存在两种模式:渐进的政策扩散和间断—均衡的政策扩散。

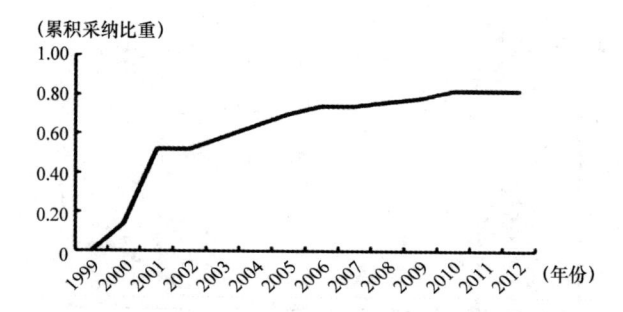

图 9-9　实施定额供款账户的扩散曲线

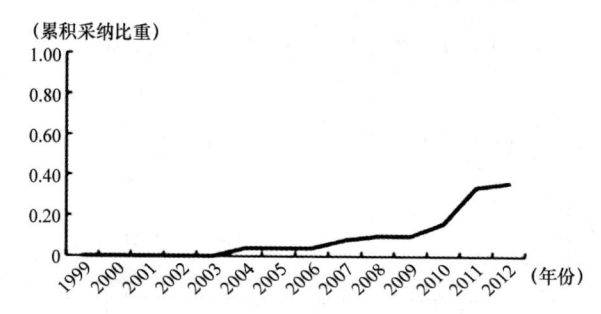

图 9-10　退休年龄调整的扩散曲线

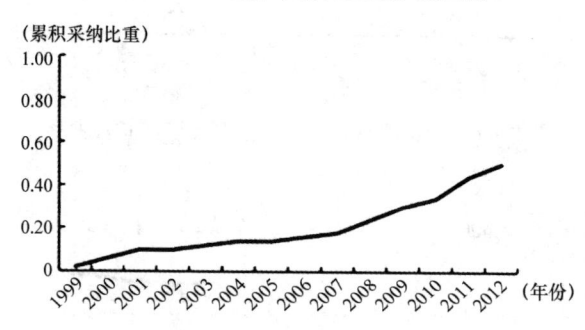

图 9-11　增加归属要求的扩散曲线

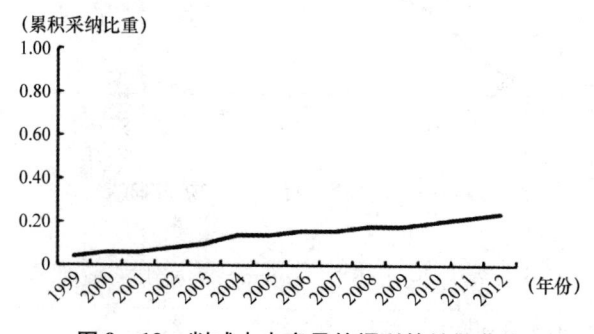

图 9-12　削减未来雇员的福利的扩散曲线

第九章　美国社会治理创新扩散的 Meta 分析

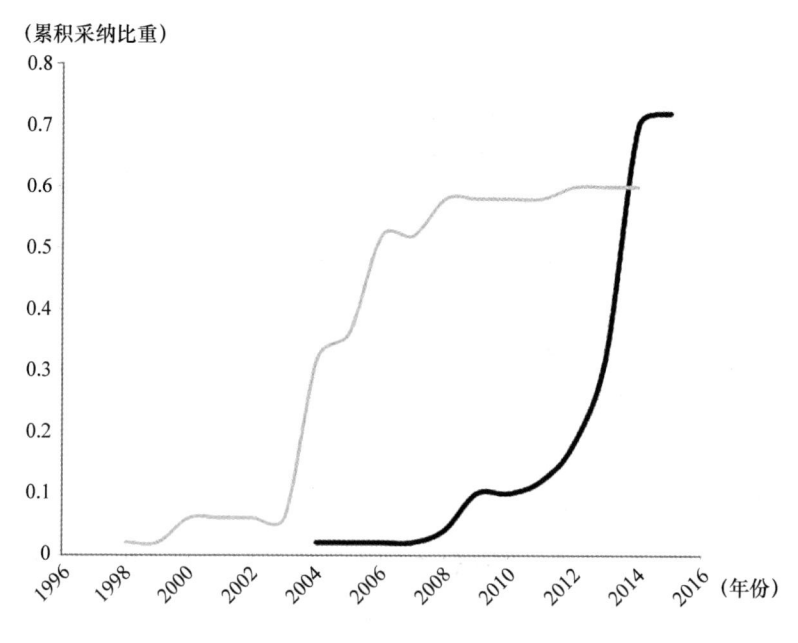

图 9-13　美国婚姻政策的扩散曲线

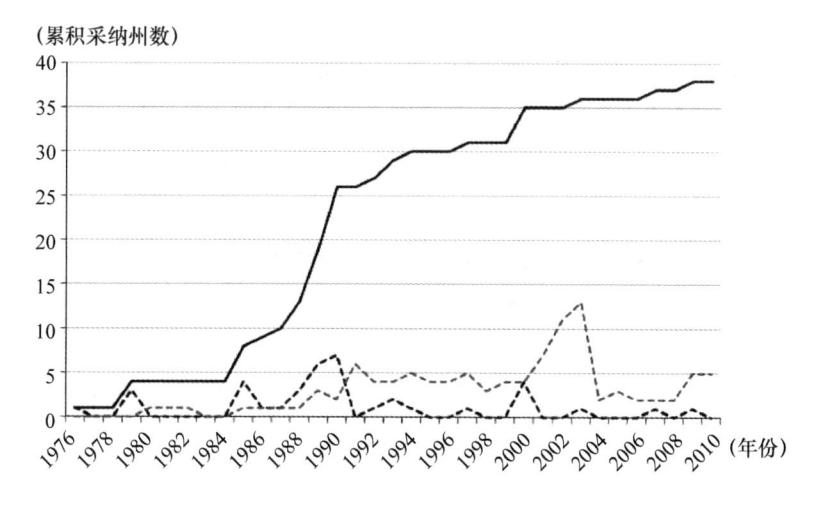

图 9-14　有机认证的扩散曲线（实线）

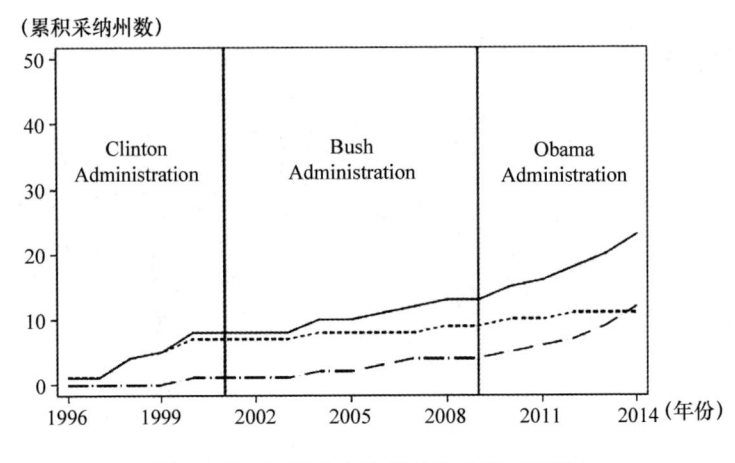

图 9-15 医用大麻法的扩散曲线（实线）

二 美国社会治理创新扩散影响因素的 Meta 分析

（一）数据提取

接下来我们对美国社会治理创新扩散的影响因素进行 Meta 分析。在前面文献选择的基础上，进行数据提取。数据提取主要有三步：①影响因素选择，提取各研究涉及的美国社会治理创新扩散的影响因素，进行频次排列，选择排名前 14 位的影响因素，它们是公众需求、利益集团、宗教、公民意识形态、邻近地区、联邦政府强制性措施、选举、单一政党控制、政策企业家、财政资源、立法专业化、区域扩散、联邦政府理念性措施、人均收入、地理位置。②提取各研究的主要信息，包括文献名、作者、刊物、年份体的社会治理创新名称所选择的影响因素、样本规模采纳数或采纳率、统计分析结果（显著性、方向、系数）。③按照选择出的 14 个影响因素对前两步提取到的数据进行整理，形成各影响因素的描述性统计表。

（二）统计方法

接下来进行数据分析。主要分为以下几步：（1）计算效应值，由于 Meta 分析最开始用于医学和心理学，所分析的研究往往是有实验组和对照组的，不适用于社会治理创新扩散这种无对照二分类变量，不能用常规的 Meta 分析来进行研究。因此,本研究选用适合于无对照二分变量的单臂研究设计相应的 Meta 分析,单臂研究常用的效应量有比例、率、密度、比值、均数,由于本研究的研究对象为社会治理创新,因变量为社会治理创新采纳与否,故选用比例 r(即采纳量占样本量的比例)作为效应值。[①](2)效应值的矫正,对于存在极端效应值(r<0.3 或 r>0.7)的影响因素,先进行双反正弦转化,矫正后再进行后面的分析。(3)异质性分析,通过计算 Q 值进行 Q 检验,因为 Q 检验不够稳健,于是又计算了 I^2,进行了 I^2 检验。(4)合并效应值,根据异质性分析的结果选择固定效应模型或随机模型合并效应值。

(三)Meta 分析结果及异质性检验

1. 各路径的基本情况

本文的重点是研究各个影响因素对政策创新采纳的影响,各自变量与政策创新采纳的关系在每篇文献中都报告了显著性、相关系数、样本量,因此首先将各路径的基本情况汇总,如表 9-2 所示。

表 9-2　　　　　　　　　各路径的基本情况

影响因素	路径个数	相关系数 最小	相关系数 最大	相关性 显著	相关性 不显著	显著率	样本量(个) 最小	样本量(个) 最大	累积样本(个)	平均样本(个)
公众需求	16	-9.57	4.64	12	4	75%	48	50	790	49
人均收入	6	-0.0002	1	2	4	33%	48	50	296	49
财政资源	6	0.014	37.492	1	5	17%	48	50	294	49
公民自由的意识形态	4	-0.0007	0.09	3	1	75%	50	50	200	50
立法专业化	10	-5.556	4.09	4	6	40%	48	50	496	50
选举	9	-1.931	7.704	5	4	56%	48	50	438	49
利益集团	17	-247.54	28.83	9	8	53%	48	50	836	49
宗教	9	-1.05	1.08	5	4	56%	48	50	446	49
单一政党控制	7	-0.47	1.0142	4	3	57%	48	50	347	49
政策企业家	3	0.07	1.633	2	1	67%	48	50	146	49

---

① 张天嵩等:《高级 Meta 分析方法——基于 Stata 实现》,复旦大学出版社 2015 年版,第 141—157 页。

续表

影响因素		路径个数	相关系数		相关性			样本量（个）		累积样本（个）	平均样本（个）
			最小	最大	显著	不显著	显著率	最小	最大		
地理位置		4	-2.171	1.05	1	3	25%	50	50	200	50
联邦政府	强制性措施	4	-3.85	0.525	4	0	100%	50	50	200	50
	理念性措施	4	-4.81	1.271	2	2	50%	50	50	200	50
邻近地区		26	-0.61	6.91	18	8	69%	48	50	1281	49
区域扩散		3	-0.01	3.063	1	2	33%	48	50	148	49

2. Meta 分析结果及异质性检验

异质性检验的目的在于判定所收集到的研究效应值是否属于相同的母群，即各项研究间所显示的差异是否来自同一抽样群体群的抽样变动。如通过了异质性检验，说明该因素对应的研究是同质的，则可以用固定效应模型直接将这些效应值合并以求得变量关系的效应值与计算效应值的 95% 置信区间；如果没有通过异质性检验，则选用随机效应模型合并效应量，表 9-3 展示了异质性检验的结果、合并后的效应值和 95% 的置信区间。

由表 9-3 可知，只有财政资源、选举、政策企业家对美国社会治理创新采纳的影响分析通过了异质性检验（$I^2 < 50\%$），用固定效应合并效应量，其余的影响因素均存在异质性（$I^2 > 50\%$），用随机效应模型合并效应量。

表 9-3　　　　　　　　　异质性检验结果

影响因素	Q 检验（Q）	P	I 检（I^2）	合并效应量	下限	上限
公众需求	117.15	0	87.20%	0.635	0.540	0.725
人均收入	25.29	0	80.20%	0.742	0.624	0.844
财政资源	4.71	0.452	0.00%	0.755	0.705	0.802
公民意识形态	29.55	0	89.80%	0.745	0.542	0.798
立法专业化	78.91	0	88.60%	0.673	0.548	0.787
选举	16.75	0.033	52.20%	0.764	0.705	0.818
利益集团	155.7	0	89.70%	0.652	0.546	0.744

续表

影响因素	Q检验(Q)	P	I检(I^2)	合并效应量	下限	上限
宗教	43.52	0	81.60%	0.687	0.584	0.782
单一政党控制	25.34	0	76.30%	0.690	0.588	0.784
政策企业家	2.81	0.246	28.70%	0.744	0.657	0.822
地理位置	8.28	0.041	63.80%	0.580	0.467	0.690
联邦政府（强制性措施）	15.33	0.002	80.40%	0.667	0.516	0.803
联邦政府（理念性措施）	15.33	0.002	80.40%	0.667	0.516	0.803
邻近地区	166.42	0	85.00%	0.671	0.603	0.735
区域扩散	17.09	0	88.30%	0.592	0.360	0.803

可以发现，在本研究中，除了财政资源、政策企业家外，其他影响因素都存在异质性过大的问题，因此我们转向各影响因素的描述性分析。[①]

（四）描述性分析

1. 公众需求对美国社会治理创新扩散的影响

在纳入分析的研究中，有16项已发表的研究分析了公众需求对美国社会治理创新扩散的影响，见表9-4。其中，12项（75%）研究表明公众需求与美国社会治理创新扩散存在显著的相关关系，还有4项（25%）研究表明公众需求与美国社会治理创新扩散不存在显著的相关关系。具体分析研究结果为"公众需求与美国社会治理创新扩散显著相关"的12项研究，其中有8项是通过财政资源指标来衡量公众需求，所对应的社会政策（彩票、医用大麻法、养老金治理、年度生活津贴限额、阿片类药物合法化）都是为了缓解财政压力。财政资源越少，财政压力越大，公众需求越大，因此采纳相应社会政策的可能性越大。这8项研究中，除了研究30之外，其余的研究结果都是财政资源与相应社会政策的采纳显著负相关，其所表明的是公众需求越大，社会治理创新采纳的可能性越大。另外的4项研究分别用致命威胁、强暴率、3—21岁

[①] 张天嵩等：《高级Meta分析方法——基于Stata实现》，复旦大学出版社2015年版，第5—6页。

自闭症者数量、暴力犯罪率来衡量公众需求,致命威胁越大,表明公众对首次酒驾犯罪者安装联锁装置法的需求越大;强暴率越高,社会越不安全,公众对性犯罪者登记与告知(SORN)法的需求越大;3—21岁自闭症者数量越多,公众对孤独症保险命令的需求越大;暴力犯罪率越高,携带隐藏武器的危害性越大,公众越抵制携带隐藏武器许可法。相应研究的结果都说明公众需求越大,社会治理创新采纳的可能性越大或者公众需求越小,社会治理创新采纳的可能性越小。因此,11项(69%)研究的结果都说明公众需求对美国社会治理创新扩散的促进作用。总之,优势证据表明,公众需求与美国社会治理创新的扩散显著正相关。也就是说,公众的需求是美国社会治理创新采纳的驱动力,或者说美国社会治理创新采纳回应了公众的需求。

表9-4　公众需求对美国社会治理创新扩散的影响

研究	社会治理创新	具体指标	相关系数	相关性	方向	样本量
1	彩票	财政资源	-1.69	不显著	-	48
9	1989年健康维护组织(HMO)示范法案的修订版	财政资源(州医疗保健支出的比重)	-0.03	显著	-	50
10	彩票	财政资源	-8.547	显著	-	48
13	阿片类药物合法化	财政资源(人均州一般预算收入)	1	显著	+	50
16	彩票	财政资源	-2.67	显著	-	48
17	携带隐藏武器许可法	暴力犯罪率	-0.002	显著	-	48
20	性犯罪者登记与告知(SORN)法	犯罪状况(强暴率)	0.913	显著	+	50
22	专责研究自闭症保险小组的成立	公众需求(3—21岁自闭症者数量)	0.03	不显著	+	50
23	孤独症保险命令	公众需求(3—21岁自闭症者数量)	0.6	显著	+	50
24	养老金治理	养老基金比例	-2.43	显著	-	49
25	年度生活津贴限额	养老基金比例	-9.57	显著	-	49
26	首次酒驾犯罪者安装联锁装置法	致命威胁	4.64	显著	+	50

续表

研究	社会治理创新	具体指标	相关系数	相关性	方向	样本量
29	彩票的宪法修正案	财政资源	-0.0029	显著	-	50
30	彩票（1961—2009）	财政资源	-0.002	显著	-	50
32	医用大麻法	财政资源	-0.64	不显著	-	50
32	医用大麻法	对大麻的内部需求	0	不显著	+	50

2. 人均收入对美国社会治理创新扩散的影响

在纳入分析的研究中，有6项研究分析了人均收入对美国社会治理创新扩散的影响，见表9-5。在这6项研究中，有2项（33.33%）研究表明人均收入与美国社会治理创新扩散显著相关，另外4项（66.67%）研究表明人均收入与美国社会治理创新扩散没有统计学意义上的相关关系。优势证据（66.67%的研究）表明，人均收入对美国的社会治理创新扩散没有显著的影响。

表9-5　人均收入对美国社会治理创新扩散的影响

研究	社会治理创新	具体指标	相关系数	相关性	方向	样本量
1	彩票	人均收入	0.023	显著	+	48
4	生前遗嘱法	收入水平	-0.0002	不显著	-	50
16	彩票	人均收入	0.005	不显著	+	48
27	同性婚姻认可	人均收入	1	不显著	+	50
28	仅许可异性婚姻宪法修正案	人均收入	0.999	不显著	+	50
31	有机认证	人均收入	0.9999	显著	+	50

3. 财政因素对美国社会治理创新扩散的影响

在纳入分析的文献中，有6项已发表的研究，分析了财政资源对美国社会治理创新扩散的影响，见表9-6。在这6项研究中，5项（83.33%）研究发现财政资源与社会治理创新的扩散没有统计学意义上的相关关系，只有1项（16.67%）研究表明，财政资源与社会治理创新扩散有显著的正相关关系。总之，优势证据表明，州政府所拥有的财政资源状况对美国的社会治理创新扩散没有影响。

表 9-6　财政资源对美国社会治理创新扩散的影响

研究	社会治理创新	具体指标	相关系数	相关性	方向	样本量
3	学校选择的立法考虑	财政资源（州教育支出比重）	0.022	不显著	+	48
6	学校选择的立法考虑	财政资源	0.014	不显著	+	48
7	学校选择的立法考虑	财政资源	0.014	不显著	+	48
18	限制政府大楼吸烟法（1975—2000）	财政资源	14.301	不显著	+	50
19	限制餐厅吸烟法（1975—2000）	财政资源	37.492	不显著	+	50
20	性犯罪者登记与告知（SORN）法	财政资源（警察支出）	0.991	显著	+	50

4. 公民意识形态对美国社会治理创新扩散的影响

在纳入分析的研究中，有 4 项已发表的研究，分析了公民自由意识形态对美国社会治理创新扩散的影响，见表 9-7。在这 4 项研究中，3 项（75%）研究发现公民自由意识形态与美国社会治理创新的扩散有显著的相关关系，只有 1 项（25%）研究表明，公民自由的意识形态与美国社会治理创新扩散没有显著的相关关系。具体分析研究结果为在"公民意识形态对美国社会治理创新扩散有显著影响"的 3 项研究中，可以发现，2 项研究表明，自由的公民意识形态与美国社会治理创新显著正相关，只有 1 项得出相反结论。总之，优势证据表明，自由的公民意识形态有利于美国社会治理创新扩散。也就是说，公民的意识形态越自由，美国的社会治理创新被采纳的可能性越高。

表 9-7　公民自由的意识形态对美国社会治理创新扩散的影响

研究	社会治理创新	具体指标	相关系数	相关性	方向	样本量
4	生前遗嘱法	公民自由意识形态	0.078	显著	+	50
29	彩票的宪法修正案	公民意识形态	0	不显著	+	50
30	彩票（1961—2009）	公民意识形态	-0.0007	显著	-	50
32	医用大麻法	公民自由主义	0.09	显著	+	50

5. 立法专业化对美国社会治理创新扩散的影响

在纳入分析的研究中，有10项已发表的研究分析了立法专业化对美国社会治理创新扩散的影响，见表9-8。在这10项研究中，有4项（40%）研究发现，立法专业化与美国社会治理创新的扩散有显著的相关关系，有6项（60%）研究表明立法专业化与美国社会治理创新的扩散没有统计学意义上的相关关系。优势证据（60%的研究）表明，立法专业化水平对美国社会治理创新的扩散影响不大。

表9-8　　立法专业化对美国社会治理创新扩散的影响

研究	社会治理创新	具体指标	相关系数	相关性	方向	样本量
17	携带隐藏武器许可法	立法专业化	-5.556	显著	-	48
18	限制政府大楼吸烟法（1975—2000）	立法专业化水准	-1.475	不显著	-	50
19	限制餐厅吸烟法（1975—2000）	立法专业化水准	-1.718	不显著	-	50
24	养老金治理	立法专业化	-0.35	不显著	-	49
25	年度生活津贴限额	立法专业化	4.09	不显著	+	49
26	首次酒驾犯罪者安装联锁装置法	立法专业水准	0.08	显著	+	50
29	彩票的宪法修正案	立法专业水准	0.3324	显著	+	50
30	彩票（1961—2009）	立法专业水准	0.1413	显著	+	50
31	有机认证	立法专业化水准	0.3743	不显著	+	50
32	医用大麻法	立法专业性	0.07	不显著	+	50

6. 选举对美国社会治理创新扩散的影响

在纳入分析的研究中，我们找到了9项研究分析了选举与美国社会治理创新扩散的关系，见表9-9。在9项研究中，主要通过"是否州长选举年、是否州众议院选举年"等指标进行分析，有5项（55.56%）研究结果表明选举与美国社会治理创新扩散呈显著关系，而有4项（44.44%）研究结果表明选举与美国社会治理创新扩散没有显著影响。进一步分析得出在"选举与美国社会治理创新扩散呈显著关系"结论的5项研究中，一是研究选举对彩票采纳的影响，根据原文作者的观点，对于彩票这种普遍受到民众欢迎的政策,在选举年加以采纳,会增加政治家连任或当选的机会。2项相关研究得出选举与彩票采纳呈显著正相关关系的结论,说明选举对彩票采纳有明显影响;二是选举对学校选择的立法考虑的影响,根据原文作者的观点,对于学校选择这种政策创新,往往在非选举年更易被采纳,因为一方面在选举年立法者会花更多精力在竞选上,因此选举年立法议程会更狭窄;另一方面,学校选择议题能引起明显的政治争议,规避风险的政治家更可能避免在选举年进行立法考虑。3项相关研究得出选举与学校选择立法考虑呈显著负相关关系,也说明选举对社会治理创新采纳有明显影响。总的来看,证据(45%的研究)表明选举对美国社会治理创新扩散有明显影响。因此,可以认为选举是影响美国社会治理创新扩散重要影响因素之一。

表9-9　　　　　　选举对美国社会治理创新扩散的影响

研究	社会治理创新	具体指标	相关系数	相关性	方向	样本量
1	彩票	州长选举年	0.82	显著	+	48
3	学校选择的立法考虑	州众议院选举年	-1.931	显著	-	48
6	学校选择的立法考虑	州众议院选举年	-1.6	显著	-	48
7	学校选择的立法考虑	州众议院选举年	-1.547	显著	-	48
10	彩票	州长选举年	0.463	不显著	+	48
16	彩票	州长选举年	0.76	显著	+	48
20	性犯罪者登记与告知（SORN）法	州长选举年	7.704	不显著	+	50
29	彩票的宪法修正案	州长选举年	0.0031	不显著	+	50
30	彩票（1961—2009）	州长选举年	-0.0007	不显著	-	50

7. 利益集团对美国社会治理创新扩散的影响

在纳入分析的研究中,有16项已发表的研究,分析了利益集团对美国社会治理创新扩散的影响,见表9-10。有9项(53%)研究表明,利益集团与美国社会治理创新扩散有显著的相关关系,另外8项(47%)研究表明,利益集团与美国社会治理创新扩散没有显著的相关关系。具体分析研究结果为在"利益集团对美国社会治理创新扩散有显著影响"的9项研究中,可以发现,有5项研究表明反对利益集团与相关政策创新的采纳显著负相关，4项研究表明支持利益集团与相关政策创新的采纳显著正相关。总之，优势数据（53%的研究）表明，利益集团会对美国社会治理创新的扩散产生了显著影响，说明利益集团是美国社会治理创新的扩散的重要影响因素。

表9-10　　　　利益集团对美国社会治理创新扩散的影响

研究	社会治理创新	具体指标	相关系数	相关性	方向	样本量
2	"罗伊"流产规制改革之前的政策	女性就业人口参与	-0.222	显著	+	50
3	学校选择的立法考虑	教师联盟的反对程度	-1.307	不显著	-	48
4	生前遗嘱法	天主教会的力量	-0.066	显著	-	50
6	学校选择的立法考虑	教师联盟反对程度	-1.215	不显著	-	48
7	学校选择的立法考虑	教师联盟反对程度	-1.321	不显著	-	48
17	携带隐藏武器许可法	利益集团影响（全国步枪协会会员数）	-0.9	不显著	-	48
18	限制政府大楼吸烟	压力集团（是否产烟州）	-0.809	显著	-	50
19	限制餐厅吸烟	压力集团（卫生组织影响力）	0.594	显著	+	50
19	限制餐厅吸烟	压力集团（是否产烟州）	-1.223	显著	-	50
21	允许对家外使用致命武力并且没有初步撤退的行为进行肯定性法律辩护	采用枪支拥有者（枪支购买）	0.731	显著	+	50
22	专责研究自闭症保险小组的成立	卫生保险公司影响力	-13.07	显著	-	48
23	孤独症保险命令	卫生保险公司影响力	0	不显著	+	48
24	养老金治理	工会会员密度	0	不显著	+	49
25	年度生活津贴限额	工会会员密度	-0.01	不显著	-	49
26	首次酒驾犯罪者安装联锁装置法	卫生游说者	28.83	不显著	+	50
26	首次酒驾犯罪者安装连锁装置法	酒产业游说者	-247.54	显著	-	50

8. 宗教对美国社会治理创新扩散的影响

在纳入分析的研究中，有 9 项研究分析了宗教与美国社会治理创新扩散的关系，见表 9-11。在 9 项研究中，有 5 项（55.56%）研究表明宗教与美国社会治理创新扩散显著相关，有 4 项（44.44%）研究表明宗教与美国社会治理创新扩散没有统计学意义上的相关关系。具体分析研究结果为在"宗教对美国社会治理创新扩散显著相关"的 5 项研究中，5 项均发现宗教与社会治理创新扩散之间存在显著的反比关系。优势证据（55.56%的研究）表明，宗教对美国社会治理创新的扩散呈负相关关系。也就是说美国地方政府在政策采纳过程中会考虑到宗教因素，宗教人口的比例越大，政府在采纳新政策的时候就越谨慎。

表 9-11　　宗教对美国社会治理创新扩散的影响

研究	社会治理创新	具体指标	相关系数	相关性	方向	样本量
1	彩票	宗教原旨主义	-0.034	显著	-	48
2	"罗伊"流产规制改革之前的政策	天主教和原旨主义比重	-1.02	显著	-	50
10	彩票	原教旨主义比重	-1.05	显著	-	48
16	彩票	坚持原教旨主义宗教的人口比重	-0.057	显著	-	50
20	性犯罪者登记与告知（SORN）法	基本新教徒比重	0.988	不显著	+	50
27	同性婚姻认可	宗教（信教人口比重）	1.08	不显著	+	50
28	仅许可异性婚姻宪法修正案	宗教（信教人口比重）	0.999	不显著	+	50
29	彩票的宪法修正案	基本基督徒的比重	-0.0007	不显著	-	50
30	彩票（1961—2009）	基本基督徒的比重	-0.0021	显著	-	50

9. 单一政党控制对社会治理创新扩散的影响

单一政党控制是指政府机构（州长职位、参议院和众议院）是否为同一政党控制。在已经发表的研究中，我们找到了 7 项研究分析了单一政党控制与社会治理创新扩散的关系，见表 9-12。首先从显著性角度看，共有 4 项研究（57%）表明单一政党控制对美国社会治理创新扩散有显著影响，3 项研究（43%）结果表明单一政党控制对美国社会治理创新扩散没有显著影响。从这个角度看，较多的研究说明单一政党控制对美国社会治理创新扩散是有显著影响的。然后具体分析有显著影响的 4 项研究，其中两项研究单一政党控制和彩票采纳的关系，研究的结果都是单一政党控制和彩票采纳显著负相关。按照原文作者的解释，其原因在于为了实现增加税收的目的，分治的政府缺少增加不受欢迎的强制性税收的政治资源，而必须通过较少争议的彩票政策来解决，这种情况下，即分治的政府比统一的政府更有可能采纳彩票。研究 31、研究 32 分别分析了单一政党控制和各州自闭症保险专责研究小组成立、性犯罪者登记与告知（SORN）法采纳的关系，结果都是单一政党控制和两项政策创新显著负相关，其原因在于这两项政策都属于争议性不大的政策，由于没有冲突元素，一党主导的州就没有那么强烈的政治动机尽早采取行动。当然，尽管这 4 项研究都表明单一政党控制和相关政策采纳显著负相关，但并不说明单一政党控制就一定阻碍社会治理创新的扩散。这或许与政策创新的属性有关，当新政策争议较大或具有较大的强制性，统一的政府比分治的政府或许采纳的可能性更大。总之，优势证据表明，单一政党控制对于美国社会治理创新的扩散有重要影响，单一政党控制是美国社会治理创新扩散的重要影响因素。

表 9-12　　　　单一政党控制对美国社会治理创新扩散的影响

研究	社会治理创新	具体指标	相关系数	相关性	方向	样本量
1	彩票	单一政党控制政府	-0.4	显著	-	48
20	性犯罪者登记与告知（SORN）法	单一政党控制	0.015	显著	+	50
22	专责研究自闭症保险小组的成立	政府政党的统一性	-0.47	显著	-	50
23	孤独症保险命令	政府政党的统一性	0.92	不显著	+	49
29	彩票	单一政党控制	-0.0016	不显著	-	50
30	彩票（1961—2009）	单一政党控制	-0.0294	显著	-	50
31	有机认证	分治政府	1.0142	不显著	+	50

10. 政策企业家对美国社会治理创新扩散的影响

在纳入分析的研究中，有3项研究分析了政策企业家对美国社会治理创新扩散的影响，见表9-13。在这3项研究中，2项（66.67%）研究发现政策企业家与美国社会治理创新扩散显著相关，1项（33.33%）研究表明政策企业家与美国社会治理创新扩散不显著相关。具体分析研究结果为"政策企业家与美国社会治理创新扩散显著相关"的2项研究，2项均显示政策企业家与美国社会治理创新显著正相关。总之，优势证据表明，政策企业家对美国的社会治理创新的采纳有显著的促进作用。也就是说，政策企业家为促进社会治理创新采纳所进行的活动越多，社会治理创新越有可能被采纳。

表9-13　　　政策企业家对美国社会治理创新扩散的影响

研究	社会治理创新	具体指标	相关系数	相关性	方向	样本量
3	学校选择的立法考虑	政策企业家（是否在场）	1.633	显著	+	48
7	学校选择的立法考虑	政策企业家（是否在场）	1.519	显著	+	48
8	仇视性犯罪法	是否有反诽谤联盟办公室	0.07	不显著	+	50

11. 地理位置对社会治理创新扩散的影响

在纳入分析的研究中，有4项研究分析了地理位置与美国社会治理创新扩散的关系，见表9-14。在4项研究中，3项（75%）研究表明地理位置与美国社会治理创新扩散不存在统计学意义上的相关关系，另外1项（25%）研究表明地理位置与美国社会治理创新扩散显著相关。总之，优势证据表明，地理位置对社会治理创新的扩散没有显著的影响。

表9-14　　　地理位置对社会治理创新扩散的影响

研究	社会治理创新	具体指标	相关系数	相关性	方向	样本量
5	援助受抚养子女项目和援助有受抚养子女的家庭项目的资格要求	属于哪一地区（人口普查）	-0.1	显著	-	50
21	Stand-Your-Ground Laws（允许对家外使用致命武力并且没有初步撤退的行为进行肯定性法律辩护）	是否南部地区	-2.171	不显著	-	50

续表

研究	社会治理创新	具体指标	相关系数	相关性	方向	样本量
27	同性婚姻认可	属于哪一地区（人口普查[1]）	1.05	不显著	+	50
28	仅许可异性婚姻宪法修正案	属于哪一地区（人口普查）	0.415	不显著	+	50

12. 联邦政府对美国社会治理创新扩散的影响

对于联邦政府对美国社会治理创新扩散的影响，我们从两个方面来加以考察：联邦政府的强制性措施和财政激励、联邦政府的政策理念。在纳入分析的研究中，有 4 项研究分析了联邦政府强制性措施和财政激励对美国社会治理创新扩散的影响，见表 9 - 15。在这 4 项研究中，有 4 项（100%）研究表明，联邦政府强制性措施和财政激励对美国社会治理创新扩散有显著影响。可以发现，有 3 项研究发现强制性措施和财政激励与美国社会治理创新的扩散之间存在正比关系，有 1 项研究则得出了相反的结论。总之，优势证据（75% 的研究）表明，强制性措施和财政激励与美国社会治理创新扩散有显著的正相关关系。也就是说，联邦政府采取的强制性措施和财政激励可以促进美国社会治理创新的采纳。

表 9 - 15　　联邦政府的强制性措施和财政激励对美国社会治理创新扩散的影响

研究	社会治理创新	具体指标	相关系数	相关性	方向	样本量
18	限制政府大楼吸烟法（1975—2000）	联邦政府的命令和财政激励	0.334	显著	+	50
19	限制餐厅吸烟法（1975—2000）	联邦政府的命令和财政激励	0.294	显著	+	50
31	有机认证	联邦政府（正式颁布的联邦法规）	0.5246	显著	+	50
32	医用大麻法	联邦执法的加强	-3.85	显著	-	50

在纳入分析的研究中，共有 4 项研究分析了联邦政府的政策理念对社会治理创新扩散的影响，见表 9 - 16。在这 4 项研究中，有 2 项（50%）研究表明，联邦政府的政策理念与社会治理创新扩散呈显著负

相关关系，另外 2 项（50%）研究表明，联邦政府的政策理念与社会治理创新扩散没有显著的相关关系。证据表明，联邦政府的政策理念对社会治理创新扩散没有影响或者是负向影响。

表 9-16　联邦政府的理念性措施对美国社会治理创新扩散的影响

研究	社会治理创新	具体指标	相关系数	相关性	方向	样本量
18	限制政府大楼吸烟法（1975—2000）	前一年国会听证会和法案引入程度	-1.783	显著	-	50
19	限制餐厅吸烟法（1975—2000）	前一年国会听证会和法案引入程度	-0.945	不显著	-	50
31	有机认证	联邦政府（联邦采纳滞后）	1.2709	不显著	+	50
32	医用大麻法	总统行政班子的变动	-4.81	显著	-	50

总之，美国联邦政府对州政府社会治理创新采纳的影响要具体分析。联邦政府采取的强制性措施和财政激励可以促进美国社会治理创新的采纳，而联邦政府的政策理念对社会治理创新扩散没有影响或者是负向影响。

13. 邻近地区对美国社会治理创新扩散的影响

在纳入分析的研究中，有 26 项研究分析了邻近地区对美国社会治理创新扩散的影响，见表 9-17。在这 26 项研究中，18 项（69.23%）研究发现邻近地区与美国社会治理创新的扩散显著相关，8 项（30.77%）研究发现邻近地区与美国社会治理创新没有显著的相关关系。其中，有 16 项研究表明邻近地区与美国社会治理创新存在显著的正相关关系，还有 2 项研究得出了相反的结论。总之，优势证据表明，邻近地区与美国社会治理创新的扩散有显著的正相关关系。也就是说，邻近州的采纳量越高，社会治理创新越容易被采纳。

表 9-17　邻近地区对美国社会治理创新扩散的影响

研究	社会治理创新	具体指标	相关系数	相关性	方向	样本量
1	彩票	邻近地区	0.27	显著	+	48

续表

研究	社会治理创新	具体指标	相关系数	相关性	方向	样本量
3	学校选择的立法考虑	邻近地区	2.053	显著	+	48
4	生前遗嘱法	邻近地区	-0.461	显著	-	50
6	学校选择的立法考虑	邻近地区	1.68	显著	+	48
7	学校选择的立法考虑	邻近地区	1.641	显著	+	48
9	1989年健康维护组织（HMO）示范法案的修订版	邻近地区	0.31	显著	+	50
10	彩票	邻近地区	1.06	显著	+	48
11	彩票	关注度	1.427	显著	+	48
14	单独使用剂量并不能确定处方的合法性	邻近地区（大麻法）	2.66	显著	+	50
16	彩票	邻近地区	-0.14	不显著	-	48
17	携带隐藏武器许可法	邻近地区	2.533	显著	+	48
18	限制政府大楼吸烟法（1975—2000）	邻近地区	0.948	不显著	+	50
19	限制餐厅吸烟法（1975—2000）	邻近地区	2.064	显著	+	50
20	性犯罪者登记与告知（SORN）法	邻近地区	0.079	显著	+	50
21	Stand-Your-Ground Laws（允许对家外使用致命武力并且没有初步撤退的行为进行肯定性法律辩护）	邻近地区	-0.601	不显著	-	50
22	专责研究自闭症保险小组的成立	邻近地区	-0.61	显著	-	49
23	孤独症保险命令	邻近地区	1.13	不显著	+	50
24	养老金治理	邻近地区	1.27	不显著	+	49
25	年度生活津贴限额	邻近地区	2.58	显著	+	49
26	首次酒驾犯罪者安装联锁装置法	邻近地区	6.91	显著	+	50
27	同性婚姻认可	邻近地区（已采纳该政策的邻近州总数）	2.5	显著	+	50

续表

研究	社会治理创新	具体指标	相关系数	相关性	方向	样本量
28	仅许可异性婚姻宪法修正案	邻近地区（已采纳该政策的邻近州总数）	1.62	显著	+	50
29	彩票的宪法修正案	邻近地区	0.0949	显著	+	50
30	彩票（1961—2009）	邻近地区	0.0195	不显著	+	50
31	有机认证	邻近地区	0.6132	不显著	+	50
32	医用大麻法	先采纳的邻近州比重	0.16	不显著	+	50

14. 区域扩散对美国社会治理创新扩散的影响

在纳入分析的研究中，有3项已发表的研究，分析了区域扩散对美国社会治理创新扩散的影响，见表9-18。这3项研究中有2项表明区域扩散与社会治理创新的扩散没有统计学意义上的相关关系，有一项结果为具有显著相关关系。优势证据表明，区域扩散对美国社会治理创新的扩散没有显著的影响。

表9-18　区域扩散对美国社会治理创新扩散的影响

研究	社会治理创新	具体指标	相关系数	相关性	方向	样本量
2	"罗伊"流产规制改革前的政策	同一地区的平均地区许可程度	0.866	显著	+	50
8	仇视性犯罪法	同一地区（人口普查区）内已采纳政策的州的比重	-0.01	不显著	-	50
17	携带隐藏武器许可法	同一地区（人口普查区）[1]内已采纳政策的州的比重	3.063	不显著	+	48

三　结论与研究局限

（一）结论

本文针对美国社会治理创新扩散的定量研究，对美国社会治理创新扩散的特征和影响因素进行综合分析。经过严格的文献筛选，本文采用了 32 个样本,均是以美国州政府为分析单位。主要获得以下结论。

一是对美国社会治理创新扩散的特征进行归纳。总体上美国社会治理创新扩散基本上都呈 S 型曲线的特征。但是也存在一些差异,有的呈现出标准的 S 型曲线,有的呈现出陡峭的 S 型甚至是 R 型的曲线,也存在平缓的扩散曲线。这也说明美国社会治理创新扩散都存在两种模式:渐进的政策扩散和间断—均衡的政策扩散。

二是对我国社会治理创新扩散的影响因素进行了 Meta 分析。主要发现是:其一,公众需求、利益集团、宗教、公民意识形态、邻近效应、联邦政府强制性措施、选举、单一政党控制、政策企业家是美国社会治理创新扩散的重要影响因素。其中,公众需求、邻近效应、联邦政府强制性措施、政策企业家与美国社会治理创新扩散呈显著正相关关系,是社会治理创新采纳的促进因素。而利益集团、宗教、公民意识形态、选举、单一政党控制与美国社会治理创新扩散既可能呈显著正相关关系,也可能呈显著负相关关系,既可能是促进因素,也可能是阻碍因素,这因不同利益集团利益、公民意识形态取向和社会治理创新属性而异。利益集团会基于自身的利益支持或反对政策采纳,如果政策创新符合自身利益,其会加以支持,否则,会加以阻碍。信教人士会支持符合本教教义的政策创新的采纳,反之,则会反对。从公民的意识形态来看,持自由主义的公民往往会支持政策创新的采纳,持保守主义的公民往往会阻碍政策创新的采纳。当然也与政策属性相关,比如选举,对于受公众欢迎的、冲突不大的政策,往往容易在选举年通过,而不受公众欢迎的、冲突大的政策,则往往可能在选举年之后通过。对于单一政党控制因素而言,对于争议性不大的政策创新,由于没有冲突元素,一党主导的州就没有那么强烈的政治动机尽早采取行动。而对于争议性大的政策创新,统一的政府比分治的政府或许采纳的可能性更大。其二,财政资源、立法专业化、区域扩散、联邦政府理念性措施、人均收入、地理位置对美国的社会治理创新的采纳没有显著性的影响。

(二) 研究局限

本研究的局限性主要有两点:一是本文采用 Meta 分析的效应值是无对照二分类数据,因此将计数数据的、连续性数据的研究排除在外,使得一些有意义的研究没有得以纳入分析。

二是研究方法的局限性。由于纳入的研究之间存在显著的异质性，虽然我们通过分析对异质性较大的研究进行了剔除，也采用了单臂研究等方法进行了处理，但异质性依然显著。有学者指出，对无对照二分类数据进行 Meta 分析，其结果往往异质性都较大，对于其原因尚在探讨之中。本文严格遵循 Meta 分析的方法原则，鉴于研究间存在高度异质性，我们转向一般的描述性分析。随着未来美国社会治理创新扩散研究的不断开展，未来的 Meta 分析可以选择更多的文献来加以研究，另外可以考虑能否选择更合适的 Meta 分析方法（如选择更合适的效应指标），以及对计数数据的、连续性数据的研究进行专门的 Meta 分析，使美国社会治理创新扩散的研究也得到更具有说服力的一般性结论。

第十章 中美社会治理创新扩散比较研究

第八章和第九章我们分别运用 Meta 分析方法对中美两国社会治理创新扩散进行了归纳分析，初步把握了中美两国社会治理创新扩散的概貌。本章在此基础上，对中美两国社会治理创新扩散进行比较分析。

一 中美社会治理创新扩散特征比较分析

首先我们对中美两国社会治理创新扩散的过程或特征进行比较。第一，总体特征。前述两章研究表明，无论中国还是美国，总体来说，社会治理创新扩散的曲线基本上都呈 S 型曲线。第二，扩散模式。在中国的政策创新扩散中，存在着稍显平缓的扩散曲线、标准的 S 型曲线和比较陡峭的 S 型曲线。而在美国，政策创新扩散扩散曲线也存在着标准的S 型曲线、陡峭的 S 型甚至是 R 型的曲线以及平缓的扩散曲线三种情况。这说明中美两国的社会治理创新都存在两种模式：渐进的政策扩散和间断—均衡的政策扩散。所以从过程或特征上看，中美两国社会治理创新扩散大体上是相同的，没有明显的区别。

中美两国社会治理创新扩散的曲线基本上都呈 S 型曲线，这是由创新的一般特征决定的。罗杰斯认为，"我们主要并不是想强调采纳率呈现出 S 型是一种必然，但是，大多数实证研究表明，创新的扩散过程呈现钟型正态曲线，创新的累积采纳人数则呈 S 型曲线分布"[①]。因此，S

[①] ［美］埃弗雷特·M. 罗杰斯：《创新的扩散》，唐兴通等译，中央编译出版社 2002 年版，第 243 页。

型扩散曲线具有一定的普遍性。

中美两国的社会治理创新都存在渐进的政策扩散和间断—均衡的政策扩散两种模式。政策扩散是渐进的还是间断—均衡的，与注意力、是否有焦点事件或政策创新属性等相关。比如在有限注意力、常规事件下和具有吸引人的政策形象、低技术复杂性和高议题突出性的政策更有可能产生政策爆发，而在注意力转移、焦点事件之下和议题不突出、高技术复杂性的政策则往往会产生渐进的扩散。虽然中美影响注意力的因素可能不同，但是在政策过程中都会出现有限注意力和注意力转移的情形。当然也都存在常规事件和焦点事件，也具有不同属性的政策创新。因此两国都会存在这两种政策创新扩散模式。

二 中美社会治理创新扩散影响因素比较分析

（一）影响因素总体比较

首先对中美社会治理创新扩散的影响因素进行总体比较，见表10－1。可以发现有以下几方面。

第一，在影响因素的选择方面，国内学者比较多地选择公众需求、人均GDP、财政资源、行政级别、政策主导者年龄、中央政府压力、省级政府压力、政策试点、邻近政府、区域位置等因素研究中国社会治理创新的扩散。而美国学者则倾向于更多地选择公众需求、财政资源、立法专业化水平、联邦政府及其理念、邻近政府、区域位置、公众舆论、宗教、利益集团、选举、政党、政策企业家、区域扩散等因素来研究美国的社会治理创新扩散。

第二，共同的因素包括公众需求、财政资源、中央政府压力、邻近政府和区域位置。主要的特殊性因素包括行政级别、省级政府压力、政策试点、公众舆论、宗教、利益集团、选举、政党。

第三，进一步分析，中美学者选择的共同因素，对相应国家的社会治理创新扩散的影响也有同有异。邻近政府和区域位置对两国社会治理创新扩散的影响相同，而公众需求、财政资源和中央政府压力对两国社会治理创新扩散的影响存在差异。以下从共同因素共同影响、共同因素

第十章 中美社会治理创新扩散比较研究 209

不同影响和差异性因素三个方面进行比较。

表 10-1　　社会治理创新扩散的影响因素的总体比较

影响因素	与中国社会治理创新扩散的关系	与美国社会治理创新扩散的关系
公众需求	不显著或负相关	显著正相关
人均 GDP	显著正相关	—
财政资源	显著正相关	不显著
行政级别	显著正相关	—
政策主导者年龄	显著负相关	—
区域位置	不显著	不显著
政策企业家	—	显著正相关
中央政府（或联邦政府）压力	显著正相关	强制命令或财政激励显著正相关。但政策理念不显著或负相关
省级政府压力	显著正相关	—
政策试点	显著正相关	—
邻近政府	显著正相关	显著正相关
区域扩散	—	不显著
公民意识形态	—	显著正相关或负相关
宗教	—	显著正相关或负相关
利益集团	—	显著正相关或负相关
选举	—	显著正相关或负相关
政党	—	显著正相关或负相关

(二) 共同因素共同影响

有两个共同因素并且对中美社会治理创新扩散的影响相同。这两个因素是邻近政府和区域位置。首先，邻近政府都与中美政策创新扩散呈现显著的正相关关系，说明在两国的政策创新扩散中，都存在"邻近效应"——政策采纳受到地理上共享边界的政府的影响。这一点说明了政策创新扩散中的"邻近效应"不因不同的国家结构形式或者经济发展水平而异。这种普遍性源于地理性质，因为地理上邻近的政府更具有"相似性"——政策问题和环境相似、"可见性"——公众更易于见到周边的创新而向本地政府施压、"学习成本低廉性"——相较于遥远的地区，向邻居学习成本更为低廉以及"用脚投票压力"——居民更易于流向邻近地区而向邻近地区竞争。其次，区域位置对中美政策创新扩散的影响都不显著。尽管美国常被划分为九大地区——新英格兰、中大西洋地区、东南地区、南方地区、中西部地区、上密西西比—五大湖区、落基山区、太平洋沿岸地区、西南地区，中国常被分为三大地区——东部地区、中部地区、西部地区，但政策创新扩散的实质是信息的传播，由于现代信息传播手段的多样化以及发达，信息的传播已经超越了空间的限制。这一点对于两国都是共同的，因此区域位置的影响也是共同的。

（三）共同因素不同影响

有三个因素是共同的，但是它们对中美两国的社会治理创新扩散的影响存在差异。这三个因素是公众需求、财政资源和中央政府压力。

首先，从公众需求来看，公众需求对中国的社会治理创新扩散没有显著影响或负相关影响，这说明公众输入的要求没有成为中国社会治理创新采纳的驱动力，或者说地方政府的政策创新采纳没有回应公众的需求。反观美国公众需求对美国的政策创新扩散显著正相关，说明公众压力驱动了美国政策创新的扩散，或者说，美国各州政府对新政策的采纳一定程度回应了公众的需求。这一差异的原因是多方面的。其一，政策模式。中国的政策模式仍然是一种政府精英"内输入"模式。胡伟认为，当代中国的决策模式是一种典型的精英决策。精英是指党政主要领导。但精英并不像西方"精英模型"中的精英那样，只是代表所在利益群体的利益，而是因不同的政策问题或在不同的政策情势下非功利地为不同群体的利益说话。而且，社会利益的表达与综合不是由社会结构来承担，不是"环境"向"政治系统"的"输入"，而是党的领导和政府官员们通过分析、研究、调查而将他们所认定的社会利益"内输入"到政治系统中。因此，公众要求的输入主要取决于党政主要领导的体察和确认。而党政主要领导总是"有限理性"的，不可能完备地和准确地表达和综合公众的诉求。而美国的政策模式是一种"多元主义下的外输入"模式。由于公民社会的发达，形成了多元利益结构，社会性利益表达现象也比较普遍，社会利益的表达与综合由公众和利益集团来承担，他们从外部对政府施加压力和要求。这往往成为政策创新采纳的驱动力，也要求政府的政策创新采纳回应公众的需求。其二，参与渠道。中国公众参与政策创新采纳的渠道除了比较单一以外，还存在以下几个特点：

第十章　中美社会治理创新扩散比较研究

以非制度化方式为主，制度化方式为辅；合法性间接参与方式为主，直接参与的方式为辅；以委托参与或被动参与为主，主动参与为辅；单独参与为主，联合参与以及与政府合作参与比较少见。如果从公民社会参与公共政策制定的层面来看，我国公民社会参与的方式以出场或动员式以及表达式的参与方式为主，对话式参与方式还非常少见，共治式参与方式还完全没有出现。①而美国公众参与政策创新采纳的渠道多元，而且是制度化的、直接主动参与的、联合的、对话的和共治式的。连接公民意见和政府创新采纳决策的制度性安排的差异导致公众诉求对中美创新采纳的影响或创新采纳对公众回应的不同。其三，政府体制：压力型体制和分权体制。中国的政府体制一定程度上是一种"压力型"体制，这种体制是一种在现代化压力下利用党政垂直权力、以责任制为网络并以绩效奖惩为动力杠杆将压力层层向下渗透的模式。其具体特点是自上而下的任务分派、刚性的绩效考评、任务分派的"一刀切"。在此体制下，官员的必然选择是集中精力完成上级任务，官员个人以及整个官僚体系很难有足够时间与精力及时有效回应大量的公众需求。"一刀切"忽视了各地的差异性，没有考虑具体化、多样化、迅疾化的民意诉求。而美国的政府体制体现为一种分权体制，主权由联邦和各州分享，宪法将绝大多数的政府权力划分给州与地方政府，州政府可以在自己的权限范围内自主地制定和实施自己的政策。他们不需要一味地对上负责，而具有颇大的根据自己辖区内的政策生态和民众的具体诉求进行自主决策的空间。其四，官员产生方式：任命与选举。从中国的公共权力授予机制来看，主要采取自上而下的党委委任制，其结果必然是向权力的授予者——上级负责。"官员任免权在上级政府，目前的官员任命机制无法保证地方官员对居民和企业的多样化偏好做出足够和有效的反应。"②而美国州行政首长或立法官员是有选举产生——由公民投票产生，因此，这些政治家必然向他们的权力授予者——公民负责，这驱使他们了解公众的诉求和回应他们的需要。其五，价值取向：管理思维与顾客导向。目

---

① 李占乐：《中国公民社会参与公共政策制定的渠道和方式》，《理论导刊》2011年第3期。
② 周黎安：《转型中的地方政府：官员激励与治理》，上海人民出版社2008年版，第114—115页。

前，中国的党政领导干部从思想意识上仍更多地视自己为"管理者"，视公众为"管理对象"，服务理念仍然欠缺。随着新公共管理运动的兴起和发展，"顾客导向"日益渗透到美国政府之中，视公民为"顾客"成为美国政治家们的一种较普遍的理念。这自然驱使他们在政策创新采纳中充分考量辖区内公民的需要。

其次，从财政资源来看。财政资源与中国社会治理创新扩散显著正相关，说明财政能力是我国地方政府政策创新采纳的一个重要基础条件。但反观美国，财政资源对其社会治理创新扩散没有显著影响。这有两种可能性，一是美国经济发达，政府财政资源相对充足，社会治理创新所需的资金仅占较小比重，因此，犹如"九牛拔一毛"一般，不会对整个财力构成比较大的影响，不会成为政治家采纳政策创新时的重要考量。二是本研究所选择的中美研究中政策创新的属性不同——所选择的中国政策创新需要大量投入，而所选择的美国政策创新恰好对资金要求不高。经过对比发现，所选择的中国社会治理创新（如城市低保制度、城市社区网格化管理、居住证制度、智慧城市、社会稳定风险评估机制等）基本上属于需要较大投入的政策创新；而所选择的美国政策创新大多不需要较大的财政投入（如学校选择，首次酒驾犯罪者安装联锁装置法、同性婚姻认可、限制政府大楼、餐厅吸烟、性犯罪者登记与告知、携带隐藏武器许可、流产规制等），甚至有些政策还能为政府带来一定的财政收入（如彩票、医用大麻法、阿片类药物合法化等）。这证明了第二种可能性。"财政资源对美国社会治理创新扩散没有显著影响"并不具有普遍性。这一定程度上说明财政资源对中美社会治理创新扩散影响的差异不是根本性的区别。

最后，从中央政府压力来看。中国中央政府的压力和社会治理创新扩散显著正相关，说明中国中央政府对于中国政策创新扩散有重要影响。而美国的情况是联邦政府的强制命令或财政激励与社会治理创新扩散显著正相关，但政策理念不显著或负相关。比较遗憾的是，目前国内学者没有对中国中央政府的政策理念和社会治理创新扩散的关系进行研究。但是我们可以设想的是，中国中央政府的政策理念对地方政府社会治理创新的采纳是具有促进作用的。仅举一例以窥一斑，正是 2011 年 2 月胡锦涛总书记在省部级主要领导干部社会管理及其创新专题研讨班开班式上的重要讲话催生了中国社会管理创新及其学习的高潮。因此，对于中国而言，不仅中央政府的强制命令对于中国政策创新扩散有重要影响，而且中国中央政府的政策理念对于地方政府的政策采纳也有较大推动作用。总结而言，中国中央政府对社会治理创新扩散的影响是强而有力的，相对地，美国联邦政府对社会治理创新扩散的影响比较弱小。这种差异与中美两国的国家结构形式和中央地方关系有关，首先，从国家结构形式上看，中国是单一制国家，而美国是联邦制国家。单一制与联邦制的根本区别是主权权力是由全国性政府独占还是由其与区域性政府分享。由全国性政府独占主权权力的是单一制，由全国性政府同区域性政府分享主权权力的是联邦制。① 当然还包括权力来源、权限划分、国家机构的组成、法律体系等方面的区别。但总的来看，单一制下中央政府与地方政府的关系是行政隶属，领导与服从关系，中央政府与地方政府的区别在于一个是上级、一个是下级。而联邦制下联邦政府与成员政府的关系是平等分立，竞争合作关系，联邦政府与成员政府的区别在于管辖负责全国性的公共事务，后者负责管辖地方性公共事务。其次，从中美的中央地方关系来看，在权限划分方面，美国联邦政府与州政府有明确的权限划分，中国虽然近年来有一些权限划分的举措，但总体上仍不明晰，属于"泛化治理"。在中央对地方的立法、行政、人事、财政、司法的控制方面，二者存在明显差异。中国中央政府对地方政府实行严格的控制。如立法方面，各级政府立法不得与宪法、上级立法抵触，上级要求下级立法备案，也有权撤销或改变地方法规和规章。行政方面，中央政府与地方政府是典型的领导与被领导关系，中央对地方进行全面监督和控制。在人事方面，实行"下管一级"的干部任命制度。在财政方面，实行"分税制"，中央可以通过上解、税收返还和转移支付等方式控制地方。司法方面，也是一种指导与被指导或领导与被领导的关系。而在美国，联邦对地方在相关方面的控制弱小。立法上各州只要不同联邦宪法、法律相抵触，均可在法定权限内制定符合本州的宪法和法律，行政上，除了部分除权和在一些领域（如公民权利、环境保护等）颁布具有约束力的指令和法规外，一般很少施加直接命令。人事方面，美国的选

---

① 童之伟：《单一制、联邦制的区别及其分类问题探讨》，《法律科学》1995年第1期。

举官员，只对本区域居民负责、听命于本区域民众。美国的总统、州长、市长、县长、镇长没有上下级关系。在财政方面，美国实行分级财政，为明确划分的事权为前提。在司法方面，实行的是"双轨制"或"司法联邦制"法院系统——联邦和州各有自己独立的法院系统，中央对地方也只有较小的控制。因此，美国联邦制国家结构形式和中央对地方的弱小控制决定了尽管在某些政策领域，联邦政府能够通过强制命令或财政激励对州政府的政策采纳施加影响力，但是它的影响力是相对弱小的；而中国单一制国家结构形式和中央对地方的严格控制则使得中央政府对地方政府政策创新的采纳具有现实而又强大的影响。

（四）特殊性因素

主要的特殊性因素包括行政级别、省级政府压力、政策试点、公众舆论、宗教、利益集团、选举、政党。其中，行政级别、省级政府压力、政策试点是影响中国社会治理创新扩散的特殊性因素；而公众舆论、宗教、利益集团、选举、政党则是美国政治和社会中影响社会治理创新扩散的独有因素。

1. 中国政策创新扩散的特殊影响因素分析。省级政府压力、行政级别、政策试点三个因素成为中国政策创新扩散的特殊影响因素是与中国的政治行政体制紧密联系的。首先，中国政府的行政层级是由中央政府—省级政府—地市级政府—县级政府—乡镇政府五级构成。省级政府是中国自上而下的政府层级中的重要一层。当我们研究中国地市级政府政策创新采纳时，对其最直接的上级政府——省级政府的影响是不可忽略的。反观美国，由于是联邦制，大体上可以分为联邦政府—州政府—地方政府三层，一方面，三者并无行政隶属关系，另一方面，美国学者大多研究州政府层面的政策创新采纳。因此，省级政府压力成为研究中国政策创新扩散的特殊影响因素。其次，就行政级别而言，美国各州政府无所谓行政级别，但在中国，各级政府等级分明，而且，在地市级政府中也存在副省级城市、一般地市级城市的区别。行政级别代表着行政地位的不同，也代表着政治资源的差异。因此，行政级别成为中国政策创新扩散的重要研究因素。最后，就政策试点来看，政策试点已是中国政策扩散中最为典型和普遍的一种政策推广形式，在美国的政策创新扩散中，也有"政策试点"的做法，但是其典型性和普遍性远不及中国。

2. 美国政策创新扩散的特殊影响因素分析。选举、公众舆论、利益集团、政党、宗教成为美国政策创新扩散的特殊影响因素是与美国的政治体制、社会体制分不开的。在美国，竞争性的选举、选民、多党制、利益集团是美国政治制度的重要内容，宗教也是美国社会文化中枢。而这些不是中国政治制度和社会制度具有的或者不是中国政治社会中的主要方面。就选举而言，它是形成美国政治家采纳政策创新的根本动机的因素之一。正是因为竞争性的选举，为了在选举中当选或连任成为政治家采纳政策创新的根本动机。政治家是否采纳新政策或采纳何种新政策均从是否有利于其当选或连任来进行考量。从公众舆论来看，一方面，只有迎合选民的要求才能赢得选民的选票，才能在竞选中获胜；另一方面，"无论公共舆论作为政策制定的指标是多么不充分，谁也无法否定它在政治生活中的重要地位。即使是在极权主义国家，政策也知道取得公众支持、倾听持不同政见者的嘀咕是稳定统治的关键因素。"[①] 因此，公众舆论是美国政策创新扩散的一种重要动力。就利益集团而言，作为具有共同利益或目标的社会成员为了一定目的而联合起来的有组织的集团，他们会运用自身的资源，通过各种政治手段和途径，向政策制定者施加压力，这种压力时常会影响政策主导者的偏好。政党为了夺取、影响和巩固政治权力，也在社会问题上进行争斗。在竞选过程中，政策创新是各政党重要的竞争筹码，甚至是选举的工具和"竞选礼物"。因此政党竞争也为政策创新扩散提供了动力。最后，就宗教而言，美国的宗教庞杂多元，一方面，存在多种不同的宗教；另一方面，在同一种宗教中，也存在着多样化的教派。各种宗教和教派基于不同的教义，运用直接公共行动、游说政府、介入与竞选相关的活动及向政府机构渗透等方式来向政府施加压力，影响政策创新的采纳。

[①] [美]乔·萨托利：《民主新论》，冯克利、阎克文译，东方出版社1998年版，第150页。

三 中美社会治理创新扩散的异同：一个总结

（一）中美社会治理创新扩散的相同点

总体来说，中美两国社会治理创新扩散的曲线基本上都呈 S 型曲线，都存在两种模式：渐进的政策扩散和间断—均衡的政策扩散。从过程或特征上看，中美两国社会治理创新扩散大体上是相同的。邻近政府和区域位置对中美政策创新扩散的影响无明显差异。

（二）中美社会治理创新扩散的不同点

1. 政策创新扩散的根本动机不同

中美政策主导者都是一个"经济人"，追求权力、收入、声望、便利和安全。而在政府中，权力、收入、声望、便利和安全的集中体现是"职位"，因此对现有职位的巩固和获取更高职位就是官员的集中追求。但中美政治行政体制的不同，便导致巩固和获取更高职位的形式不同。其一，中国社会治理创新扩散的根本动机：晋升锦标赛。中国的官员晋升是通过自上而下的干部任命体制实现的。而拥有人事任免权的上级则是根据政绩指标（竞赛指标）对下级官员的考核，来决定下级官员的晋升。在社会政策领域，谋求优良的社会绩效（社会治理水平）是官员的根本动因，此即为"晋升锦标赛"。中国的地方政策主导者会尽一切可能提升社会绩效以达到晋升要求。创新社会管理、采纳新的社会政策和社会治理方式是提升社会绩效的核心手段，因此，中国的地方党政主要领导会尽可能地采纳新的社会政策和社会治理方式以达到晋升的要求。所以，"晋升锦标赛"是中国社会治理创新扩散的根本动机。其二，美国社会治理创新扩散的根本动机：连任或当选。美国的政治家巩固和获取更高的职位是通过选举制度来实现的。选举制度是一种竞争制度，获胜者连任或当选，失败者被淘汰。因此，如何在选举中获胜以连任或当选是其根本目的。在社会政策领域，采纳新的社会政策或社会政策工具是赢得选民支持、获得连任或当选的根本手段。因此在选举中获胜以连任或当选是美国社会治理创新扩散的根本动机。

2. 政策创新扩散面临的压力不同

根本动机表明了政策创新扩散之"源泉"。但是如果没有一些外部压力，主体也未必行动起来，因此接下来分析政策创新扩散面临的外部压力。从前面的比较可以发现，中美政策制定者在政策创新扩散中面临的压力与挑战是不同的。其一，中国社会治理创新扩散的压力：上级压力大、社会压力小。这表现为中央政府和上级政府对地方政府或下级政府施加了强大而直接的影响，而社会力量（公众、利益集团）对地方政府的政策采纳影响弱小。在前述研究中，不仅中央政府对地方政府的政策采纳有强大的推动作用，省级政府对下级政府亦有强烈正向影响；不仅中央政府或上级政府的强制命令会产生影响，而且其政策理念亦会有相对的促进作用。反观中国的社会力量，公众并没有推动采纳决策和活动实施，利益集团虽然开始通过一些渠道公共政策制定施加影响，但其作用仍然是有限的。其二，美国社会治理创新扩散的压力：社会压力大、上级压力小。上述比较表明，在美国，公众的需求、公众的意识形态、利益集团、宗教派别、政党等都对州政府的政策采纳施加了强大的影响。而联邦政府对州政府仅能通过法案等形式施加有限的影响。

3. 政策创新扩散的学习渠道不同

除了政策创新扩散的根本动因、外部压力，要使政策创新得以扩散，还需要各种学习渠道。从前文的比较可以发现，中美学习渠道存在较大的差异。其一，中国社会治理创新扩散的学习渠道——内部学习为主。中国地方政府的学习渠道主要是中央政府、省级政府（向上学习）、邻近政府（学习邻居）、政策试点（试点学习）、向高级别政府学习，当然或许包括下级政府（向下学习）。这些学习主要是在政府之间进行，是一种政府内部的互动。其二，美国社会治理创新扩散的学习渠道：网络化学习。美国州政府的学习渠道多样化，包括邻近政府、联邦政府、地方政府，也包括政策企业家、大众媒体，甚至各种专业协会和府际网络，呈现出一种"网络学习"的样态。

总之，政策创新扩散受到各国政治行政体制、政府与社会关系、政府交流的制度建设的影响。

第四部分

理论建构与对策建议

第十一章　中国社会治理创新扩散的理论建构

本书的第三至第七章开展了中国社会治理创新扩散的实证研究，第八章在此基础上，结合国内学者的相关个案研究，对中国社会治理创新扩散进行了归纳分析。第九章至第十章，以美国为参照，开展了中美社会治理创新扩散的比较研究。按照本书的思路，严格遵循社会理论建构的逻辑，即以观察为起点，然后通过归纳推理（概括、比较、提炼），得出解释这些观察的理论。另外，鉴于目前中外学者提出了一些中国政策创新扩散的概念框架，例如"威权主义"[1]"压力型体制"[2]"运动式扩散（治理）"[3]"维护市场型联邦主义"[4]"地区分权威权主义"[5]"行为联邦制"[6]"分级制政策实验"[7] 和"吸纳—辐射"模式[8]等，这些理

---

[1] 裴宜理：《中国政治研究：告别革命》，周艳辉译，《国外理论动态》2013年第9期。
[2] 荣敬本等著：《从压力型体制向民主合作体制的转变》，中央编译出版社1998年版，第28—56页。
[3] 周雪光：《运动型治理机制：中国国家治理的制度逻辑再思考》，《开放时代》2012年第9期。
[4] Gabriella Montinola, Yingyi Qian and Barry R. Weingast, "Federalism, Chinese Style: The Political Basis for Economic Success in China", *World Politics*, Vol. 48, No. 1, 1995, pp. 50 – 81.
[5] Xu Chenggang, "The Fundamental Institutions of China's Reforms and Development", *Journal of Economic Literature*, Vol. 49, No. 4, 2011, pp. 1076 – 1151.
[6] 郑永年：《中国的"行为联邦制"：中央—地方关系的变革与动力》，东方出版社2013年版。
[7] 韩博天：《通过试验制定政策：中国独具特色的政策制定过程是如何形成的?》，当代中国史国际高级论坛论文，2009年9月。
[8] 周望：《政策扩散理论与中国"政策试验"研究：启示与调适》，《四川行政学院学报》2012年第4期；Heilmann, Sebastian and E. J. Perry, "Embracing Uncertainty: Guerrilla Policy Style and Adaptive Governance", In Heilmann, Sebastian and Perry, E. J., eds., *Mao's Invisible Hand: The Political Foundations of Adaptive Governance in China*, Cambridge, MA: Harvard University Asia Center, 2011, pp. 1 – 29。

论模式是否很好地概括了中国政策创新扩散的现实？这也需要进行回答。因此，本章试图对中国社会治理创新扩散进行理论构建。

一　中国社会治理创新扩散宏观模式的提出：上级压力主导的准社会学习模式

要提炼一种理论模式，首先需要把握政策创新扩散的内涵。罗杰斯认为，创新的扩散可被理解为创新经过一段时间，经由特定的渠道，在某一社会系统的成员中传播的过程。[①] 他认为创新的扩散包含四个要素：创新、时间、传播渠道和社会系统。这一界定当然具有相当的合理性。但一方面，该定义是针对所有创新，从普遍意义上来界定创新扩散的；另一方面，罗杰斯是从"客体"角度（创新）来定义的。为了更好地理解政策创新扩散，我们试图对该定义进行修正。政策创新扩散是政策主导者在外部压力的作用下，通过特定的渠道，对政策创新进行学习的过程。我们更强调"政策创新"以及从"主体"角度（政策主导者）来对创新扩散进行定义。当然，这并未改变创新扩散的基本含义。相应地，我们认为政策创新扩散也包括三个核心要素：政策主导者、外部压力、学习渠道。政策创新扩散理论要回答如下几个基本问题：（1）政策主导者为什么要采纳创新？他的根本动机是什么？（2）根本动机表明了政策创新扩散之"源"，但是如果没有一些外部促动，政策主导者也未必行动起来，因此还需要回答政策主导者面临怎样的外部压力以促使他真正行动；（3）政策主导者的学习渠道有哪些？呈现怎样的特点？

为了建构中国社会治理创新扩散的理论模式，我们仍然采取比较的方法。基于前述中美比较的结果，我们依据政策创新扩散的要素对两国的情形进行归纳（见表 11-1）。

[①] ［美］埃弗雷特·M. 罗杰斯：《创新的扩散》，唐兴通等译，中央编译出版社 2002 年版，第 10 页。

第十一章　中国社会治理创新扩散的理论建构

表 11-1　中美两国基于政策创新扩散的要素比较

国别	政策主导者的根本动机	外部压力的特征	学习渠道的特征
中国	晋升锦标赛	上级压力大、社会压力小	准社会学习
美国	当选或连任	社会压力大、上级压力小	社会学习

通过比较发现，中美两国社会治理创新扩散在三个要素上都出现明显的差别。在政策主导者的根本动机上，中国是地方党政主要领导的"晋升锦标赛"动机；而美国是各州政府政治家（包括州长、参议员、众议员等）的竞选连任动机。从外部压力上看，中国是中央政府和上级政府对地方政府或下级政府影响强大，而社会力量（公众、利益集团）对地方政府的政策创新采纳影响弱小，即"上级压力主导"。美国则是公众（选民）、利益集团、宗教派别、政党等都对州政府的政策采纳影响巨大，而联邦政府对州政府采纳政策创新仅有限的影响，即"社会压力主导"。在学习渠道方面，美国社会治理创新扩散的学习渠道非常多元，既有政府内部互动，也有与社会中的政策企业家、大众媒体，甚至各种专业协会和府际网络的充分互动，可以称为"社会学习"。中国的政策学习主要是在政府之间进行，是一种政府内部互动为主，有少量社会行动者参与的学习方式，笔者将这一种称为"准社会学习"。[①] 这些明显的区别意味着在中美两国存在着不同的政策创新扩散模式。归纳起来看，中国社会治理创新扩散是一种"晋升锦标赛"驱动的、上级压力主导的准社会学习模式，简称为上级压力主导的准社会学习模式；而美

[①] 目前政策学习理论尚未实现整合，存在着各种学习模式或类型，如"政治学习""社会学习""政府学习""政策取向学习""经验学习""内生学习""外生学习"等，这些学习模式或类型之间往往存在着一定的交叉和重叠，彼此的概念与知识没有实现完全的互换与融合。梳理后发现，基本上，在主体上，学者们认为"社会学习"发生于广泛的政策社群，社会行动主体主导政策子系统，是一种社会互动的过程与结果。见 Heclo, H., *Modern Social Politics in Britain and Sweden: From Reliefto in Come Maintenance*, New Haven: Yale University Press, 1974, p. 306; Rose, Richard, "What is Lesson-Drawing?", *Journal of Public Policy*, Vol. 11, No. 1, 1991, pp. 3-30;［加］迈克尔·豪利特、M. 拉米什《公共政策研究：政策循环与政策子系统》，庞诗等译，生活·读书·新知三联书店 2006 年版，第 302—307 页;［美］保罗·A. 萨巴蒂尔、汉克·C. 詹金斯-史密斯《政策变迁与学习：一种倡议联盟途径》，邓征译，北京大学出版社 2011 年版，第 40—52 页；干咏昕《政策学习：理解政策变迁的新视角》，《东岳论丛》2010 年第 9 期；陈琳《关于政策学习的理论探索》，《学习月刊》2010 年第 12 期。本文是仅从主体角度理解来使用"社会学习"概念的。

国的社会治理创新扩散是一种连任动机驱动的、社会压力主导的社会学习模式，简称社会压力主导的社会学习模式。但是这种模式只是通过中美比较而得出来的宏观模式，还需要更为细腻的刻画。以下详细论述中国上级压力主导的准社会学习扩散模式的逻辑。

二 中国社会治理创新扩散的根本动因：从"为增长而竞争"转变为"为和谐而竞争"

传统的"晋升锦标赛"认为，中国的官员晋升是通过自上而下的干部任命体制实现的。而拥有人事任免权的上级则是根据政绩指标（GDP增长）对下级官员的考核，来决定下级官员的晋升。谋求地方经济的发展以得到晋升是官员行为的根本动因[1]，此即为"晋升锦标赛"。基于GDP的晋升锦标赛或"为增长而竞争"在调动地方官员发展地区经济的积极性方面发挥了非常重要的作用，成为中国经济政策创新扩散的根本原因，也成功地促进了中国经济长期持续的高速增长。

然而，自21世纪初以来，中国社会环境和党的战略发生了重大转变。在中国的经济持续高速增长之时，越来越多的社会问题也日益凸显，比如贫富悬殊、社会事业滞后、民生问题突出以及粗放型的经济发展方式所引起的生态破坏。此起彼伏的群体性事件也表明社会矛盾日益突出。中国的改革又一次走到了十字路口。党中央顺应现实的变化，在指导思想和发展战略上作出了重大调整。以胡锦涛同志为总书记的上一届党中央提出了"坚持以人为本，树立全面、协调、可持续的发展观，促进经济社会和人的全面发展"的科学发展观的重大战略思想，在2004年正式提出了"构建社会主义和谐社会"的社会发展战略目标，在2011年，提出了"加强和创新社会管理"的重大举措。自2012年以来，以习近平同志为核心的党中央进一步深化社会管理改革，先后提出了新的"社会治理"概念，"全面建成小康社会、全面深化改革、全面依法治国、全

---

[1] 周黎安认为经济增长是重要的考核指标，其他指标仅作为参考。见周黎安《中国地方官员的晋升锦标赛模式研究》，《经济研究》2007年第7期。

面从严治党"的"四个全面"战略布局,要求适应和引领经济发展新常态,提出"创新、协调、绿色、开放、共享"的五大发展理念,而且在党的十九大上将"加强和创新社会治理,维护社会和谐稳定"作为新时代中国特色社会主义思想的重要内容。在这一新的社会环境下和新的党的战略指导下,官员的激励模式也发生了重大变化。地方党政领导干部的"政绩"不再只是经济的发展,"政绩"已经转变为包括经济绩效、社会绩效、文化绩效、政治绩效和生态绩效或者社会绩效占据更大的比重的综合绩效。换言之,一种新型的晋升锦标赛——"为和谐而竞争"得以产生①并逐渐取代"为增长而竞争",成为新的晋升锦标赛模式。

这种晋升锦标赛模式的转变,自然导致地方党政主要领导干部行为的变化。在新的"为和谐而竞争"的晋升锦标赛模式下,追求社会和谐,追求当地社会治理水平的提高、开展社会治理创新、竞相采纳新的社会治理政策或政策工具成为地方党政主要领导干部的理性选择。

三 中国社会治理创新扩散的外部压力:上级压力权变主导

外部压力是驱动地方政府进一步行动起来的外部力量。在中国的政治行政制度和社会环境下,没有具有强大影响力的公众、利益集团、宗教派别和政党竞争。施加强大影响力的是中央政府和上级政府,即"上级压力主导"。但是,"上级压力主导"的简单表达未能全面、细致和清楚地刻画"上级压力"到底是如何"主导"的。比如,中央政府或上级政府到底是如何施压的?是人们认为的一味地强制吗?这些问题都亟待详细分析。

(一)中央政府对地方政府采纳社会治理创新的影响

我们首先分析中央政府是如何向地方政府采纳社会治理创新进行施压的。我们从社会治理创新扩散的时间维度和施压方式来分析。

---

① 陈钊、徐彤:《走向"为和谐而竞争":晋升锦标赛下的中央和地方治理模式变迁》,《世界经济》2011年第9期。

1. 从时间维度来考察。罗杰斯认为,同一社会系统内的个体不会同时采纳一项创新,相反,他们对创新的采纳呈现时间先后顺序。基于这一时间因素,罗杰斯将创新扩散的过程用 S 型曲线表现出来,并按个体采纳创新的时间对创新采纳者分为五类:创新者、早期采纳者、早期大多数、后期大多数、落后者。笔者仿照这一分类方式,将整个社会治理创新采纳过程分为五个时期:创新期、扩散早期、扩散早中期、扩散中后期和扩散后期,见图 11-1。依据这五个时期来考察中央政府对地方政府采纳社会治理创新的影响。由于社会治理创新涉及两种情况:中央首创和非中央首创,因此我们又分这两种情况来考察。

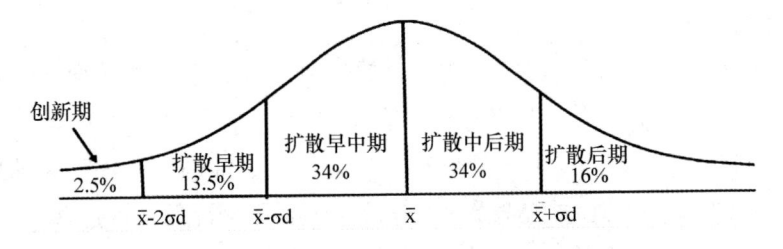

图 11-1 根据采纳者数量将扩散过程分期

注:图中的 $\bar{x}$ 为中心轴,按照相应的标准差将扩散过程分为五个时期。

一般来说,中国大多数社会治理创新都不是中央首创的。在这种情况下,创新期和扩散早期中央政府往往都没有介入,更多的是地方政府的创新和自发采纳。中央政府没有介入的原因在于:中央政府处于治理链条的最顶端,距离地方较远,对地方的创新和自发采纳不了解。但随着地方采纳得越来越多,这种社会治理创新渐渐进入中央的视野,于是进入第二阶段——知晓、评估和认可期。越来越多的地方政府采纳提升了创新的知名度,也许是地方政府的宣传、汇报,也许是政府中的层层咨询机制,也许是中央领导人的调研、考察,抑或是中央分管部门(各部委)先行了解加以传递,使得中央知晓了这种创新,并引起了中央对这种创新的注意。当然,此时这种创新仍然在地方政府中传播。无论是出于控制还是学习的目的,中央政府都需要对这种创新和传播进行判断——它们是合理的吗?是有价值的吗?这引起中央的评估或评价。有益的社会治理创新得到认可或肯定。但是,认可或肯定并不意味着中央会将其纳入它的创新选择中,只有那些具有全国价值的、有普遍意义的社会治理创新才会被中央采纳。当出现这类社会治理创新时，对于中央政府而言，就进入第三阶段——创新纳入期。纳入期包括中央对这种创新的确认、提炼、修正以及对这种创新的升华或整合。当政策创新方案正确和完善，并具备全国推广的时机时，这种创新将会被全国强制推行，于是进入第四阶段——强制推行期。从大致的情况看，知晓、评估和认可期、纳入期、强制推行期往往会发生在扩散早期末、扩散早中期或者扩散中后期，具体因不同的政策创新而异。当然，这基本上不会发生在扩散后期，因为此时中央从全国来推广已经没有太大的意义。中央何时强制推行取决于知晓、评估和认可的时间长短，纳入的时间长短以及强制推行的时机。在非中央首创的情况下，强制推行最早只会发生在扩散早期末。而对于政策创新为中央首创的情况下，情况相对简单，基本上直接进入强制推行期。但是这种强制推行往往也会分成两个阶段："传达动员"阶段和"贯彻实施"阶段。

2. 从影响方式来考察。这里仍然分为中央首创或非中央首创两种情况。依据非中央首创情况下中央政府施加影响的四个阶段（地方自发采纳期，知晓、评估和认可期，纳入期和强制推行期）逐一考察。首先在地方自发采纳期，如前所述，这一时期是某些地方先行者的自主探索。虽然中央政府没有直接介入，但并不意味着中央政府对其完全没有影响。此时，中央的策略往往是进行战略、方向、政策理念的引领。战略、方向、政策理念包括国家的发展方向、党的指导思想、治国理政的理念等。现实表明，地方的自主探索往往是和中央的战略、方向、政策理念的出台相伴随的。基本上，地方先行者是出于对这些战略、方向和政策理念的把握，认定政策创新是符合中央的方向，才予以采纳。所以进行方向和理念引导是中央在第一阶段对地方政策采纳施加影响的方式。而在知晓、评估和认可期，因为要客观了解政策创新的实施情况和效果，中央与地方存在着某种互动，待中央把握政策创新的价值后，即运用讲话、批示或新闻发布会等形式予以肯定和认可。因此，在这一阶段，中央通过肯定和认可对地方政策采纳施加影响。进入纳入期，中央政府对政策创新加以确认、酝酿，形成中央层面的政策，但为了及时对地方加以引导，在起草、形成中央政策的过程中，也会通过相关会议，主管领导或者参与起草的成员接受采访等形式传递"即将出台"或"拟出台"相关政策的消息甚至是部分成熟的政策内容。因此，在这一阶段，中央对地方政策采纳的主要影响方式是传递政策信号。在强制推行期，中央政府根据不同的政策问题、政策创新属性、地方情况采取不同的策略。比如对于不太复杂、简单易行或者问题紧迫的政策，中央政府往往采取直接命令的方式。而对于一些非常复杂、难以操作的政策，中央政府往往会采取试点推动的策略，先选择一些试点，积累经验，逐步推开。而对于一些群众认知不足的政策，中央往往会先政治动员、然后陆续推进。而对于一些需要地方政府投入大量资金的政策创新，中央政府则会采取税收优惠、财政补贴等方式，减低地方政府政策执行的难度。

通过以上分析可以发现，中央对地方政府社会治理创新采纳的施压具有如下特点：一是有时间限度，并非对创新扩散的整个过程都直接介入。例如，在地方先行者的自发采纳期，中央往往没有介入或只是施加间接影响。二是强制推行的固定性。一般来说，强制推行最早只会发生在扩散早期末。三是影响方式多样化，包括方向、理念引领、肯定、认可，传递政策信号等"柔方式"和强制推行等硬方式。四是即便是强制推行，也根据情况采取多种策略，如直接命令、试点推动、政治动员、财政激励等。五是现实中也存在政策创新为中央首创的情况下直接强制推行创新的情形。

（二）我国地方政府对下级政府采纳社会治理创新的影响

省级、地市级、县级地方政府对下级政府政策的推广也涉及两种情况：首创或非首创。第一，地方政府首创政策的情况。这与中央政府的做法相同，当首创政策之后，基本上直接进入强制推行期。第二，地方政府非首创政策的情况，其行为与中央政府亦存在相似之处：一是有时间限度，往往在某一级地方政府介入之前，下级政府有一定的自发采纳时间。二是影响方式是多样化，从"柔方式"（方向、理念引领，肯定、认可，传递政策信号）到"硬方式"（强制推行）。三是即便是强制推行，也根据情况采取多种策略（直接命令、试点推动、政治动员、财政激励等）。但是强制推行发生的时间与中央政府有所差异。一般情况下，由于地方政府比中央政府更接近下级政府，能更早地了解到下级政府的政策自发采纳行为。因此，其往往比中央政府更早地介入政策推广中，也因此其强制推行比中央政府要早。但是在一些情况下（如地方政府缺少高屋建瓴的视野，没有认识到某项政策创新的意义和价值），地方政府的介入比中央政府晚，甚至晚得多，直到中央政府强制推行后地方政府才行动起来，以政策执行的方法予以推动。这可能发生在扩散早期末、扩散中期甚至扩散后期。当然，还可能存在第三种情况，即地方政府不进行强制推动，[①] 这或许是因为地方政府观察到本辖区内的下级政府已经全部了解该政策创新，认为没有必要再出台相关政策。

总体而言，上级压力对中国社会治理创新扩散的主导是复杂的，它强烈地体现出某种"权变"特征。首先，它不是一味地"施压"，在政策创新扩散早期，存在着地方的自发采纳。上级政府往往是政策创新在地方扩散一段时间后，才逐渐地介入。其次，它不是一味地"强制施压"。对于自身原创的政策，一开始便采取强制方式予以推行。但对非原创的政策，在社会治理创新扩散早期，上级政府更多的是理念施压，对地方政府采纳新政策进行方向、战略、理念方面的引领或引导。而仅在中央政府或上级政府将其提炼、修改成中央或上级政策后，才予以强制推行。再次，"强制试压"也不是一味地运用强制手段，而是根据不同的政策问题、政策创新属性、地方情况采取不同的策略（如直接命令、试点推动、政治动员、财政激励等）。因此，中央和上级政府是根据不同的政策创新来源（原创还是非原创）、不同的时机、不同的政策等来采取不同施压方式的。因此，上级压力的主导存在着明显的"权变"特征。

四　中国社会治理创新扩散的学习渠道

当我们明晰了中国社会治理创新扩散的根本动力和外部压力以后，接下来需要考察他们的学习渠道，即通过什么途径学习。如前所述，中国社会治理创新扩散主要是内部学习（政府间学习）以及和外部的部分专家或媒体进行学习。

[①] 在中国城市低保制度的扩散中，有些省级政府在中央出台政策前或中央出台政策后，始终没有出台省级命令。参见朱旭峰、赵慧《政府间关系视角下的社会政策扩散——以城市低保制度为例（1993—1999）》，《中国社会科学》2016 年第 8 期。

（一）政府内部学习

基于中国政府的"条条块块"构成形式，政府内部学习呈现多元化途径，包括向下学习、向上学习、向邻近政府学习、向榜样城市学习等。向下学习即向所辖区域内的下级政府学习。下级政府的创新产生了良好的收益，并带来一定的影响力，并且随着下级政府社会治理创新采纳的数目不断增加，也证明了社会治理创新在不同地方的适应性。这都会"诱致"上级决策者对下级政府的关注并产生学习行为。向上学习即向中央和上级政府学习，这是基于政策执行机制，学习领会上级政策并贯彻实施。因为政策问题和环境相似性、政策创新的可见性、学习成本低廉性等原因，地方政府也会向地理上相邻的政府学习。由于模范的带头作用或示范作用，地方政府也会借鉴榜样城市的经验。这些学习形式常常被地方官员在政府之间的经常性的考察、交流、政策观光所证明，它们也许是中国地方政府最常用的政策学习方式。

虽然政府之间的学习是最常用的方式，但是我们也要注意到，他们之间的互动并没有制度化的平台或渠道。在美国的政府间学习中，常常存在某些固定化、规范化的各种专业协会和府际交流网络。如在全国层面就有全国州长协会、全国立法机构协会等，而这些协会又都有关于具体政策领域的大量委员会以及类似全国总务管理局协会的功能主义者官员组织。[①] 在区域层面，有着各种区域性的政府交流组织，如都会区规划机构、政府联合会等。但在中国，虽然中央政府常常通过多种集中培训或开展经验交流会的形式为地方官员提供学习交流机会，[②] 但是这种做法往往都是临时性的或非固定性的。地方上也逐渐建立了一些、出现了一些区域性交流网络，但是这些交流网络往往缺乏专业性和具体性。

（二）政府内外部的互动

我们转向政府外部，考察政府内外部的互动。政府外部的一个重要

[①] 参见［美］弗朗西丝·斯图克斯·贝瑞、威廉·D.贝瑞《政策研究中的创新和传播模型》，载［美］保罗·萨巴蒂尔《政策过程理论》，彭宗超译，生活·读书·新知三联书店2004年版，第173页。

[②] 如全国加强和创新社会管理工作座谈会、全国22个省（区、市）社会管理创新工作经验交流会、国务院医改办分批对各省（区、市）医改相关部门负责人、试点城市相关部门负责人进行集中培训等。

行动者是"政策企业家"。他们是具有较强创新精神和动力、具备影响公共政策的能力，并善于利用组织资源和愿意投入自身资源来推动政策创新的个体或群体。[①] 他们充当着政策创新的提出者和传播者的角色。政策企业家可被分为体制内的政策企业家（包括选举产生的政治企业家、行政官僚、官方政策研究者）和体制外的政策企业家（智库或高校的专家学者等）。西方的实践已经表明，政策企业家特别是体制外的政策企业家对政策创新采纳起到了极其重要的作用，向各种各样的智库和大学学者学习是一种重要的学习途径。但不同的是，在中国的政策创新扩散过程中，起主要作用或关键作用的仍是体制内政策企业家（如地方官员[②]、行政官僚[③]、体制内政策研究者[④]），体制外政策企业家虽然相对以往逐渐地参与采纳决策过程中[⑤]，但是参与或所起的作用是有限的。如马亮在研究中国公共自行车计划的扩散中发现，政策研究群体对该创新的扩散没有显著影响[⑥]，陈雪莲、杨雪冬认为，政策创新决策以体制内咨询为主，而不是寻求体制外的第三方的智力支持，他们在调研中发现虽有83.3%的地方干部认为创新项目有理论界的参与，但理论界的参与主要来自体制内的政策研究部门（53.3%）。[⑦] 朱旭峰的研究表明，政府在决策时往往更倾向于向政府内部的专家寻求决策咨询意见，而较少主动关注政府外专家的决策咨询意见；政府决策的可行性研究也多为政府内部人员进行论证。[⑧] 总的来看，从政策企业家角度来看，地方政府

[①] 陈天祥、李仁杰、王国颖：《政策企业家如何影响政策创新：政策过程的视角》，《江苏行政学院学报》2018年第4期。

[②] 岳经纶、王春晓：《三明医改经验何以得到全国性推广？基于政策创新扩散的研究》，《广东社会科学》2017年第5期。

[③] 朱亚鹏、肖棣文：《政策企业家与社会政策创新》，《社会学研究》2014年第3期。

[④] 陈雪莲、杨雪冬：《地方政府创新的驱动模式——地方政府干部视角的考察》，《公共管理学报》2009年第3期。

[⑤] 在诸如城市流浪乞讨人员管理和医疗等"高议题突出性"问题上。见 Zhu, X., "Strategy of Chinese Policy Entrepreneurs in the Third Sector: Challenges of 'Technical Infeasibility'", Policy Sciences, Vol. 41, No. 4, 2008, pp. 315-334.

[⑥] 马亮：《公共服务创新的扩散：中国城市公共自行车计划的实证分析》，《公共行政评论》2015年第8期。

[⑦] 陈雪莲、杨雪冬：《地方政府创新的驱动模式——地方政府干部视角的考察》，《公共管理学报》2009年第3期。

[⑧] 朱旭峰：《专家决策咨询在中国地方政府中的实践：对天津市政府344名局处级领导干部的问卷分析》，《中国科技论坛》2008年第10期。

在政策创新扩散中,更多地和体制内的政策企业家互动,较少向体制外政策企业家学习。

政府外部的另一个重要行动者是媒体。政策创新扩散实际上是一个信息过程,由于大众媒体能有效地传播创新信息,因此大众媒体也是一种重要的学习渠道。西方的研究表明,由于是"第四种权力",媒体在政策创新扩散中发挥着非常重要的作用。[1] 从中国来看,大众媒体在中国政策创新扩散中也起到了一定的作用。比如,媒体通过其动员式宣传、典型报道、热点引导等方式促进地方决策者对政策创新的关注,[2] 促进领导者和学习者的注意力变迁,[3] 媒体也是某些政策企业家推动政策创新的依靠力量。[4] "三明医改"也正是因为中央媒体的集中报道、肯定,并呼吁复制推广,才引发社会的广泛关注。吴建南等的研究也表明,中央媒体的报道对"效能建设"的采纳具有显著正向影响。[5] 另外,不可忽视的是,随着中国互联网的迅猛发展,网络新媒体以其形式丰富、互动性强、覆盖率高等特点对政策创新采纳也产生了一定影响。但是我们也注意到,在中国政策创新扩散中,媒体的作用仍然是有限的。这主要体现在两个方面:其一,中国政策创新扩散的主要渠道仍然是组织传播而非大众传播。虽然组织传播、大众传播都在起作用,但是组织传播渠道的作用最大。[6] 在中国政府组织中的"红头文件"和"开会"是一种模式化的政策传播形式。首先通过下发"红头文件"层层传递命令、指

---

[1] 参见 Hays, S. P. and Glick, H. R., "The Role of Agenda Setting in Policy Innovation: an Event History Analysis of Living-Will Laws", *American Politics Research*, Vol. 25, No. 4, 1997, pp. 497-516; Daniel L. Fay and Jeffrey B. Wenger, "The Political Structure of Policy Diffusion", *The Policy Studies Journal*, Vol. 44, No. 3, 2016, pp. 349-365; Samantha L. Mosier, Dawn Thilmany, "Diffusion of Food Policy in the U. S.: The Case of Organic Certification", *Food Policy*, Vol. 61, 2016, pp. 80-91。

[2] 王建:《大众媒体与公共政策创新的扩散》,《江苏师范大学学报》(哲学社会科学版) 2009 年第 3 期。

[3] 韩万渠:《中国网络问政创新扩散过程研究:以注意力理论为分析框架》,《中共浙江省委党校学报》2015 年第 3 期。

[4] 朱旭峰:《中国社会政策变迁中的专家参与模式研究》,《社会学研究》2011 年第 2 期。

[5] 吴建南、张攀、刘张立:《"效能建设"十年扩散:面向中国省份的事件史分析》,《中国行政管理》2014 年第 1 期。

[6] 岳剑洁:《基于农村社区层面的生态政策创新扩散研究》,硕士学位论文,兰州大学,2014 年。

示或精神，由于"文件"的传输需要借助"开会"这一文件"神圣化"的仪式导演来进行，于是文件通过系列"纵向会议群"的渲染，不断提高其影响力。也因此"红头文件"和"开会"成为推进政策的最重要手段。其次在大众传媒起作用的地方，仍然是官方媒体特别是中央官方媒体起主导作用，民间商业媒体影响弱小。另外，对中国各级政府领导影响最大的信息传播载体也许是"内参"。中国共产党党内规定，媒体被要求在公开报道之外，要通过内部反映方式，发挥舆论监督作用。"内参"的最大特点就是，其"真实度、敏感度、深度都远超公开报道"，因此内参是中国各级领导及时了解信息的最重要的来源之一，也是中国治国理政的重要手段。[①] 总的来看，从大众媒体角度，地方政府在政策创新扩散中，更多的是采用组织渠道、官方媒体渠道，大众媒体或商业媒体的影响有限。

综合政府的内部学习和政府内外的互动，不难发现，在中国社会治理创新扩散的学习渠道方面，主要是通过政府内部的学习，而缺少与政府外部的互动，即使在政府内部的学习中，也缺少制度化的平台或渠道，因此总的来说，呈现出一种"准社会学习"特征。出现这样一种模式与中国当前的政府—社会关系和政府的制度建设有关。一方面，中国的社会发育仍然不够成熟，政策分析市场和传媒市场都有待进一步发展和完善。另一方面，虽然中国政府内部制度建设取得了长足的进步，但是制度化的、常规化的府际交流平台建设还未引起重视。

五 中国社会治理创新扩散模式的优点与局限

创新扩散的结果也是社会治理创新扩散研究的一个部分，社会治理创新是否得到推广或者快速的推广以及是否有效地提升了治理水平，这是社会治理创新扩散的价值所在。在明确了中国社会治理创新扩散的模式之后，有必要从扩散结果的角度思考这种模式的优点与局限。

在优点方面，一是中国社会治理创新扩散模式具有一种内在地降低

[①] 本刊综合：《直达中南海的内参，怎样影响中国》，《人民周刊》2016年第9期。

采纳风险的功能。由于是"上级权变主导",一方面,中央政府或上级政府在社会治理创新扩散初期便进行方向、战略和理念的引领。地方政府的采纳活动只需要符合这些方向和理念,就会随之降低了"犯错误"的可能性。另一方面,中央政府或上级政府的强制推行,执行上级认为正确的政策,自然也增加了地方政府采纳新政策的合法性。总之,这种模式会降低地方政府采纳决策不被上级认可的政治风险。二是可以较好地保证新政策的正确性和政策推广的有效性。该模式在中央政府或上级政府的"权变"行为中,不仅中央政府是在地方政府的采纳行为开展一段时间,政策创新的效益逐步显现之后并经过审慎地学习、评估、提炼、修改之后强制推行新政策的,而且强制推行也是"权变"的——根据不同情况采取不同的策略,一定程度也保证了新政策的正确性和推行的有效性。因此尽管这些过程通常都可能是一种激烈的政治过程,但这一模式总体上成功地促使了中国社会治理创新积极稳妥地、有效地扩散,实现了社会治理水平的逐步提高。但是反观美国,由于是"社会压力主导",公众、利益集团、宗教派别、政党博弈式、竞争式向采纳决策者施压,这虽然推动了社会治理创新的扩散,但是由于他们之间的相互"否决",在采纳决策中往往难以达成共识,导致较为低下的政策扩散效率。

  但事物都具有两面性。中国社会治理创新扩散模式也存在一定的缺陷。这种缺陷体现在存在着"悬浮式采纳"(政府政策采纳行为往往不符合地方民众的需求或地方实际)"制度仪式化""象征式采纳""政绩工程""形象工程""创新秀"等非理性扩散的问题。产生这些问题的主要原因在于:一是在中国社会治理创新扩散的外部压力中,普通公民没有成为推动政策创新的重要力量。因为权力来源于上级委任,政策制定对上级负责而不向公众负责,政策主导者对于公民诉求的响应程度较低。二是在我国社会治理创新扩散的"准社会学习"模式中,因为政府缺少和外部的互动,忽略了外部专家拥有的科学知识的作用和公正、理性的观点,忽视了大众媒体特别是民间媒体提供的政策创新信息,加上制度化府际交流平台的欠缺,均制约了地方政府官员对政策创新的有效搜寻、认知和理解。而在美国竞争性民主制度下,竞选者有响应选民或有组织选民诉求的压力,政策制定对公众负责而不是对上级负责,加上其政府内外部开放互动、制度化的府际交流网络,使得其社会治理创新扩散较好地回应了公众需求,也减少了"形象工程"的出现。

六 小结与讨论

本章首先从中美比较的角度,提出了中国社会治理创新扩散宏观模式——上级压力主导的准社会学习模式。但是这一模式没有具体回答中国社会治理创新扩散的根本动机、上级压力如何主导和如何进行准社会学习。因此,本章进一步结合中国实际进行分析,认为中国社会治理创新扩散的根本动机是"为和谐而竞争"的新型晋升锦标赛模式,中央政府或上级政府对下级政府进行"权变性"的施压,政策学习方式是以政府内部互动为主。由此建构出一个新的政策创新扩散模式——"为和谐而竞争"的新型晋升锦标赛模式驱动下、上级权变主导的准社会学习模式。在此基础上,也分析了这一模式的优点和存在的局限。这一模式既比较好地解释了这些年来中国社会治理创新被积极稳妥地、有效地扩散的现实,也指出了其存在"悬浮式采纳"等非理性扩散的问题。

这一模式可以很好地和美国社会治理创新扩散模式进行区分。尽管近些年来中外学者针对各自的国家开展了大量的实证研究,但是我们很少明确两国之间存在哪些异同。本文认为,社会治理创新扩散模式受到各国政治行政体制、政府与社会关系、政府交流的制度建设的影响。虽然扩散过程(S型曲线)、邻近效应和区域位置影响方面存在共同点,但是在复合共和制下的多中心重叠治理[①]、竞争性民主体制和成熟的公民

---

① 所谓多中心,是指美国各级政府均有来自人民直接授权的正当性和相应权力,"礼乐征伐并不都自天子出",联邦政府不拥有所有事项上的最终权力,不同层级政府之间没有明确隶属的上下级关系。不同层级政府在各自的管辖范围内拥有法律所赋予的各自权力,上级政府并不拥有任意干涉下级政府事务的名义权力。所谓重叠治理,是美国的各级政府直接与企业、公民打交道,上级政府并不通过层层委托给下级政府来执行具体事项,即联邦政府的事务,一般由自身亲自执行,而不是采取联邦委托给州、州再委托给县的方式。见宣晓伟《美国的中央与地方关系:理念和体制》,《中国发展观察》2015年第3期;宣晓伟《美国的中央与地方关系:规范化协调机制的形成》,《中国发展观察》2015年第4期;[美]文森特·奥斯特罗姆《复合共和制的政治理论》,毛寿龙译,上海三联书店1999年版,第28—160页;[美]文森特·奥斯特罗姆《美国联邦主义》,王建勋译,上海三联书店2003年版,第255—278页。

社会中，美国社会治理创新扩散体现为一种连任动机驱动的、社会压力主导的社会学习模式。这一模式的优点在于能较好地回应了公众需求，但是竞争性的相互"否决"也导致社会治理创新扩散的低效率。这与中国的社会治理创新扩散形成了鲜明的差异。

　　这一模式也与目前国内外学者提出的流行模式不同。首先，通过前文的描述可以发现，用"威权主义"或"压力型体制"来解释中国的社会治理创新扩散是不合适的。"威权主义"或"压力型体制"强调中央或上级政府在社会治理创新扩散中一味地使用强制方式，这是不符合中国的现实的。"运动式扩散"也只是某些时候或某些环境下的产物。"维护市场型联邦主义""地区分权威权主义""行为联邦制"提出了中国改革和创新的动力以及制度基础，但是它们并没有有效地刻画"社会治理创新扩散"。相比较而言，"分级制政策实验"和"吸纳—辐射"模式对中国社会治理创新扩散的概括更具合理性。但是，"分级制政策实验"更多的是强调中央政府或上级政府通过政策试点推广社会治理创新的做法，"吸纳—辐射"模式指明了"地方政策创新—上级采纳—推广实行"这一上级主导路径，但是忽视了中央政府或上级政府在政策原创情况下推广社会治理创新的情形。当然，这两种模式存在的共同局限还在于没有揭示社会治理创新扩散的根本动力以及学习渠道方面的特点。

　　当然，本研究提出的模式是对中国社会治理创新现实的抽象概括或简化描述，忽略了相对次要的因素。现实远远比理论模型复杂得多，未来需要在更多的实证研究的基础上对这一模式进行修正和整合。

第十二章　促进中国社会治理创新扩散的对策建议

通过前面各种的研究，我们已经初步厘清中国社会治理创新扩散的状况、特点、影响因素和理论模式。这些研究结果在如何促进中国社会治理创新扩散方面给予了我们许多的实践启示。总体而言，促进中国社会治理创新的扩散需要考虑两个重要方面：一是如何促进中国社会治理创新扩散的广度与速度，即推进中国社会治理创新更广更快的扩散；二是如何促进中国社会治理创新的有效扩散。正如前面的研究指出，有些社会治理创新的扩散不是有效的扩散，存在"悬浮式"扩散、"制度仪式化"等问题，创新的扩散并不一定出现合意的结果。以下从上述两个方面提出促进我国社会治理创新扩散的建议。

一　促进中国社会治理创新扩散的广度与速度

促进中国社会治理创新更广更快地扩散需要众多的相关者共同努力，包括中央政府、地方政府、大众媒体和政策研究群体等，以下逐一探讨。

（一）中央政府

1. 加快建设创新型政府——促进政策创新扩散的根本保障。创新型政府是拥有完整的政府创新机制，能够主动自觉地推动政府创新，并且以政府创新为主要推动力的政府。创新型政府将创造性的改革作为提高行政效率、改善服务质量、增进公共利益的基本手段。[1] 建设创新型政

---

[1] 俞可平：《建设一个创新型政府》，《人民论坛》2006年第9期。

府，通过不断学习，来更新思想观念和行为方式，破除僵化的和不合时宜的观念和制度，在体制和机制方面对公共服务部门进行持续不断地改革和完善。一方面，只有政策的创新，才有政策创新的扩散；另一方面，只有创新型的政府，才能为政策创新的扩散提供良好的环境、氛围甚至是体制和机制。因此，建设创新型政府是促进中国政策创新扩散的根本保障。中共十八大后产生的新一届政府上任伊始，便正式提出了建设"创新型政府"的目标，并开展了一些政府创新实践，但是，我们必须清醒地看到，与人民群众的热切期待和服务需求相比，中国创新型政府建设还面临不少挑战和亟待解决的问题。[1] 当前，应从战略规划、实施路径、体制、机制等方面进一步加快创新型政府建设，以为中国政策创新的扩散提供基础。

2. 将政策创新扩散纳入创新型政府建设之中。在过去的创新型政府建设之中，我们更加重视政府创新机制的建设，而忽视了政策创新扩散机制的建设。一方面，正如前文所述，创新并不是静态的、孤立的，而是在不同地区、不同层级的政府与不同部门间进行传播、交流与学习的过程，即"创新的扩散"的过程。另一方面，不只创新是"改革"，采纳新政策也是一种"改革"。尽管这种改革没有创新那样具有原创性，但是采纳一种新的符合本地实际的政策创新提高了当地的社会治理水平，也是具有"改革性"。创新很重要，但是创新的采纳也是具有重要意义的。因此，政策创新扩散也是创新型政府建设的重要组成部分，或者说，是创新型政府建设的重要补充。因此，应该将政策创新扩散纳入创新型政府建设之中或者说应该将政策创新扩散作为创新型政府的配套制度来加以建设。

3. 弘扬"政策学习"精神，营造政策创新采纳的良好氛围。政策学习（policy learning）指的是在一定的政策环境中，决策参与者主动或被动地对新的政策理念、政策工具或政策方案探索与追寻的过程。[2] 在本研究中，我们简单地将其理解为政策的借鉴、模仿等过程。在当前社会的复杂性、不确定性、价值和利益冲突加剧的状况下，面临一个复杂的

---

[1] 南阳市建设创新型政府研究课题组：《全面推进创新型政府建设研究》，《中州学刊》2015年第5期。

[2] 李宜钊：《政策学习：推动政策创新的新工具》，《云南行政学院学报》2015年第5期。

政策问题时，决策者要在短时间内创新政策，往往是不太可能的。解决问题的方法往往是"学习"——借鉴、模仿某时、某地有关政策的经验来解决政策问题。学习可以为决策者提供在时间与空间上更为广阔的政策子集，让决策者避免多绕路、走错路的风险，可以为决策者节省资源，缩减成本。因此，政策学习、借鉴和模仿也是有效解决政策问题的重要方式。因此，需要在政府中弘扬"政策学习"的精神，不要看不起模仿，要懂得模仿，要善于在模仿的基础上进行创新，由此营造一种政策创新采纳的良好氛围。

4. 及时释放政策信号，传播对政策创新的认可和肯定信息。前述研究表明，中央对某个政策创新的认可和肯定的信号有利于政策的创新扩散。首先对于一些争议性比较大的政策，中央在审慎评估认可后，可及时释放肯定的政策信号，这有助于降低下级政府采纳的政治风险，促进该政策创新的扩散。其次是对于一些有重要意义的但来不及纳入正式议程的政策创新，也可在一些非正式场合，流露出对政策创新的认可和肯定的信息或传播相应的政策理念，也有助于政策创新的扩散。

5. 加强对政策创新的舆论引导。一是对于中央政府倾向于进行引导的相关政策创新，可以通过强化中央官方媒体对相关政策创新的不断宣传和报道来引导社会舆论。[1] 二是充分利用全国性会议，传示中央的社会治理创新理念和政策取向。三是积极关注和合理介入全国性和区域性的社会治理创新论坛。通过这些措施，加强对政策创新的舆论引导，从而对地方政府产生有效影响。

6. 建立全国社会治理创新公共信息交流平台。一是积极组织全国性的社会治理创新经验交流会，使各地的社会治理创新做法得到沟通，开阔视野。二是建立权威渠道的社会治理创新动态信息发布制度，可以建立专门的网站、创办专门的刊物，对社会治理创新的信息、发展和趋势、各地社会治理创新运行信息等进行收集、整理、研究和发布，为各地方政府提供高效的公共信息交流平台。

7. 对各地的政策创新进行及时的提炼、简化和修正。从政策创新的

---

[1] 吴建南、张攀、刘张立：《"效能建设"十年扩散：面向中国省份的事件史分析》，《中国行政管理》2014年第1期。

属性而言，越具有相对优势的、相容性越强的、越简单的、越具有可实验性、可观察性越强的政策创新越容易扩散。因此，中央政府对于一些具有较大价值的政策创新，应该及时予以提炼、简化和修正。首先，对各地政策创新进行提炼，找出有概括性的东西，增加普适性。其次，应当尽可能地简化相关政策创新的概念，精简创新实施的流程，化繁为简，降低复杂程度。最后，对于某些存在一定偏颇的政策创新，及时地予以修改，弃芜求精，增加其合理性。

8. "胡萝卜"政策。对于短期效果不够明朗、长期效果比较显著但实施成本相对较高的社会治理创新，中央政府可以采取一些激励性措施，如财政补贴、优惠政策、专业人员指导等，以调动地方采纳的积极性，促进政策创新的扩散。

9. 建立科学的社会治理创新和扩散评估体系。建立科学的评价指标体系，不仅要评价社会治理创新及其扩散的过程，还要对其经济性、效率、效能（3E）进行客观评价，以及对社会治理创新及其扩散的目标实现程度、成本收益状况进行系统评价。[①]

10. 建立综合激励机制。必须充分认识到，社会治理创新的扩散不仅要依靠创新者主动推广，更需要创新跟随者的真心接受和积极努力，因而不仅需要调动创新者的积极性，还需要调动创新跟随者的积极性，建立包括创新者和创新跟随者的综合激励机制，根据各类主体在创新扩散中的特殊地位和作用，采取针对性的策略，充分调动他们坚持和发展、借鉴和延展创新的积极性。对于创新者而言，重在激励其推广创新经验的积极性。不仅要肯定其原创的贡献，而且应当根据创新经验的扩散程度给予相应激励，构建创新者双重激励机制。对于创新的跟随者，则重在奖励其承续、借鉴创新的积极性。不应因为其非原创者而忽视其贡献，而应当依据他们在创新扩散中的贡献以及创新借鉴、复制带来的治理水平的提高给予相应的激励，形成跟随者扩散激励机制。[②]

11. 坚持不懈地开展政策试点。已有研究表明，政策试点是我国政策创新扩散的一种重要途径，今后应坚持不懈地予以开展。可以采取两

[①] 卢福营：《论农村基层社会治理创新的扩散》，《学习与探索》2014年第1期。
[②] 同上。

种做法：一是中央政府把某项新政策布置在一些选取出来的"点"先行实施，根据在这些"点"所获得的各种反馈和经验进行进一步的完善，然后"由点到面"，以全国性正式政策的形式加以推广。二是中央政府或上级政府直接赋予某些"点"以先行先试的"政策试验权限"，使其能充分地探索和创设新政策，而后再将这些创新型政策方案的应用范围扩展到更广的领域。

12. "梯度推进"。鉴于在中国政策创新扩散中存在"梯度转移效应"——经济越发达、行政级别越高的城市更容易采纳政策创新。因此在推广某些政策创新时，可以先鼓励经济发达的、行政级别高的精英城市首先采纳，然后向较发达地区和欠发达地区逐次推进，这将有助于相应政策的扩散和推广。

13. 创建示范点，发挥示范点的引领带动作用。研究表明，在政策创新扩散中存在"领导—跟进"效应，即跟随者会接受先行者的指引，争相效仿这些领导者，类似"头雁领飞、群雁齐追"的"头雁效应"。在政策推广中，可以选择某个或某些采纳政策创新的地方政府作为"示范点"，并加强建设和打造，使之具有较强的影响力。在此基础上，借助各种媒介，将"示范点"宣传出去，最大限度地发挥其辐射带动作用。

14. 将"社会治理绩效"真正纳入政府绩效管理中。一方面，虽然自党的十八届三中全会以来，我国开始纠正单纯以经济增长速度评定政绩的偏向，但是制度的惯性仍然导致重视经济发展和忽视社会治理现象的存在（近年来的数据造假就是明证）。因此，目前仍然还是要强调将"社会治理绩效"真正纳入政府绩效管理中，并让其在政府绩效评估指标体系占据适当的比重。另一方面，是将依据以上指标体系进行评估的结果与地方党政领导的奖惩、职务晋升真正紧密挂钩，提升地方党政领导对采纳创新的预期政治收益的估计，如此才能让地方党政干部真正重视社会治理，从而真正重视社会治理创新的采纳。

15. 加强干部异地交流工作。干部异地交流制度对于政策创新扩散意义重大，一则外来领导人能为本地带来新的政策理念和政策工具；二则新官有利于突破原有利益格局；三则"新官上任三把火"，新上任的官员开始存在改革的热情；四则异地交流通常是提拔重用的前兆，被交流官员存在革新的动力。当前，对干部的异地交流主要是出于领导干部的培养目的、按照政府人力资源管理的规律开展的。这当然是正确的导向。但是也宜结合政策创新扩散规律来制定干部异地交流的中长期规划或具体实施。比如，在干部异地交流的"流量"上，如果希望一时期政策创新得到快速推广，可以适度加大干部异地交流的总量和批量。在干部异地交流的"流向"上，可以将政策创新地区或早期采纳地区的干部交流到其他地区，可以将创新能力强的下级干部交流到上级政府，也可将具有新的政策理念的干部交流到下级政府。如此，不仅能实现领导干部的培养目的，也有利于实现政策推广的目的。

16. 继续推进干部年轻化。前述研究表明，年纪较轻的干部更倾向于采纳新政策，因此继续推进干部的年轻化有利于政策的创新扩散。虽然中国自改革开放以来在干部年轻化方面已经取得重大成就，但是年龄老化问题仍然存在。习近平总书记强调，要建设一支忠实贯彻新时代中国特色社会主义思想、符合新时期好干部标准、忠诚干净担当、数量充足、充满活力的高素质专业化年轻干部队伍。因此当前仍然要坚持优化年龄结构，选人不拘一格，用人用其所长，进一步推进干部队伍的年轻化。

17. 建立对落后地区的支持机制。大量研究表明，政策创新扩散往往受到经济发展水平、财政资源和政府自身能力的制约。经济发展水平越高、财政资源越丰富、政府自身能力越强的政府越容易采纳新政策。对于我国目前存在的地区发展不均衡、城乡差异巨大的现状来说，一方面，落后地区由于经济发展水平、财政资源和政府自身能力有限，往往成为政策创新扩散中的"后期采纳者"或者"落后者"，这制约了他们治理水平的提高。另一方面，强者愈强、弱者愈弱的"马太效应"可能加剧处于不同发展阶段的地方政府之间的"创新不平等"。因此，中央政府应加大对落后地区的财政投入和政府能力建设，为政策创新的进一步普及和更加均衡性发展提供支持。

18. 强制推动。最后，强制推动仍然不失为一种重要策略。中国是单一制国家，中央政府与地方政府是上下级关系，是领导与被领导、命令与服从的关系，这决定了中央政府可通过行政命令推动特定政策的扩散。对于中央原创的、已经成熟且符合全国的、迫切需要全国实行的政策创新宜采取强制方式予以推动，如通过制定法律、法规、规章、决定、指示等形式向地方政府施加命令，按照行政组织的系统和层次对政策创新加以推行。

（二）地方政府

就政府的共性而言，中央政府的许多政策推广策略均可为地方政府所用，只是需要注意各自的权限问题——措施所涉及的事项、地域、措施和手段等的职权限制。但是鉴于不同地方在政策创新扩散中的独特作用，相应的地方政府也可以采取一定的特殊政策推广策略。

1. 省级政府。已有研究表明，在中国某些政策创新的扩散中，省级政府扮演着"第一行动集团"的角色。因为相比较而言，中央政府处于最高层，难以及时感知和捕捉基层的政策创新；中层政府和基层政府虽然更能了解和实施政策创新，但是在政策推广中却缺少足够的权威。而省级政府在政策创新扩散中可以克服二者的缺陷。所以，在某些政策创新扩散中，省级政府会成为创新的发起者。因此，省级政府应更多地关注下级政府、同级政府的政策创新动向，及时采纳相应的政策创新，领会中央政府的政策创新，或者进行一定的政策原创，并及时向下推动。

2. 邻近政府。由于存在邻近效应，各地方政府应加强与周边地方政府的互动交流，建立创新信息共享平台，实现政策创新信息及时有效的传播。

3. 同级政府。由于具有较多的相似性，学习和仿效其他同级政府的政策创新，可以降低学习成本和失败风险。因此，地方政府应改进和强化政府间交流和学习机制。一是地方政府应该尽可能地融入各种府际沟通渠道。二是设置府际交流机构和固定化的府际学习机制，建立具有联络沟通的平台、网络或组织，如全国市长协会、府际联席会议等。三是特别注重运用现代网络技术，增强政府间信息交流的广度、密度和深度。

4. 下级政府。下级政府对政策创新扩散具有诱致作用。一方面，下级政府更能了解和实施政策创新，因此，下级政府要注重提升自身的学习能力，对于适合本地的政策创新要及时予以采纳。另一方面，上级政府也应采取有效的激励措施促进下级政府的创新或创新采纳，并对下级政府的创新进行调查和跟踪、提炼和推广。

（三）大众媒体

政策创新扩散实际上是一个信息扩散的过程，大众媒体对于政策创新扩散具有显著正向影响,报纸、杂志、广播、电视等大众传播媒介以及网络媒体、手机媒体等新媒体对于政策创新信息的传播有着重要意义。因此,各种大众媒体应加强社会责任感,有效提高舆论引导能力,加强政策创新的宣传工作,巩固壮大主流舆论。习近平总书记强调,做好舆论引导工作,一定要把握好"时、度、效"。即要选准舆论引导的最佳时机,控制舆论引导的区间数量以及提高舆论引导的质量,从而有效地促进政策创新的推广。

(四)政策研究群体

政策企业家是指那些能够成功地让问题流、政治流和政策流三条源流汇合,让政策议题受到决策者关注的人。简单地说,政策企业家是政策过程的积极参与者和政策变迁的倡导者,在政策创新扩散中发挥了重要作用,作为政策企业家的重要组成部分——政策研究群体也对中国政策创新扩散具有较大作用。因此,一方面,各级政府应充分重视政策研究群体的作用,在政策创新采纳过程中,开辟多种渠道,积极吸引学术界、智库的学术研究、民间评估、参与探讨,充分发挥学者的智囊作用。另一方面,由于自身能力的制约,中国政策研究群体似乎还没有充分起到"政策企业家"的作用,因此,政策研究群体宜不断强化自身咨政的能力,为中国政策创新扩散起到更大的作用。

二 促进中国社会治理创新的有效扩散

本研究表明,中国社会治理创新扩散的过程中也存在"悬浮式采纳"现象,政府政策采纳行为往往不符合地方民众的需求,存在着搞"政绩工程""形象工程""创新秀""象征式采纳""非理性扩散"等问题。从社会治理创新扩散的后果而言,存在着无效的、负面的后果。对于政策创新扩散,不能仅仅考虑扩散的速度、范围,还应考虑社会治理创新扩散的质量和有效性。

(一)加强教育,促使官员树立正确的政绩观

政绩观是领导干部对如何履行职责、追求何种政绩的根本认识和态度,对领导干部如何采纳政策创新具有十分重要的导向作用。当前来说,

一是要加强党性教育，按照党中央的部署要求，加强对地方党政干部的宗旨意识、群众路线等教育培训。二是加强行政伦理教育。比如强调坚持实事求是、按客观规律办事。领导干部做决策应从实际出发，从人民群众利益出发，广开言路，遵循规律。又如强化群众观点，真正树立起一切为了群众、一切依靠群众的群众观，始终把群众的意愿作为第一信号，每一个决策都应充分考虑群众的愿望。

(二) 营造理性政策环境，合理引导地方政府的政策需求和动机

对一些社会治理创新的非理性认知及过度解读，是当前一些地方政府脱离地方现实、形成不当政策需求、推动政策非理性扩散的一个重要原因。比如一些专家和社会传媒宣介的政策创新，多强调这些创新在西方发达国家和中国发达地区的发展成就，片面论证其在本地区的乐观前景。在此影响下，一些地方政府往往忽略对本地区的发展阶段、财政基础、专业人才缺乏等采纳障碍的冷静思考，以超乎寻常的热情主观地推动相关政策创新的扩散，使得政策采纳面临日益偏离当地现实的风险。因此应该积极营造客观、理性的政策环境，倡导全面、务实地宣传、介绍政策创新，确保地方政府决策者对政策创新的理性认知。杜绝逐利需求和理性看待声誉需求，为政策扩散开启最佳的政策窗口，以确保外部政策创新经验产生理想的政策绩效。[1]

(三) 树立正确的政策推广价值取向：杜绝运动式治理

在中国的社会治理中，也存在运动式治理的情况，即出于某种需要，政府在短期内通过政治动员自上而下地调动各级政府的积极性，对某些社会问题采用一种暴风骤雨式的、非常规的、从重从快的方式加以治理。相关的宣传铺天盖地，相关的行动轰轰烈烈。虽然治理效率非常高，但是也往往导致相关政策创新的采纳"华而不实"，不切合当地实际的问题。而这种运动式扩散、运动式学习的根本原因在于错误的价值取向——短期效率导向，希望在尽可能短的时间里快速地解决存在的社会问题。因此，在政策创新的推广中，要坚决避免运动式推广，从短期效率价值取向转变为长期善治导向，如此，才能让政策推广产生切实的治

---

[1] 邢尊明：《我国地方政府体育产业政策行为研究——基于政策扩散理论的省（级）际政策实践调查与实证分析》，《体育科学》2016年第1期。

理绩效。

（四）政策推广切莫"一刀切"

"一刀切"式政策推广是指在政策推广时，不考虑各地方政府的差异，笼统地、机械地、模式化地全面推进政策。很显然，这种做法是错误的，特别是在中央行政命令强制推动的前提下，其结果必然导致不切实际的、违背当地群众需要的政策采纳。因此中央政府在进行政策推广特别是采用强制方式进行推广时，一定要注意推广的针对性、具体性和弹性。具体而言，就是要充分考虑各地方政府的差异，如地区差异、经济条件的差异、财政资源的差异、自身能力的差异、政策需求的差异，根据这些差异分类推广。有的可以实施，有的可以不实施；有的可以先实施，有的可以后实施；有的可以全面实施，有的可以部分实施；有的需要不折不扣实施，有的可以修正、调整后实施。

（五）实行绩效评估制度改革

在当前中国政策创新及其扩散的评价中，尚存在四个问题：一是只强调创新采纳的过程，而忽视创新采纳的后果；二是只强调创新采纳的积极意义，而忽视创新采纳的消极后果；三是只强调创新采纳的数量，而忽视创新采纳的质量；四是对创新采纳评估的主体主要是政府的自我评估、专家评估，而忽视当地群众的评估。这或许是"悬浮式采纳""政绩工程""形象工程""创新秀""象征式采纳""非理性扩散"等问题存在的一个重要原因。因此需要改革现行的政策创新及其扩散绩效评估制度。一是对创新采纳的考核既要注重过程，又要注重结果，并对结果赋予较大的权重；二是全面考察所有结果，包括积极结果，也包括消极结果；三是既要考察创新采纳的数量及覆盖程度，也要考察创新采纳的质量，如提高当地治理水平的程度；四是绩效评估主体的选择既要有政府自身和专家，也要有公众参与。公众既是政策创新采纳的"顾客"，也是社会治理的主体，因此，群众的评估应该成为政策创新及其扩散绩效评估的最重要形式。因此，当前还要形成群众评估为主导的多元化评价机制。一方面，采取措施吸纳广大群体参与到评估过程之中，强调群众评估的主导性；另一方面，让政府自身评估、专家评估作为补充和辅助。

（六）区分政策借鉴、政策模仿和政策跟风

一般而言，政策借鉴、模仿的理论假设是理性主义，即政策跟随者在考虑是否采纳政策时持理性的态度，会对创新者实施该政策的效果进行冷静、客观和准确的计算，从而做出借鉴模仿的决策。而政策跟风则体现了政策跟随者的一种盲目与投机预期。其理论假设是非理性主义。政策跟随者的愿望是将创新者的成功经验复制于本地区。但是，冷静、客观和准确的分析过程被人为地省略了，从而成为一种盲目的模仿。[①]借鉴模仿他人的创新，能提升本地的治理水平；而盲目跟风，则是造成悬浮式采纳的原因。因此，中央政府要区分政策借鉴模仿和政策跟风行为，警惕政策跟风的出现，并采取有效措施及时制止跟风行为。

（七）进一步建设回应性政府

政府采纳新政策应该是对当地公众需求的回应。不回应公众的需求或者不契合公众的需求，不仅使得采纳的新政策无效，甚至可能削弱政府的政治合法性。因此当前应该进一步推进回应性政府建设。首先，在政策采纳中强化公民参与和地方党政领导干部的调查研究是当前推进回应性政府建设的基本路径。在强化公民参与方面要打造更多更有效的公民参与渠道。除了传统的渠道，当前可以加强政策草案征求公众意见制度、政府决策会议市民旁听制度、直播政府决策会议制度、政府决策听证制度等。在强化党政领导干部调查研究方面，根据胡伟教授的研究，当前中国公共政策模式是一种政府精英"内输入"模式，即环境中的需求主要是通过党政领导干部通过"到群众中去"的工作路线和调查研究的方法收集和综合的。因此，强化党政领导干部调查研究具有重要意义。一是"走出去"，要经常到群众中去，和群众交流，把握民情民意；二是"请进来"，经常性将群众请进政府，以座谈会等形式把握群众所思所想。其次，在大数据时代背景下，努力建立智能化的社会偏好汇聚体系。当前，网民数量的急剧增长、各种社交平台及公众网络使用习惯的不断成熟，使得网络成为公众诉求表达和政治参与的重要工具，为民情数据的收集提供了绝佳的场域和机会。通过特定数据挖掘和信息处理技术，可检测和评估

[①] 刘伟：《学习借鉴与跟风模仿——基于政策扩散理论的地方政府行为辨析》，《国家行政学院学报》2014年第1期。

特定地区的公共议题关注热度、变化趋势以及讨论角度、态度情感等问题，帮助政府更好地把握公众诉求。① 如此，对公众需求有了准确把握，就可以减少政策采纳超前或滞后于公众需求现象的发生。

（八）持之以恒地提升地方政府的学习能力

作为一名采纳者，要使所采纳的政策创新与当地契合，并产生良好的绩效，需要优良的学习能力。可以从政策创新采纳的过程来认识这一点。政策创新采纳过程一般包括：问题研判—方案搜寻—创新的认知—说服阶段—决策阶段—实施阶段—确认阶段。在这一过程中，每一阶段都需要相应的学习能力。问题研判即对当地所面临的政策问题的界定。政策问题的界定并非易事，正如邓恩所指出的那样："选择正确的备选方案解决错误的政策问题，这是政策分析中最大的危险。"② 因此需要良好的问题研判能力。在方案搜寻阶段，需要多种渠道以及包容开放的心态，才能扩大政策备选方案的子集。在对政策创新的认知阶段，不仅要认知"创新是什么？"，还要弄清楚"创新是怎样运作的？"和"创新为什么会有效？"，能对政策创新有全面深刻理性的认识。在说服阶段，需要对本地实际情况有全面深入的把握，以及对政策创新的未来有较科学的预测。在决策阶段，需要对外部政策创新进行分析处理和过滤。在实施阶段，可能需要结合本地实际情况进行修正或"再创新"。在确认阶段，需要具备对已实施的创新进行科学评估的能力。因此，"好"的政策采纳需要多样的、高超的学习能力。已有研究认为地方党政领导学历越高，越有可能采纳政策创新也说明了这一点。因此，要采取加强理论学习、业务培训、实践磨炼等方式打造一支素质更高、学习能力更强的地方党政领导干部队伍。

总之，中国社会治理创新扩散是一个复杂的过程，既要强调积极有为，又要尊重客观规律；既要开拓创新，又要因地制宜；既要大胆创造，又要量力而为；既要上合国家法律制度，又要下合广大民众需求。从实际出发，多措并举，快速而又有效地推动中国社会治理创新的扩散。

---

① 孟天广、赵娟：《大数据驱动的智能化社会治理：理论建构与治理体系》，《电子政务》2018年第8期。

② William N. Dunn, *Public Policy Analysis: An Introduction* (2nd Ed), Englewood Cliffs, NJ: Prentice-Hall, 1994, p.148.

结论与未来的研究方向

一 结论

中国社会治理创新的过程不仅是一个各个地方不断发明、创造的过程，也是一个将其中成功的创新不断向更大乃至全国范围内进行推广、普及的过程，也即"创新扩散"过程。因此，研究中国社会治理创新，不能仅仅研究各个地方的创新探索，还应该及时地研究社会治理创新扩散。在当前中国推进国家治理体系和治理能力现代化的新的历史时期，如何促进社会治理创新在不同地区、不同级别政府或不同政府部门之间传播，从而推进从个别地方社会治理体系、水平、能力的提高到全国整体社会治理体系、水平、能力的提高的进程也是一个重大而紧迫的现实问题。本书在理论方面探索中国社会治理创新扩散的规律，有利于弥补国内外的理论差距，丰富政策创新扩散理论；在实践方面提出促进中国社会治理创新扩散的建议，有利于促进社会治理创新的推广，从而促进中国社会治理能力的提高和社会治理体系的改善。

本书严格遵循社会理论建构的逻辑，即以观察为起点，然后通过归纳推理，得出解释这些观察的理论。即首先建立基本分析框架，其次选择合适的案例进行实证研究，再次进行比较、概括、提炼，对中国社会治理创新扩散进行理论构建，最后提出促进中国社会治理创新的扩散的对策建议。按照这一逻辑，本书的研究分为四部分。第一部分为绪论，主要介绍本书的研究背景、国内外研究现状、研究意义、研究内容、研究思路和方法以及建构中国政策创新扩散的基本分析框架。第二部分为实证研究，选择中国城市社区网格化管理、居住证制度、智慧城市、政府购买公共服务、社会稳定风险评估机制为案例，从地级市层面，运用事件史方法，对中国社会治理创新扩散进行实证分析。第三部分为比较研究，在运用 Meta 分析方法对中国和美国社会治理创新扩散各自进行归纳分析的基础上，比较了中国和美国社会治理创新扩散的异同。第四部分为理论建构和对策建议。依据中美两国社会治理创新扩散比较的结果，并结合中国社会治理创新扩散的实际，建构了中国社会治理创新扩散的理论模式，并依据前述研究发现，提出了促进中国社会治理创新的建议。

（一）研究发现

1. 中国社会治理创新扩散的过程。从中国社会治理创新扩散的过程来看，中国社会治理创新扩散基本上都呈 S 型曲线的特征，即把时间因素作为横坐标，相应时点的累积采纳者数量作为纵坐标，中国社会治理创新扩散的过程呈 S 型曲线。但是具体分析，也存在一些差异，有的呈现稍显平缓的扩散曲线，有的呈现非常标准的 S 型，有的呈现比较陡峭的 S 型，这也表明中国社会治理创新扩散存在渐进的政策扩散和间断—均衡的政策扩散这两种不同的模式。

2. 中美社会治理创新扩散比较。从中美社会治理创新扩散比较来看，首先中美两国社会治理创新扩散过程大体上相同，邻近政府和区域位置对中美政策创新扩散的影响无明显差异。但中美社会治理创新扩散的根本动机、面临的压力、学习渠道不同。从根本动机上看，在选举中获胜以连任或当选是美国社会治理创新扩散的根本动机，中国的地方党政主要领导会尽可能地采纳新的社会政策和社会治理方式以达到晋升的要求。所以，"晋升锦标赛"是中国社会治理创新扩散的根本动机。从面临的压力看，中国中央政府和上级政府对地方政府或下级政府施加了强大而直接的影响，而社会力量（公众、利益集团）对地方政府的政策采纳影响弱小。在美国社会治理创新扩散中，社会施加的压力大，而上级施加的压力小。公众的需求、公众的意识形态、利益集团、宗教派别、政党等都对州政府的政策采纳施加了强大的影响。而联邦政府对州政府仅能通过法案等形式施加有限的影响。从学习渠道上看，中国社会治理创新扩散以内部学习为主。中国地方政府的学习渠道主要是中央政府、省级政府（向上学习）、邻近政府（学习邻居）、政策试点（试点学习）、向高级别政府学习，当然或许包括下级政府（向下学习）。这些学习主要是在政府之间进行，是一种政府内部的互动。而美国社会治理创新扩散的学习渠道多样化，包括邻近政府、联邦政府、地方政府，也包括政策企业家、大众媒体，甚至各种专业协会和府际网络，呈现出一种"网络学习"的样态。社会治理创新扩散受到各国政治行政体制、政府与社会关系、政府交流的制度建设的影响。

3. 中国社会治理创新扩散的理论模式。从中国社会治理创新扩散理论模式上看，中国社会治理创新扩散呈现出一种"上级权变主导的准社会学习模式"。（1）从社会治理创新扩散的根本动机上看，中国社会治理扩散的根本动机是"为和谐而竞争"的新型晋升锦标赛模式。自21世纪初以来，一种新型的晋升锦标赛——"为和谐而竞争"得以产生并逐渐取代旧的晋升锦标赛——"为增长而竞争"。晋升锦标赛模式的转变，也导致地方党政主要领导干部行为的变化。在新的"为和谐而竞争"的晋升锦标赛模式下，追求社会和谐、追求当地社会治理水平的提高、开展社会治理创新、竞相采纳新的社会治理政策或政策工具成为地方党政主要领导干部的理性选择。（2）在中国社会治理创新扩散的外部压力方面体现出一种"上级压力权变主导"的模式。根本动机表明了社会治理创新扩散之"源泉"。但是如果没有一定的外部压力，主体也未必行动起来。在中国的政治行政制度和社会环境下，没有具有强大影响力的公众、利益集团、宗教派别和政党竞争。施加外部强大影响力的是中央政府和上级政府，即"上级压力主导"。但是这种上级压力对中国社会治理创新扩散的主导是复杂的，它强烈地体现出某种"权变"特征。第一，它不是一味地"施压"，在社会治理创新扩散早期，存在着地方的自发采纳。上级政府往往是社会治理创新在地方扩散一段时间后，才逐渐地介入。第二，它不是一味地"强制试压"。对于自身原创的政策，一开始便采取强制方式予以推行。但对非原创的政策，在社会治理创新扩散早期，上级政府更多的是理念试压，对地方政府采纳新政策进行方向、战略、理念方面的引领或引导。而仅在中央政府或上级政府将其提炼、修改成中央或上级政策后，才予以强制推行。第三，"强制试压"也不是一味地运用强制手段，而是根据不同的政策问题、政策创新属性、地方情况采取不同的策略（如直接命令、试点推动、政治动员、财政激励等）。因此，中央和上级政府是根据不同的政策创新来源（原创还是非原创）、不同的时机、不同的政策等来采取不同试压方式的。因此，我们可以把这种主导模式称为"上级压力权变主导"模式。（3）在中国社会治理创新扩散的学习渠道方面，呈现出一种"准社会学习"模式。除了社会治理创新扩散的根本动因、外部压力，要使社会治理创新得以扩散，还需要各种学习渠道。中国社会治理创新扩散的学习渠道方面，主要是政府内部的学习（包括向下学习、向上学习、向邻近政府学习、向榜样城市学习等），而政府与外部（如政策企业家、媒体）较少互动，即使在政府内部的学习中，也缺少制度化的平台或渠道，因此总的来说，呈现出一种"准社会学习"模式。中国社会治理创新扩散的"上级权变主导的准社会学习模式"具有明显的优点，即其能够内在地降低社会治理创新采纳的风险、较好地保证政策创新扩散的有效性等特点，成功地促进了中国社会治理创新积极稳妥地、有效地扩散，实现了社会治理水平的逐步提高。但也存在一定的局限，即由于公众参与不足等原因，该模式也存在"悬浮式采纳"等非理性扩散的问题。

（二）政策建议

基于前述的研究发现，我们从创新扩散的广度、速度和效度两方面系统地提出了推进中国社会治理创新扩散的32条建议。一是如何促进中国社会治理创新扩散的广度与速度，即推进中国社会治理创新更广更快地扩散。这需要众多的相关者共同努力。对于中央政府而言，需要加快建设创新型政府；弘扬"政策学习"精神，营造政策创新采纳的良好氛围；及时释放政策信号，传播对政策创新的认可和肯定信息；加强对政策创新的舆论引导；建立全国社会治理创新公共信息交流平台；对各地的政策创新进行及时的提炼、简化和修正；适当采取"胡萝卜"政策；建立科学的政策创新和扩散评价体系；建立综合激励机制；坚持不懈地开展政策试点；在特定情况下进行"梯度推进"；创建示范点，发挥示范点的引领带动作用；将"社会治理绩效"真正纳入政府绩效管理中；加强干部异地交流工作；继续推进干部年轻化；建立对落后地区的支持机制；适当情况下进行强制推动。对于地方政府而言，注意发挥省级政府"第一行动集团"的作用，各地方政府应加强与周边地方政府的互动交流，构建同级政府之间的学习机制，重视下级政府的"诱致"作用。对于大众媒体而言，要壮大实力，加强社会责任感，有效提高舆论引导能力。对于政策研究群体而言，要不断强化自身咨政的能力，为中国社会治理创新扩散起到更大的作用。二是由于中国社会治理创新扩散中也存在"悬浮式采纳"等非理性现象，政策推广不能仅仅考虑扩散的速度、范围，还应考虑扩散的质量和有效性。可以采取如下措施：加强教育，促使官员树立正确的政绩观；营造理性政策环境，合理引导地方政府的政策需求和动机；树立正确的政策推广价值取向，杜绝运动式治理；避免政策推广"一刀切"；实行绩效评估制度改革；禁止政策跟风；进一步建设回应性政府；持之以恒地提升地方政府的学习能力。

二 未来的研究方向

（一）本书尚存的不足之处

由于时间和研究能力的限制，本书尚存一些不足之处，主要包括以下几个方面。

1. 数据收集方面。研究的案例有限，还有许多的案例可供探索。中国社会治理创新扩散状况的数据不够精确，网络抽样方法在大数据时代虽然具有一定的科学性，但是不能保证数据的精确性。除此之外，对于中国社会治理创新扩散影响因素的数据、美国社会治理创新扩散的文献搜集还不够全面。

2. 数据分析方面。对于中国社会治理创新的扩散状况还可以描述得更为细致，对 Meta 分析方法需要有更深入的掌握，对中国社会治理创新扩散影响因素的分析没有运用国际前沿的方法。

3. 由于本研究定位为定量实证研究，没有采用定性分析方法。事实上，对于中国社会治理创新扩散的深度事实和复杂细节，还需要运用定性分析方法进行进一步探索。

（二）未来的研究方向

1. 案例研究方面。可以选择更多的社会治理创新扩散案例进行研究，特别是注重从不同的政策领域（如人口生育、社会保障、公共卫生及医疗服务、住房、教育、就业、社会福利服务、老年人、残疾人社会服务、保护妇女基本权益、未成年人保护和儿童福利、反贫困、环境保护等）选择相关案例进行研究。

2. 数据收集方面。更加全面地收集中国社会治理创新扩散状况的数据，特别是将网络抽样、电话调查以及邮寄问卷等方法结合，以提升数据的精确性。对于中国社会治理创新扩散影响因素的数据可以考虑更多的变量，对于一些因素的操作化可以更加细致，比如对于公众需求，可以考虑多变量综合测量。对美国社会治理创新扩散的文献也可以通过多种检索方式加以补充。

3. 数据分析方面。可以通过数据可视化手段更细致地描述中国社会治理创新的扩散状况。应更深入地掌握 Meta 分析方法进行定量综合分析。除此之外，可以学习和运用国际上新出现的分析方法，如二元事件史（the Dyadic Event History Analysis）、集合事件史（Pooled Event History Analysis）等对我国社会治理创新扩散影响因素进行更好地分析。

4. 本书也发现了未来有待于进一步研究的问题。比如进一步探索中国社会治理创新扩散中出现渐进政策扩散和间断—均衡政策扩散两种模式的原因及各自的影响因素，公众、政策企业家、大众传媒对中国社会治理创新扩散的影响以及社会治理创新与其他政策创新的比较等问题。

5. 尽管定量研究是国际政策创新扩散研究的主流，但是也有待于运用定性研究方法，以弥补当前定量研究的"宏观性"，获得对中国社会治理创新扩散的更细致和更深入的认识。

参考文献

一 中文参考文献

(一) 著作

江泽民:《〈论"三个代表"〉导读》,新华出版社2001年版。

包海芹:《国家学科基地政策扩散研究》,北京大学出版社2011年版。

陈振明:《公共政策分析》,中国人民大学出版社2003年版。

杜本峰:《事件史分析及其应用》,经济科学出版社2008年版。

胡伟:《政府过程》,浙江人民出版社1998年版。

李光亚、张鹏翥、孙景乐等:《智慧城市大数据》,上海科学技术出版社2015年版。

刘鸣:《系统评价、Meta-分析设计与实施方法》,人民卫生出版社2011年版。

罗杰、冷卫东主编:《系统评价、Meta分析理论与实践》,军事医学科学出版社2013年版。

贾西津、苏明等:《中国政府购买公共服务研究终期报告》,亚洲开发银行2009年版。

荣敬本等:《从压力型体制向民主合作体制的转变》,中央编译出版社1998年版。

王浦劬、萨拉蒙等:《政府向社会组织购买公共服务研究——中国与全球经验分析》,北京大学出版社2010年版。

王绍光、樊鹏:《中国式共识型决策:"开门"与"磨合"》,中国人民大学出版社2013年版。

王行环、郭毅、曾宪涛、任学群主编：《应用 STATA 做 Meta 分析（第 2 版）》，中国协和医科大学出版社 2017 年版。

魏中龙等：《政府购买公共服务的理论与实践研究》，中国人民大学出版社 2014 年版。

杨冰之、郑爱军：《智慧城市发展手册》，机械工业出版社 2012 年版。

杨克虎、李秀霞、拜争刚主编：《循证社会科学研究方法：系统评价与 Meta 分析》，兰州大学出版社 2018 年版。

杨雪冬、陈雪莲：《政府创新与政治发展》，社会科学文献出版社 2010 年版。

张天嵩：《高级 Meta 分析方法：基于 Stata 实现》，复旦大学出版社 2015 年版。

赵梅主编：《美国公民社会的治理》，中国社会科学出版社 2016 年版。

郑永年：《中国的"行为联邦制"：中央—地方关系的变革与动力》，东方出版社 2013 年版。

周黎安：《转型中的地方政府：官员激励与治理》，格致出版社、上海人民出版社 2008 年版。

［美］埃弗雷特·M. 罗杰斯：《创新的扩散》，辛欣等译，中央编译出版社 2002 年版。

［美］安东尼·唐斯：《官僚制内幕》，郭小聪等译，中国人民大学出版社 2006 年版。

［美］保罗·A. 萨巴蒂尔、汉克·C. 詹金斯-史密斯：《政策变迁与学习：一种倡议联盟途径》，邓征译，北京大学出版社 2011 年版。

［美］保罗·A. 萨巴蒂尔：《政策过程理论》，彭宗超、钟开斌等译，生活·读书·新知三联书店 2004 年版。

［美］戴维·伊斯顿：《政治生活的系统分析》，王浦劬主译，人民出版社 2012 年版。

［美］弗兰克·鲍姆加特纳、布赖恩·琼斯：《美国政治中的议程与不稳定性》，曹堂哲、文雅译，北京大学出版社 2011 年版。

［美］科斯、阿尔钦、诺斯等：《财产权利与制度变迁——产权学派与新制度学派译文集》，刘守英等译，上海人民出版社 1994 年版。

［美］迈克尔·豪利特、M. 拉米什：《公共政策研究：政策循环与政策

子系统》，庞诗等译，生活·读书·新知三联书店 2006 年版。

［美］乔·萨托利：《民主新论》，冯克利等译，东方出版社 1998 年版。

［美］文森特·奥斯特罗姆：《复合共和制的政治理论》，毛寿龙译，上海三联书店 1999 年版。

［美］文森特·奥斯特罗姆：《美国联邦主义》，毛寿龙译，上海三联书店 2003 年版。

［美］约翰·W. 金登：《议程备选方案与公共政策（第二版·中文修订版）》，丁煌、方兴译，中国人民大学出版 2017 年版。

（二）论文

艾明江：《地方政府在政策响应过程中的政策试点分析——以厦门推动"百姓富、生态美"战略为例》，《厦门特区党校学报》2015 年第 3 期。

蔡英辉：《我国斜向府际关系初探》，《北京邮电大学学报》（社会科学版）2008 年第 2 期。

陈海兵：《浙江嘉兴成立新居民事务局展开居住证制度改革》，《新浪新闻中心》2011 年 7 月 4 日（http：//news.sina.com.cn/c/sd/2011-07-04/100022752392.shtml）。

陈鹤阳：《基于元分析的云计算用户采纳行为影响因素研究》，《图书馆杂志》2018 年第 4 期。

陈琳：《关于政策学习的理论探索》，《学习月刊》2010 年第 12 期。

陈天祥、李仁杰、王国颖：《政策企业家如何影响政策创新：政策过程的视角》，《江苏行政学院学报》2018 年第 4 期。

陈雪莲、杨雪冬：《地方政府创新的驱动模式——地方政府干部视角的考察》，《公共管理学报》2009 年第 3 期。

陈月红、杜亮、耿兴远等：《无对照二分类数据的 Meta 分析在 RevMan 软件中的实现》，《中国循证医学杂志》2014 年第 7 期。

陈钊、徐彤：《走向"为和谐而竞争"：晋升锦标赛下的中央和地方治理模式变迁》，《世界经济》2011 年第 9 期。

陈志成：《从"单位人"转向"社会人"——论我国城市社区发展的必然性趋势》，《理论参考》2002 年第 11 期。

邓朝华、张亮、张金隆：《基于荟萃分析方法的移动商务用户采纳研究》,《图书情报工作》2012 年第 18 期。

邓云婷、刘佐仁、王含贞:《公众选择社区卫生服务机构就诊行为影响因素的 Meta 分析》,《今日药学》2018 年第 28 期。

冯锋、周霞:《政策试点与社会政策创新扩散机制——以留守儿童社会政策为例》,《北京行政学院学报》2018 年第 4 期。

弗吉尼亚·格雷:《竞争、效仿与政策创新》,《经济社会体制比较》2004 年第 1 期。

干咏昕:《政策学习:理解政策变迁的新视角》,《东岳论丛》2010 年第 9 期。

郭艳娇、王振宇:《省直管县是否能够显著影响经济增长?——基于荟萃回归分析方法》,《财政研究》2018 年第 6 期。

韩万渠:《中国网络问政创新扩散过程研究:以注意力理论为分析框架》,《中共浙江省委党校学报》2015 年第 3 期。

韩啸、黄剑锋:《信息系统成功模型的荟萃分析——基于我国十年研究文献》,《图书馆论坛》2019 年第 3 期。

何增科:《中国政府创新的趋势分析——基于五届"中国地方政府创新奖"获奖项目的量化研究》,《北京行政学院学报》2011 年第 1 期。

胡燕:《地方政府创新扩散的运行机理与制约因素——基于"浙江经验"的分析》,硕士学位论文,浙江师范大学,2013 年。

黄杰、朱正威:《国家治理视野下的社会稳定风险评估:意义、实践和走向》,《中国行政管理》2015 年第 4 期。

贾赛:《创新性政策扩散机制研究——以"中国地方政府创新奖"获奖项目为例》,硕士学位论文,上海师范大学,2013 年。

蒋俊杰:《我国重大事项社会稳定风险评估机制:现状、难点与对策》,《上海行政学院学报》2014 年第 2 期。

孔凡义、张苗:《压力型体制下的社会治理创新:突破抑或复制?——基于 W 市政社互动改革的实证分析》,《武汉科技大学学报》(社会科学版)2016 年第 2 期。

黎昕:《关于新时代社会治理创新的若干思考》,《东南学术》2018 年第 5 期。

李贺楼、胡冲:《重大决策社会稳定风险评估的扩散机制——基于 69 个政策文本的探索性分析》,《风险灾害危机研究》2018 年第 1 期。

李文钊:《间断—均衡理论:探究政策过程中的稳定与变迁逻辑》,《上海行政学院学报》2018 年第 2 期。

李雪梅、曲建升:《元分析方法与图书情报学》,《图书情报工作》2013 年第 11 期。

李占乐:《中国公民社会参与公共政策制定的渠道和方式》,《理论导刊》2011 年第 3 期。

林雪霏:《政府间组织学习与政策再生产:政策扩散的微观机制——以"城市网格化"管理政策为例》,《公共管理学报》2015 年第 1 期。

刘伟:《国际公共政策的扩散机制与路径研究》,《世界经济与政治》2012 年第 4 期。

刘伟:《学习借鉴与跟风模仿:基于政策扩散理论的地方政府行为辨析》,《国家行政学院学报》2014 年第 1 期。

刘伟:《政策试点:发生机制与内在逻辑——基于我国公共部门绩效管理政策的案例研究》,《中国行政管理》2015 年第 5 期。

刘培伟:《基于中央选择性控制的试验——中国改革"实践"机制的一种新解释》,《开放时代》2010 年第 4 期。

刘泽照、朱正威:《掣肘与矫正:中国社会稳定风险评估制度十年发展省思》,《政治学研究》2015 年第 4 期。

卢福营:《论农村基层社会治理创新的扩散》,《学习与探索》2014 年第 1 期。

马亮:《府际关系与政府创新扩散:一个文献综述》,《甘肃行政学院学报》2011 年第 6 期。

马亮:《公安微博的扩散研究:中国地级市的实证研究》,《甘肃行政学院学报》2012 年第 6 期。

马亮:《公共服务创新的扩散:中国城市公共自行车计划的实证分析》,《公共行政评论》2015 年第 3 期。

马亮:《政府创新扩散视角下的电子政务发展——基于中国省级政府的实证研究》,《图书情报工作》2012 年第 7 期。

马亮:《政府信息技术创新的扩散机理研究》,《公共行政评论》2012 年第 5 期。

孟天广、杨平、苏政：《转型中国的公民意见与地方财政决策——基于对地方政府的调查实验》，《公共管理学报》2015年第3期。

孟天广、赵娟：《大数据驱动的智能化社会治理：理论建构与治理体系》，《电子政务》2018年第8期。

裴宜理：《中国政治研究：告别革命》，周艳辉译，《国外理论动态》2013年第9期。

普沙岭：《江苏"稳评"经验应向全国推广》，《新华每日电讯》2012年9月14日第3版。

任义才：《网格化管理与和谐社区建设初探》，《中国民政》2007年第3期。

沈荣华、宋煜萍：《我国地方政府体制改革路径的反思》，《理论探讨》2009年第4期。

田先红、罗兴佐：《官僚组织间关系与政策的象征性执行——以重大决策社会稳定风险评估制度为讨论中心》，《江苏行政学院学报》2016年第5期。

王飞：《"空间"和创新扩散》，《商场现代化》2007年第2期。

王建：《大众媒体与公共政策创新的扩散》，《江苏师范大学学报》（哲学社会科学版）2009年第3期。

王存福：《论公众舆论与公共政策》，《山东省青年管理干部学院学报》2006年第1期。

王恩铭：《宗教与美国公共政策》，《太平洋学报》2011年第10期。

王洪涛、陈洪侠：《我国智慧城市创新扩散演进机理及启示：基于38个城市的事件史分析》，《科技进步与对策》2017年第3期。

王家庭、季凯文：《我国开发区制度创新扩散的微观机理与实证分析》，《社会科学辑刊》2008年第2期。

王家庭：《国家综合配套改革试验区制度创新的空间扩散机理分析》，《南京社会科学》2007年第7期。

王名、乐园：《中国民间组织参与公共服务购买的模式分析》，《中共浙江省委党校学报》2008年第4期。

王佩鑫、李宏田、刘建蒙：《无对照二分类资料的Meta分析方法及Stata实现》，《循证医学》2012年第1期。

王浦劬、赖先进：《中国公共政策扩散的模式与机制分析》，《北京大学学报》（哲学社会科学版）2013年第6期。

魏江、赵立龙、冯军政：《管理学领域中元分析研究现状评述及实施过程》，《浙江大学学报》（人文社会科学版）2011年第12期。

温红红：《美国政治思想的两大传统——洛克式自由主义与柏克式保守主义》，《学理论》2016年第4期。

吴建南、马亮、苏婷等：《政府创新的类型与特征——基于"中国地方政府创新奖"获奖项目的多案例研究》，《公共管理学报》2011年第1期。

吴建南、张攀、刘张立：《"效能建设"十年扩散：面向中国省份的事件史分析》，《中国行政管理》2014年第1期。

吴建南、张攀：《创新特征与扩散：一个多案例比较研究》，《行政论坛》2014年第1期。

邢尊明：《我国地方政府体育产业政策行为研究——基于政策扩散理论的省（级）际政策实践调查与实证分析》，《体育科学》2016年第1期。

许凌飞：《中国公共政策扩散动力机制研究》，《中国公共政策评论》2015年。

宣晓伟：《美国的中央与地方关系：理念和体制》，《中国发展观察》2015年第3期。

宣晓伟：《美国的中央与地方关系：规范化协调机制的形成》，《中国发展观察》2015年第4期。

宣晓伟：《治理现代化视角下的中国中央和地方关系——从泛化治理到分化治理》，《管理世界》2018年第11期。

严荣：《公共政策创新的因素分析——以〈上海市政府信息公开规定〉为例》，《公共管理学报》2006年第4期。

严荣：《转型背景下政策创新的扩散与有限理性学习》，《上海行政学院学报》2008年第5期。

杨代福、董利红：《我国城市社区网格化管理创新扩散的事件史分析》，《重庆行政（公共论坛）》2014年第4期。

杨代福、刘新：《美国社会治理创新扩散：特征、机制及对中国的启示》，《地方治理研究》2018年第1期。

杨代福：《西方政策创新扩散研究的最新进展》，《国家行政学院学报》2016年第1期。

杨代福：《我国城市社区网格化管理创新扩散现状与机理分析》，《青海社会科学》2013年第6期。

杨代福：《悬浮式采纳：基于我国城市社区网格化管理创新扩散的实证分析》，《国家治理评论》2016年第6期。

杨代福：《中国政策创新扩散：一个基本分析框架》，《地方治理研究》2016年第2期。

杨宏山、李娉：《中美公共政策扩散路径的比较分析》，《学海》2018年第5期。

杨宏山：《双轨制政策试验：政策创新的中国经验》，《中国行政管理》2013年第6期。

杨静文：《我国政务中心制度创新扩散的实证研究》，《中国行政管理》2006年第6期。

杨志、魏姝：《政策爆发：非渐进政策扩散模式及其生成逻辑——以特色小镇政策的省际扩散为例》，《江苏社会科学》2018年第5期。

于文轩、许成委：《中国智慧城市建设的技术理性与政治理性——基于147个城市的实证分析》，《公共管理学报》2016年第4期。

于晓虹：《地方创新的局域性扩散——基于山东新泰"平安协会"实践的考察》，《国家行政学院学报》2013年第6期。

俞成勇、邱红霞、许文飞：《"社会稳定指数"量化社会稳定——建立社会稳定"气象报告"的构想》，《公安学刊（浙江警察学院学报）》2013年第5期。

虞维华：《政府购买服务对非营利性组织的冲击分析》，《中共南京市委党校南京市行政学院学报》2006年第4期。

岳剑洁：《基于农村社区层面的生态政策创新扩散研究》，硕士学位论文，兰州大学，2014年。

岳经纶、王春晓：《三明医改经验何以得到全国性推广？基于政策创新扩散的研究》，《广东社会科学》2017年第5期。

张克：《地方主官异地交流与政策扩散：以"多规合一"改革为例》，《公共行政评论》2015年第3期。

张克:《政策试点何以扩散:基于房产税与增值税改革的比较研究》,《中共浙江省委党校学报》2015年第2期。

张玮:《政策创新的地理扩散——基于暂住证制度的地方实践分析》,《南方人口》2011年第1期。

张玮:《中国户籍制度改革地方实践的时空演进模式及其启示》,《人口研究》2011年第5期。

张尔升:《地方政府创新的区域性扩散——基于皖琼农村改革政策的分析》,《探索与争鸣》2007年第2期。

张攀、吴建南、王颖迪:《政府创新扩散的动力机制:基于新制度主义理论的阐释——以机关效能建设为例》,《学术论坛》2015年第7期。

张闫龙:《城市基础设施领域公私合作政策的扩散》,《公共行政评论》2015年第3期。

赵慧:《中国社会政策创新及扩散:以养老保险政策为例》,《国家行政学院学报》2013年第6期。

赵强:《制度压力如何影响地方政府公共服务创新的扩散?——以城市网格化管理为例》《公共行政评论》2015年第3期。

郑丽兰:《大众媒体在公共政策扩散中的作用:以徐州〈都市晨报〉为例》,硕士学位论文,同济大学,2007年。

郑全红、刘贞晔:《中国公民社会的成长及其特点》,《中国特色社会主义研究》2010年第4期。

周望:《如何"先试先行"——央地互动视角下的政策试点启动机制》,《北京行政学院学报》2013年第5期。

周望:《政策扩散理论与中国"政策试验"研究:启示与调适》,《四川行政学院学报》2012年第4期。

周望:《中国"政策试点":起源与轨迹》,《福州党校学报》2014年第1期。

周波、陈欣等:《率的Meta分析及软件实现》,《中国循证医学杂志》2014年第8期。

周黎安:《中国地方官员的晋升锦标赛模式研究》,《经济研究》2007年第7期。

周雪光:《"逆向软预算约束":一个政府行为的组织分析》,《中国社会科学》2005年第2期。

周雪光:《运动型治理机制:中国国家治理的制度逻辑再思考》,《开放时代》2012年第9期。

朱慧、周根贵:《变革型领导行为有效吗?——基于Meta分析的变革型领导与组织绩效关系的研究》,《管理评论》2016年第7期。

朱旭峰、赵慧:《政府间关系视角下的社会政策扩散——以城市低保制度为例(1993—1999)》,《中国社会科学》2016年第8期。

朱旭峰、张友浪:《创新与扩散:新型行政审批制度在中国城市的兴起》,《管理世界》2015年第10期。

朱旭峰、张友浪:《地方政府创新经验推广的难点何在——公共政策创新扩散理论的研究评述》,《人民论坛·学术前沿》2014年第17期。

朱旭峰:《中国社会政策变迁中的专家参与模式研究》,《社会学研究》2011年第2期。

朱旭峰:《专家决策咨询在中国地方政府中的实践:对天津市政府344名局处级领导干部的问卷分析》,《中国科技论坛》2008年第10期。

朱亚鹏、丁淑娟:《政策属性与中国社会政策创新的扩散研究》,《社会学研究》2016年第5期。

朱亚鹏、肖棣文:《政策企业家与社会政策创新》,《社会学研究》2014年第3期。

朱亚鹏:《政策创新与政策扩散研究述评》,《武汉大学学报》(哲学社会科学版)2010年第4期。

卓越、陈诚:《梯度理论在政府创新扩散中的应用研究——以行政服务中心及其标准化为例》,《厦门大学学报》(哲学社会科学版)2015年第2期。

二 外文参考文献

Balla S. J., "Interstate Professional Associations and the Diffusion of Policy Innovations", *American Politics Research*, Vol. 29, No. 3, 2001.

Barbara Wejnert, "Integrating models of diffusion of innovations: A

Conceptual Framework", *Annual Review of Sociology*, Vol. 28, 2002.

Baybeck B., Berry W. D., Siegel D. A., "A Strategic Theory of Policy Diffusion Via Intergovernmental Competition", *Journal of Politics*, Vol. 73, No. 1, 2011.

Berry and Frances Stokes, "Sizing up State Policy Innovation Research", *Policy Studies Journal*, Vol. 3, 1994.

Berry F. S. and Berry W. D., "State Lottery Adoptions as Policy Innovations: An Event History Analysis", *The American Political Science Review*, Vol. 84, No. 2, 1990.

Berry F. S. and Berry W. D., "Innovation and Diffusion Models in Policy Research", in Paul A. Sabatier (ed.), *Theories of the Policy Process*, Boulder, CO: Westview Press, 1999.

Berry F. S. and Berry W. D., "Innovation and Diffusion Models in Policy Research", in Paul A. Sabatier, Christopher M. Weible (ed.), *Theories of the Policy Process*, Boulder, CO: Westview Press, 2014.

Berry W. D., Baybeck B., "Using Geographic Information Systems to Study Interstate Competition", *American Political Science Review*, Vol. 99, No. 4, 2005.

Bianca Easterly, "Playing Politics with Sex Offender Laws: An Event History Analysis of the Initial Community Notification Laws Across American States", *Policy Studies Journal*, Vol. 43, No. 3, 2015.

Brown Lawrence A., COX Kevin R., "Empirical Regularities in the Diffusion of Innovation", *Annals of the Association of American Geographers*, Vol. 61, 1971.

Butz A. M., Fix M. P., Mitchell J. L., "Policy Learning and the Diffusion of Stand-Your-Ground Laws", *Politics and Policy*, Vol. 43, No. 3, 2015.

Cai Hongbin and Daniel, Treisman, "Did Government Decentralization Cause China's Economic Miracle?", *World Politics*, Vol. 58, No. 4, 2006.

Charles R. Shipan, Craig Volden, "Bottom-Up Federalism: The Diffusion of Antismoking Policies from U. S. Cities to States", *American Journal of Political Science*, Vol. 50, No. 4, 2006.

Charles R. Shipan, Craig Volden, "The Mechanisms of Policy Diffusion", *American Journal of Political Science*, Vol. 52, No. 4, 2008.

Craig Volden, "States as Policy Laboratories: Emulating Success in the Children's Health Insurance Program", *American Journal of Political Science*, Vol. 50, No. 2, 2006.

D. Braun and F. Gilardi, "Taking 'Galton's Problem' Seriously: Toward A Theory of Policy Diffusion", *Journal of Theoretical Politics*, Vol. 18, No. 3, 2006.

Daley D. M., Garand J. C., "Horizontal Diffusion, Vertical Diffusion, and Internal Pressure in State Environmental Policy Making, 1989 – 1998", *American Politics Research*, Vol. 33, No. 5, 2005.

Damanpour F., "Organizational Innovation: A Meta – Analysis of Effects of Determinants and Moderators", *Academy of Management Journal*, Vol. 34, No. 3, 1991.

David Easton, *A Systems Analysis of Political Life*, New York: Wiley, 1965.

David Marsh, J. C. Sharman, "Policy Diffusion and Policy Transfer", *Policy Studies*, Vol. 30, No. 3, 2009.

Dobbin F., Simmons B., Garrett G., "The Global Diffusion of Public Policies: Social Construction, Coercion, Competition, or Learning?", *Annual Review of Sociology*, 2007.

Edward Alan Miller, "Advancing Comparative State Policy Research: Toward Conceptual Integration and Methodological Expansion", *State and Local Government Review*, Vol. 36, No. 1, 2004.

Eleanor D. Glor, *Innovation Patterns*, The Innovation Journal: The Public Sector Innovation Journal, 2001.

Erin R. Graham, Charles R. Shipan and Craig Volden, "The Diffusion of Policy Diffusion Research in Political Science", *British Journal of Political Science*, Vol. 43, No. 3, 2013.

Everett M. Rogers, *Diffusion of Innovation*, New York: Free Press, 1983.

Fabrizio Gilardi Manuela Giovanoli Charles R. Shipan Bruno Wueest (http://www.fabriziogilardi.org/resources/talks/2014 – 08 – 30 –

Smoking – bans – APSA – handout. bmr).

Fay D. L., Wenger J. B., "The Political Structure of Policy Diffusion", *Policy Studies Journal*, Vol. 44, No. 3, 2016.

Felix Strebel, Thomas Widmer, "Visibility and Facticity in Policy Diffusion: Going Beyond the Prevailing Binarity", *Policy Sciences*, Vol. 45, No. 4, 2012.

Frances Stokes Berry and William D., "Berry (992) Tax Innovation in the States: Capitalizing on Political Opportunity", *American Journal of Political Science*, Vol. 36, No. 3, 1992.

Frances Stokes Berry and William D. Berry, "Innovation and Diffusion Models in Policy Research", *Theories of the Policy Process*, (ed.), Paul Sabatier. Boulder, CO: Westview, 2007.

Frances Stokes Berry and William D. Berry, "State Lottery Adoptions as Policy Innovations: An Event History Analysis", *The American Political Science Review*, Vol. 84, No. 2, 1990.

Frederick J. Boehmke and Richard Witmer, "Disentangling Diffusion: The Effects of Social Learning and Economic Competition on State Policy Innovation and Expansion", *Political Research Quarterly*, Vol. 57, No. 1, 2004.

Frederick J. Boehmke, Paul Skinner, The Determinants of State Policy Innovativeness (http://2012sppconference.blogs.rice.edu/files/2012/02/boehmke – skinner2012sppc).

Frederick J. Boehmke, "Approaches to Modeling the Adoption and Diffusion of Policies with Multiple Components", *State Politics and Policy Quarterly*, Vol. 9, No. 2, 2009.

Frederick J. Boehmke, "Policy Emulation or Policy Convergence? Potential Ambiguities in the Dyadic Event History Approach to State Policy Emulation", *Journal of Politics*, Vol. 3, 2009.

G. Boushey, *Policy Diffusion Dynamics in America*, New York: Cambridge University Press, 2010.

Gabriella Montinola, Qian Yingyi and Barry R. Weingast, "Federalism,

Chinese Style: the Political Basis for Economic Success in China", *World Politics*, Vol. 48, No. 1, 1995.

Gary and Virginia, "Innovation in the States: A diffusion Study", *The American Political Science Review*, Vol. 4, 1973.

George W. Downs, Lawrence B. Mohr, "Conceptual Issue in Innovation", *Administration Science Quarterly*, 1976.

Glass G. V. Primary, *secondary, and Meta-Analysis of Research*, Educational Resercher, 1976.

Graeme Boushey, *Policy Diffusion Dynamics in America*, Cambridge University Press, 2010.

Graeme Boushey, "Punctuated Equilibrium Theory and the Diffusion of Innovations", *The Policy Studies Journal*, Vol. 40, No. 1, 2012.

Grattet R., Jenness V., Curry T. R., "The Homogenization and Differentiation of Hate Crime Law in the United States", *1978 to 1995: Innovation and Diffusion in the Criminalization of Bigotry*, American Sociological Review, Vol. 63, No. 2, 1998.

Gray V., "Expenditures and Innovation as Dimensions of Progressivism: A Note on the America States", *American Journal of Political Science*, Vol. 18, No. 4, 1974.

Gray V., "Innovation in the States: A Diffusion Study", *American Political Science Review*, Vol. 67, 1973.

Gray, Virginia, *Competition, Emulation and Policy Innovation*, in New Perspectives on American Politics, (ed.), Lawrence C. Dodd and Calvin Jillson, Washington, DC: CQ Press, 1994.

Gray, Virginia, "Innovation in the States: A Diffusion Study", *American Political Science Review*, 1973. 67: 1174-1185.

Gray, Virginia, "Innovation in the States: A Diffusion Study", *American Political Science Review*, Vol. 67, 1973.

Hambrick, D. C. and Mason P., "Upper echelons: The Organization as A Reflection of its Top Managers", *Academy of Management Review*, Vol. 9, 1984.

Hannah A. L., Mallinson D. J., "Defiant Innovation: The Adoption of Medical Marijuana Laws in the American States", *Policy Studies Journal*, Vol. 46, No. 2, 2018.

Hays S., "Issues and Proposals for Governmental Action, Precedes the Adoption", *American policy quarterly*, Vol. 4, No. 25, 1997.

Heclo H., *Modern Social Politics in Britain and Sweden: From Reliefto Income Maintenance*, New Haven: Yale University Press, 1974.

Heilmann, Sebastian and E. J. Perry, "Guerlla. Policy Style and Adaptive Governance in China", in Heilmann, Sebastian and Perry, E. J. (ed.), *Mao's Invisible Hand: The Political Foundations of Adaptive Governance in China*, Cambrige, MA: Harvard University Asia Center, 2011.

Heinze and Torben, "Mechanism—Based Thinking on Policy Diffusion", *A Review of Current Approaches in Political Science*, KFG Working Paper Series, No. 34, 2011.

Horowitz, Michael C., *The Diffusion of Military Power: Causes and Consequences for International Politics*, Princeton, NJ: Princeton University Press, 2010.

Hunter J. E., Schmidt F. L., *Methods of Meta - Analysis*, Newbury Park: Sage, 1990.

Imhof S. L., Kaskie B., "Promoting A 'Good Death': Determinants of Pain - Management Policies in the United States", *Journal of Health Politics, Policy and Law*, Vol. 33, No. 5, 2008.

Jack L. Walker Jr., "The Diffusion of Innovations Among the American States", *American Political Science Review*, Vol. 63, 1969.

Jean - Robert, Tyran and Rupert, S., "The Diffusion of Policy Innovations: an Experimental Investigation", *Journal of Evolutionary Economic*, Vol. 5, 2005.

Karch A., "Emerging Issues and Future Directions in State Policy Diffusion Research", *State Politics and Policy Quarterly*, Vol. 7, 2007.

Karch, Andrew, *Democratic Laboratories: Policy Diffusion Among the American States*, Ann Arbor, MI: University of Michigan Press, 2007.

Karen Bogenschneider and Thomas J. Corbett, *Evidence - Based Policymaking: Insights from Policy - Minded Researchers and Research - Minded Policymakers*, Routledge, 2011.

Kerstin Tews, "The Diffusion of Environmental Policy Innovations: Cornerstones of an Analytical Framework", *European Environment Eur, Env.* Vol. 15, 2000.

Lawrence B. Mhor, "Determinants of Innovation in Organization", *The American Political Science Review*, Vol. 63, No. 1, 1969.

Lee C. P., Chang, K. and Berry F. S., "Testing the Development and Diffusion of E - Government and E - Democracy: A Global Perspective", *Public Administration Review*, Vol. 71, No. 3, 2011.

Liang Ma, *Diffusion and Assimilation of Government Microblogging: Evidence from Chinese Cities*, Public Management Review, 2012.

Ma L., "Diffusion and Assimilation of Government Microblogging: Evidence from Chinese Cities", *Fudan Public Administration Review*, Vol. 16, No. 2, 2014.

McCann P. J. C., Shipan C. R., Volden C., "Top - Down Federalism: State Policy Responses to National Government Discussions", *The Journal of Federalism*, Vol. 45, No. 4, 2015.

Michael Howlett and Jeremy Rayner, "Third Generation Policy Diffusion Studies and the Analysis of Policy Mixes: Two Steps Forward and One Step Back?", *Journal of Comparative Policy Analysis: Research and Practice*, Vol. 10, No. 4, 2008.

Michael, Mintrom, "Policy Entrepreneurs and the Diffusion of Innovation", *American Journal of Political Science*, Vol. 3, No. 41, 1997.

Minstrom, Michael and Vergari, "Policy Networks and Innovation Diffusion: the Case of State Education Reform", *The Journal of Politics*, Vol. 60, 1998.

Mitchell J. L., Petray E., "The March Toward Marriage Equality: Reexamining the Diffusion of Same - Sex Marriage Among States", *Public Policy and Administration*, Vol. 31, No. 4, 2016.

Mooney C. Z. , Lee M. H. , "Legislative Morality in the American States: The Case of Pre - Roe Abortion Regulation Reform", *American Journal of Political Science*, Vol. 39, No. 3, 1995.

Mooney C. Z. , "Modeling Regional Effects on State Policy Diffusion", *Political Research Quarterly*, Vol. 54, No. 1, 2016.

Mosier S. L. , Thilmany D. , "Diffusion of Food Policy in the U. S. : The Case of Organic Certification", *Food Policy*, Vol. 61, 2016.

Parkes, Marsden, Shaheen and Cohen, "Understanding the Diffusion of Public Bikesharing Systems: Evidence from Europe and North America", *Journal of Transport Geography*, Vol. 31, No. 7, 2013.

Peretz, Paul, "The Market for Industry: Where Angels Fear to Tread?", *Policy Studies Review*, Vol. 5, 1986.

Peter Starke, "Qualitative Methods for the Study of Policy Diffusion: Challenges and Available Solutions", *The Policy Studies Journal*, Vol. 41, No. 4, 2013.

Qiang Z. , "The Regional Disparities in Chinese Provincial Government Innovation", *Innovation*, Vol. 14, No. 4, 2012.

Richard C. Feiock, Johnathan P. West, "Testing Competing Explanations for Policy Adoption: Municipal Solid Waste Recycling Programs", *Political Research Quarterly*, Vol. 46, No. 2, 1993.

Richard C. Kearney, Barry M. Feldman and Carmine P. F. Scavo, "Reinventing Government: City Manager Attitudes and Actions", *Public Administration Review*, Vol. 60, No. 6, 2000.

Richard C. Feiock and James Clingermayer, "Municipal Representation, Executive Power and Economic Development Policy Activity", *Policy Studies Journal*, Vol. 15, Issue 2, 1986.

Richard M. Walker, Robert Rowlands, Emma Jeanes, "Measuring Innovation: Applying the Literature - Based Innovation Output Indicator to Public Services", *Public Administration*, Vol. 80, No. 1, 2002.

Richard M. Walker, "Innovation Type and Diffusion: An Empirical Analysis of Local Government", *Public Administration*, Vol. 84, No. 2, 2006.

Ritchey M., Nicholson – Crotty S., "'Blue Ribbon' Commissions, Interest Groups, and the Formulation of Policy in the American States", *Policy Studies Journal*, Vol. 43, No. 1, 2015.

Robert Eyestone, "Diffusion and Innovation", *The American Political Science Review*, Vol. 71, No. 2, 1977.

Robert L. Savage, "Diffusion Research Traditions and the Spread of Policy Innovations in A Federal System", *The Journal of Federalism*, Vol. 15, 1985.

Rogers E. M., *Diffusion of Innovation*, New York: The Free Press, 1983.

Rose, R., *Lesson – Drawing in Public Policy*, New Jersey: Chatham House, 1993.

Rubin, Irene S. and Herbert J. Rubin, "Economic Development Incentives: The Poor (Cities) Pay. More", *Urban Affairs Review*, Vol. 23, No. 1, 1987.

Samantha L. Mosier, "Dawn Thilmany, Diffusion of Food Policy in the U. S.: The Case of Organic Certification", *Food Policy*, Vol. 61, 2016.

Sean Nicholson – Crotty, "The Politics of Diffusion: Public Policy in the American States", *The Journal of Politics*, Vol. 71, No. 1, 2009.

Shipan C. R., Volden C., "The Mechanisms of Policy Diffusion", *American Journal of Political Science*, Vol. 52, No. 4, 2008.

Strang And David, "Adding Social Structure to Diffusion Models An Event History Framework", *Sociological Methods and Research*, Vol. 19, Issue 3, 1991.

Sylvester S. M., Haider – Markel D. P., "Buzz Kill: State Adoption of DUI Interlock Laws, 2005 – 11", *Policy Studies Journal*, Vol. 44, No. 4, 2016.

Thom, M., "The Drivers of Public Sector Pension Reform Across the U. S. States", *The American Review of Public Administration*, 2015.

Thompson V. A., "Bureaucracy and Innovation", *Administrative Science Quarterly*, Vol. 10, 1965.

Todd Makse and Craig Volden, "The Role of Policy Attributes in the Diffusion of Innovations", *The Journal of Politics*, Vol. 73, No. 1, 2011.

Tolbert C. J., Mossberger K., Mcneal R. S., "Institutions, Policy Innovation, and E-Government in the American States", *Public Administration Review*, Vol. 68, No. 3, 2008.

Tucker J. A., Stoutenborough J. W., Beverlin R. M., "Geographic Proximity in the Diffusion of Concealed Weapons Permit Laws", *Politics and Policy*, Vol. 40, No. 6, 2012.

Virginia Gray, Competition, *Imitation and Innovation Policy*, Perspectives on American Politics, 1994.

Volden, Craig, "States as Policy Laboratories: Emulating Success in the Children's Health Insurance Program", *American Journal of Political Science*, Vol. 50, No. 2, 2006.

Wagenaar A. C. and Toomey T. L., "Effects of Minimum Drinking Age Laws: Review and Analyses of the Literature from 1960 to 2000", *J Stud Alcohol Suppl*, Vol. 14, No. 14, 2002..

Walker J. L., "The Diffusion of Innovation Among the American States", *The American Political Science Review*, Vol. 63, No. 3, 1969.

Walker R. M., Avellaneda C. N., Berry F. S., "Exploring the Diffusion of Innovation Among High and Low Innovative Localities", *Public Management Review*, Vol. 13, No. 1, 2011.

Walker, Jack L., "The Diffusion of Innovations Among the American States", *American Political Science Review*, Vol. 63, 1969.

Welch S. and Thompson K., "The Impact of Federal Incentives on State Policy Innovation", *American Journal of Political Science*, Vol. 24, No. 4, 1980.

Welch, Susan and Kay Thompson, "The Impact of Federal Incentives on State Policy Innovation", *American Journal of Political Science*, 1980.

William D. Berry and Brady Baybeck, "Using Geographic Information Systems to Study Interstate Competition", *American Political Science Review*, Vol. 99, No. 4, 2005.

William, Blomquist, "Exploring State Differences in Groundwater Policy

Adoptions", *Publius*, Vol. 21, No. 2, 1991.

X. Zhu, "Strategy of Chinese Policy Entrepreneurs in the Third Sector: Challenges of 'Technical Infeasibility'", *Policy Sciences*, Vol. 41, No. 4, 2008.

Xu C., "The Fundamental Institutions of China's Reforms and Development", *Journal of Economic Literature*, Vol. 49, No. 4, 2011.

Xufeng Z., Youlang Z., *Diffusion of Marketization Innovation with Administrative Centralization in A Multilevel System: Evidence from China*, Journal of Public Administration Research and Theory, 2018.

Yamaguchi, Kazuo, *Event History Analysis*, Newbury Park, CA: Sage Publications, Inc, 1991.

Yanlong Zhang, "Institutional Sources of Reform: The Diffusion of Land Banking Systems in China", *Management and Organization Review*, Vol. 8, No. 3, 2012.

Zhang Yahong, Yang Kaifeng, "What Drives Charter School Diffusion at the Local Level: Educational Needs or Political and Institutional Forces?", *Policy Studies Journal*, Vol. 36, No. 4, 2008.

Zhu X. and Zhang, Y., *Political Mobility and Dynamic Diffusion of Innovation: the Spread of Municipal Pro－Business Administrative Reform in China*, Journal of Public Administration Research and Theory, 2015.

Zhu X., "Mandate Versus Championship Vertical Government Intervention and Diffusion of Innovation in Public Services in Authoritarian China", *Public Management Review*, Vol. 16, No. 1, 2014.

Zhu X., Hui Z., *Recognition of Innovation and Diffusion of Welfare Policy: Alleviating Urban Poverty in Chinese Cities During Fiscal Recentralization*, Governance, 2018.

Zylan S. Y., "Runaway Train? The Diffusion of State－Level Reform in ADC/AFDC Eligibility Requirements, 1940－1967", *American Journal of Sociology*, Vol. 103, No. 3, 1997.

附录　中国各地级市地理接壤情况

截至 2011 年 12 月 31 日，中国大陆包括 284 个地级市。鉴于新设立的地级市相关数据不齐全，本书仅依据此 284 个地级市开展研究。以下为各地级市地理接壤情况。

省、自治区、直辖市	地级市	邻近地级市
河北	石家庄市	忻州、保定、衡水、阳泉、晋中、邢台
	唐山市	秦皇岛、承德
	秦皇岛市	葫芦岛、唐山、承德
	邯郸市	晋中、邢台、聊城、安阳、濮阳、长治
	邢台市	晋中、邯郸市、石家庄、衡水、德州、聊城
	保定市	廊坊、沧州、张家口、大同、忻州、衡水、石家庄
	张家口市	乌兰察布、大同、保定、承德
	承德市	赤峰、朝阳、秦皇岛、唐山、张家口
	沧州市	廊坊、保定、衡水、德州、淄博
	廊坊市	保定、沧州
	衡水市	保定、沧州、石家庄、邢台、德州
山西	太原市	忻州、阳泉、晋中、吕梁
	大同市	乌兰察布、保定、张家口、忻州、朔州
	阳泉市	忻州、晋中、石家庄、太原
	长治市	晋中、邯郸市、鹤壁、晋城、临汾
	晋城市	长治、临汾、运城、焦作、新乡
	朔州市	乌兰察布、忻州、大同、呼和浩特
	晋中市	阳泉、太原、吕梁、长治、临汾、邯郸市、石家庄、邢台
	运城市	晋城、临汾、渭南、三门峡、洛阳

续表

省、自治区、直辖市	地级市	邻近地级市
山西	忻州市	鄂尔多斯、榆林、阳泉、太原、吕梁、石家庄、保定、大同、朔州、呼和浩特
	临汾市	晋中、吕梁、延安、渭南、运城、晋城、长治
	吕梁市	太原、临汾、晋中、榆林、延安、忻州
内蒙古	呼和浩特市	鄂尔多斯、乌兰察布、包头、大同、朔州、忻州
	包头市	鄂尔多斯、巴彦淖尔、呼和浩特、乌兰察布
	乌海市	鄂尔多斯、石嘴山
	赤峰市	通辽、承德、朝阳
	通辽市	赤峰、白城、松原、四平、铁岭、沈阳、阜新
	鄂尔多斯市	巴彦淖尔、呼和浩特、包头、乌海、银川、吴忠、榆林、忻州
	呼伦贝尔市	齐齐哈尔、黑河
	巴彦淖尔市	包头、乌海
	乌兰察布市	包头、张家口、呼和浩特、大同、朔州
辽宁	沈阳市	通辽、阜新、锦州、鞍山、辽阳、本溪、抚顺、铁岭
	大连市	营口、鞍山、丹东
	鞍山市	沈阳、锦州、营口、盘锦、大连、丹东、辽阳
	抚顺市	铁岭、沈阳、本溪、通化、辽源
	本溪市	抚顺、沈阳、辽阳、丹东、通化
	丹东市	本溪、鞍山、大连、辽阳
	锦州市	葫芦岛、朝阳、阜新、沈阳、鞍山、盘锦
	营口市	盘锦、鞍山、大连
	阜新市	通辽、朝阳、锦州、沈阳
	辽阳市	沈阳、盘锦、丹东、本溪
	盘锦市	锦州、鞍山、营口
	铁岭市	铁岭、沈阳、四平、通辽、抚顺、辽源
	朝阳市	通辽、赤峰、承德、阜新、锦州、葫芦岛
	葫芦岛市	锦州、朝阳、秦皇岛
吉林	长春市	哈尔滨、松原、四平、吉林
	吉林市	长春、四平、辽源、通化、白山
	四平市	长春、松原、通辽、铁岭、辽源、吉林

附录　中国各地级市地理接壤情况

续表

省、自治区、直辖市	地级市	邻近地级市
吉林	辽源市	四平、吉林、通化、抚顺、铁岭
	通化市	吉林、抚顺、辽源、白山、本溪
	白山市	吉林、通化
	松原市	哈尔滨、大庆、白城、通辽、四平、长春
	白城市	齐齐哈尔、通辽、大庆、松原
黑龙江	哈尔滨市	伊春、绥化、松原、长春、吉林、牡丹江、七台河、佳木斯
	齐齐哈尔市	大庆、白城、绥化、黑河、呼伦贝尔
	鸡西市	双鸭山、七台河、牡丹江
	鹤岗市	伊春、佳木斯
	双鸭山市	佳木斯、七台河、鸡西
	大庆市	齐齐哈尔、白城、绥化、松原、哈尔滨
	伊春市	黑河、绥化、哈尔滨、佳木斯、鹤岗
	佳木斯市	鹤岗、伊春、哈尔滨、双鸭山、七台河
	七台河市	哈尔滨、双鸭山、佳木斯、牡丹江、鸡西
	牡丹江市	鸡西、七台河、哈尔滨
	黑河市	呼伦贝尔、齐齐哈尔、绥化、伊春
	绥化市	黑河、齐齐哈尔、大庆、哈尔滨、伊春
江苏	南京市	芜湖、巢湖（现合肥代管县级市）、滁州、宣城、常州、扬州、镇江
	无锡市	泰州、常州、湖州、苏州
	徐州市	枣庄、济宁、菏泽、宿州、宿迁、连云港、临沂
	常州市	无锡、泰州、镇江、南京、宣城
	苏州市	南通、无锡、嘉兴、苏州
	南通市	盐城、泰州、苏州
	连云港市	日照、临沂、徐州、宿迁、淮安、盐城
	淮安市	宿迁、连云港、滁州、扬州、盐城
	盐城市	连云港、镇江、淮安、泰州、南通
	扬州市	盐城、淮安、滁州、泰州、镇江、南京
	镇江市	盐城、南京、扬州、泰州、常州
	泰州市	盐城、镇江、扬州、常州、无锡、南通
	宿迁市	连云港、徐州、宿州、蚌埠、滁州、淮安

续表

省、自治区、直辖市	地级市	邻近地级市
浙江	杭州市	嘉兴、湖州、宣城、黄山、衢州、金华、绍兴
	宁波市	绍兴、台州、舟山
	温州市	台州、丽水、宁德
	嘉兴市	苏州、湖州、杭州
	湖州市	苏州、无锡、宣城、杭州、嘉兴
	绍兴市	杭州、金华、台州、宁波
	金华市	杭州、衢州、丽水、温州、台州、绍兴
	衢州市	杭州、黄山、上饶、丽水、金华、绍兴
	舟山市	宁波
	台州市	宁波、金华、绍兴、丽水、温州
	丽水市	衢州、金华、台州、温州、宁德、南平、上饶
安徽	合肥市	滁州、淮南、六安、巢湖
	芜湖市	马鞍山、巢湖、铜陵、宣城
	蚌埠市	宿州、淮北、阜阳、淮南、滁州、淮安
	淮南市	淮南、亳州、阜阳、六安、合肥、滁州、蚌埠
	马鞍山市	南京、巢湖、芜湖、宣城
	淮北市	宿州、商丘、亳州、蚌埠
	铜陵市	芜湖、巢湖、安庆、池州
	安庆市	九江、六安、巢湖、池州、黄冈、铜陵
	黄山市	宣城、池州、景德镇、上饶、衢州、杭州
	滁州市	淮安、蚌埠、淮南、合肥、巢湖、马鞍山、扬州
	阜阳市	亳州、周口、驻马店、信阳、六安、淮南
	宿州市	徐州、菏泽、商丘、淮北、宿迁
	六安市	合肥、淮南、阜阳、信阳、黄冈、安庆、巢湖
	亳州市	淮北、商丘、周口、阜阳、淮南、蚌埠
	池州市	安庆、九江、上饶、景德镇、黄山、宣城、铜陵
	宣城市	铜陵、芜湖、铜陵、池州、黄山、湖州、无锡、常州、马鞍山
福建	福州市	宁德、南平、三明、泉州、莆田
	厦门市	泉州、漳州
	莆田市	福州、泉州

续表

省、自治区、直辖市	地级市	邻近地级市
福建	三明市	福州、南平、抚州、赣州、龙岩、泉州
	泉州市	莆田、福州、三明、龙岩、梅州、揭阳
	漳州市	厦门、泉州、龙岩、梅州、揭阳
	南平市	三明、福州、宁德、丽水、上饶、鹰潭、抚州
	龙岩市	三明、赣州、梅州、漳州、泉州
	宁德市	温州、丽水、南平、福州
江西	南昌市	抚州、上饶、九江、萍乡
	景德镇市	黄山、池州、上饶
	萍乡市	宜春、吉安、株洲
	九江市	池州、安庆、黄冈、鄂州、咸宁、岳阳、萍乡、南昌、上饶
	新余市	新余、吉安
	赣州市	吉安、郴州、韶关、梅州、龙岩、三明、抚州
	吉安市	新余、宜春、萍乡、株洲、郴州、赣州、抚州
	宜春市	南昌、九江、岳阳、长沙、萍乡、吉安、新余、抚州、南昌
	抚州市	上饶、鹰潭、南昌、萍乡、吉安、赣州、三明、南平
	上饶市	南平、黄山、衢州、景德镇、九江、南昌、抚州、鹰潭
	鹰潭市	上饶、抚州、南平
山东	济南市	泰安、莱芜、淄博、滨州、德州、聊城
	青岛市	日照、潍坊、烟台
	淄博市	东营、滨州、济南、莱芜、泰安、临沂、潍坊、
	枣庄市	徐州、济宁、临沂
	东营市	滨州、淄博、潍坊
	烟台市	威海、青岛、潍坊
	潍坊市	烟台、青岛、日照、临沂、淄博、东营
	济宁市	泰安、临沂、枣庄、徐州、菏泽、濮阳
	泰安市	莱芜、济南、聊城、濮阳、济宁、临沂、淄博
	威海市	烟台
	日照市	青岛、潍坊、临沂、日照
	莱芜市	淄博、济南、泰安
	临沂市	日照、潍坊、淄博、泰安、济宁、枣庄、徐州、连云港
	德州市	滨州、济南、聊城、邢台、衡水、沧州

续表

省、自治区、直辖市	地级市	邻近地级市
山东	聊城市	德州、济南、泰安、濮阳、安阳、邢台
	滨州市	东营、淄博、济南、德州、沧州
	菏泽市	济宁、徐州、宿州、商丘、开封、新乡、濮阳
河南	郑州市	新乡、开封、许昌、平顶山、洛阳、焦作
	开封市	菏泽、商丘、周口、许昌、郑州、新乡
	洛阳市	焦作、郑州、平顶山、南阳、三门峡、运城
	平顶山市	许昌、漯河、驻马店、南阳、洛阳、郑州
	安阳市	邯郸、长治、新乡、鹤壁、濮阳
	鹤壁市	安阳、新乡
	新乡市	鹤壁、安阳、晋城、焦作、郑州、开封、菏泽、濮阳
	焦作市	晋城、新乡、郑州、洛阳
	濮阳市	聊城、邯郸、安阳、新乡、菏泽、济宁、泰安
	许昌市	开封、郑州、平顶山、漯河、周口
	漯河市	周口、许昌、平顶山、驻马店
	三门峡市	运城、洛阳、南阳、商洛、渭南
	南阳市	三门峡、洛阳、平顶山、驻马店、信阳、随州、襄樊、十堰、商洛
	商丘市	菏泽、淮北、宿州、亳州、周口、开封
	信阳市	南阳、驻马店、阜阳、六安、黄冈、孝感、随州
	周口市	商丘、开封、许昌、漯河、驻马店、阜阳、亳州
	驻马店市	漯河、周口、阜阳、信阳、南阳、平顶山
湖北	武汉市	黄冈、鄂州、黄石、咸宁、荆州、孝感
	黄石市	黄冈、武汉、咸宁、鄂州
	十堰市	南阳、洛阳、安康、襄樊
	宜昌市	荆州、荆门、襄阳、常德
	襄阳市	随州、南阳、十堰、宜昌、荆门
	鄂州市	黄冈、黄石、咸宁、九江
	荆门市	随州、襄阳、宜昌、荆州、孝感
	孝感市	信阳、随州、荆门、武汉、黄冈
	荆州市	荆门、宜昌、常德、岳阳、咸宁、益阳
	黄冈市	信阳、六安、安庆、九江、鄂州、黄石、武汉、孝感

续表

省、自治区、直辖市	地级市	邻近地级市
湖北	咸宁市	鄂州、黄石、荆州、武汉、岳阳、九江
	随州市	信阳、南阳、襄阳、荆门、孝感
湖南	长沙市	湘潭、株洲、娄底、益阳、岳阳、萍乡、宜春
	株洲市	长沙、湘潭、衡阳、郴州、吉安、萍乡
	湘潭市	长沙、娄底、衡阳、株洲
	衡阳市	娄底、株洲、郴州、永州、邵阳
	邵阳市	娄底、衡阳、永州、桂林、怀化
	岳阳市	咸宁、荆州、益阳、长沙、宜春、九江
	常德市	荆州、宜昌、张家界、怀化、益阳
	张家界市	宜昌、怀化、常德
	益阳市	岳阳、常德、怀化、娄底、长沙
	郴州市	吉安、赣州、韶关、清远、永州、衡阳、株洲
	永州市	衡阳、邵阳、桂林、贺州、清远、郴州
	怀化市	湘西、铜仁、柳州、桂林、邵阳、娄底、益阳、常德、张家界
	娄底市	长沙、湘潭、衡阳、邵阳、怀化、益阳
广东	广州市	东莞、惠州、韶关、清远、佛山、中山
	韶关市	赣州、郴州、清远、广州、惠州、河源
	深圳市	东莞、惠州
	珠海市	江门
	汕头市	揭阳、潮州
	佛山市	江门、广州、清远、肇庆、云浮、中山
	江门市	阳江、云浮、佛山、江门
	湛江市	茂名、玉林、北海
	茂名市	湛江、玉林、梧州、云浮、阳江
	肇庆市	清远、贺州、梧州、云浮、佛山
	惠州市	汕尾、河源、韶关、广州、深圳、东莞
	梅州市	漳州、龙岩、赣州、河源、汕尾、揭阳、潮州
	汕尾市	惠州、河源、梅州、揭阳
	河源市	赣州、梅州、汕尾、惠州、韶关
	阳江市	江门、云浮、茂名
	清远市	韶关、郴州、永州、贺州、肇庆、佛山、广州

续表

省、自治区、直辖市	地级市	邻近地级市
广东	东莞市	汕尾、河源、韶关、广州、东莞、深圳
	潮州市	漳州、梅州、揭阳、汕头
	揭阳市	汕尾、梅州、潮州、汕头
	云浮市	梧州、肇庆、佛山、江门、阳江、茂名
	中山市	珠海、江门、佛山、广州
广西	南宁市	防城港、钦州、贵港、来宾、河池、百色、崇左
	柳州市	河池、来宾、桂林、怀化
	桂林市	永州、邵阳、怀化、柳州、来宾、梧州、贺州
	梧州市	贺州、桂林、来宾、贵港、玉林、茂名、云浮、肇庆
	北海市	钦州、玉林、湛江
	防城港市	崇左、南宁、钦州
	钦州市	防城港、南宁、贵港、玉林、北海
	贵港市	来宾、梧州、玉林、钦州、南宁
	玉林市	湛江、茂名、梧州、贵港、钦州、北海
	百色市	曲靖、河池、南宁、崇左
	贺州市	永州、清远、肇庆、梧州、桂林
	河池市	黔西、黔东、柳州、来宾、南宁、百色、黔南
	来宾市	柳州、桂林、梧州、贵港、南宁、河池
	崇左市	百色、南宁、防城港
海南	海口市	—
	三亚市	—
四川	成都市	德阳、资阳、眉山、雅安
	自贡市	内江、泸州、宜宾、乐山
	攀枝花市	丽江
	泸州市	内江、自贡、宜宾、昭通、毕节、遵义
	德阳市	绵阳、成都、资阳、遂宁
	绵阳市	广元、陇南、德阳、遂宁、南充
	广元市	汉中、陇南、绵阳、南充、巴中
	遂宁市	南充、绵阳、德阳、资阳、广安
	内江市	资阳、眉山、乐山、自贡、泸州
	乐山市	眉山、自贡、内江、宜宾、雅安

附录 中国各地级市地理接壤情况

续表

省、自治区、直辖市	地级市	邻近地级市
四川	南充市	广安、达州、巴中、广元、绵阳、遂宁
四川	眉山市	资阳、成都、雅安、乐山、自贡、内江
四川	宜宾市	乐山、自贡、泸州、昭通
四川	广安市	遂宁、南充、达州
四川	达州市	安康、汉中、巴中、南充、广安
四川	雅安市	乐山、眉山、成都
四川	巴中市	汉中、达州、南充、广元
四川	资阳市	遂宁、德阳、成都、眉山、内江
贵州	贵阳市	遵义、毕节、安顺
贵州	六盘水市	曲靖、毕节、安顺
贵州	遵义市	泸州、毕节、贵阳、铜仁
贵州	安顺市	贵阳、毕节、六盘水
贵州	铜仁市	湘西、怀化
贵州	毕节市	泸州、遵义、贵阳、安顺、六盘水、曲靖、昭通
云南	昆明市	玉溪、曲靖、昭通
云南	曲靖市	毕节、六盘水、昆明、昭通
云南	玉溪市	昆明、普洱、
云南	保山市	临沧
云南	昭通市	曲靖、毕节、泸州
云南	丽江市	攀枝花
云南	普洱市	临沧、玉溪
云南	临沧市	保山、普洱
陕西	西安市	渭南、咸阳、宝鸡、汉中、安康、商洛
陕西	铜川市	延安、咸阳、渭南
陕西	宝鸡市	平凉、咸阳、西安、汉中、陇南、天水
陕西	咸阳市	庆阳、平凉、宝鸡、西安、渭南、铜川、延安
陕西	渭南市	三门峡、运城、临汾、延安、铜川、咸阳、西安、商洛
陕西	延安市	榆林、庆阳、咸阳、铜川、渭南、临汾、吕梁
陕西	汉中市	广元、巴中、达州、陇南、宝鸡、西安、安康
陕西	榆林市	鄂尔多斯、吴忠、庆阳、延安、吕梁、忻州

续表

省、自治区、直辖市	地级市	邻近地级市
陕西	安康市	十堰、商洛、西安、汉中、达州
	商洛市	三门峡、渭南、西安、安康、十堰、南阳
甘肃	兰州市	白银、定西、海东、武威
	嘉峪关市	张掖、酒泉
	金昌市	武威、张掖
	白银市	武威、兰州、定西、平凉、固原、中卫
	天水市	平凉、宝鸡、陇南、定西
	武威市	金昌、张掖、兰州、白银
	张掖市	嘉峪关、海北、武威、金昌
	平凉市	庆阳、固原、白银、定西、天水、宝鸡、咸阳
	酒泉市	嘉峪关
	庆阳市	延安、榆林、吴忠、固原、平凉、咸阳
	定西市	兰州、陇南、天水、平凉、白银
	陇南市	绵阳、广元、汉中、宝鸡、天水、定西
青海	西宁市	—
宁夏	银川市	石嘴山、吴忠、鄂尔多斯
	石嘴山市	乌海、银川
	吴忠市	银川、中卫、固原、庆阳、榆林、鄂尔多斯、吴忠
	中卫市	吴忠、固原、白银
	固原市	平凉、庆阳、吴忠、中卫、白银
新疆	乌鲁木齐市	—
	克拉玛依市	—
西藏	拉萨	—

后　　记

　　本书是国家社科基金一般项目（项目编号：14BSH017）的最终成果，是集体努力的结果。我除了统筹本项目之外，负责撰写了本书的第一章、第二章、第三章、第十章、第十一章、第十二章，修改了第四章、第五章、第六章、第七章以及最后的统稿。西南政法大学经济学院董利红讲师参与了第三章的撰写，我的硕士研究生黄术峰撰写了第四章初稿，硕士研究生孙慧撰写了第五章初稿，硕士研究生马阳娇撰写了第六章初稿，硕士研究生吴朗撰写了第七章初稿。在我的指导下，博士研究生沈玲丽撰写了第八章，硕士研究生李增和云展撰写了第九章。硕士研究生陈曦也参与了本项目的部分事务性工作。项目成果通过国家社科规划办审核结项后，笔者又结合五位匿名评审专家的意见进行了进一步的修改，最终形成本书。

　　本书的完成，得到了许多人的帮助。首先感谢国家社科基金的资助，感谢本项目结题评审的五位匿名评审专家的评审意见，感谢重庆大学公共管理学院领导和同事们的帮助和支持。感谢中国社会科学出版社社长赵剑英先生、副总编辑王茵女士和乔镜蕾编辑的精心编辑。最后，本书的完成也离不开家人的支持。我的岳母李会淑女士常年帮助照顾我的女儿，妻子董利红女士承担了大量家务，当然，我的女儿——"宝贝辰"也少了一些父亲的陪伴。在此，向所有帮助完成本书的人们表示感谢！

　　目前，国内政策创新扩散研究日盛，正在不断地深化。虽然我们投入这一研究的时间较早，但是由于水平的制约，取得的成果有限，其中的不足之处，还请专家学者们批评指正。

杨代福
2019 年 12 月